1 MONTH OF
FREE
READING

at

www.ForgottenBooks.com

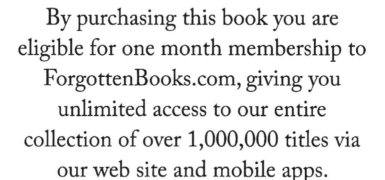

By purchasing this book you are eligible for one month membership to ForgottenBooks.com, giving you unlimited access to our entire collection of over 1,000,000 titles via our web site and mobile apps.

To claim your free month visit:
www.forgottenbooks.com/free370664

ISBN 978-0-265-31512-5
PIBN 10370664

LAMARTINE

INCONNU

NOTES, LETTRES ET DOCUMENTS INÉDITS

SOUVENIRS DE FAMILLE

PAR

Le Baron DE CHAMBORANT DE PÉRISSAT

Avec deux fac-simile d'autographes

PARIS

LIBRAIRIE PLON

E. PLON, NOURRIT et Cie, IMPRIMEURS-ÉDITEURS

10, RUE GARANCIÈRE

—

1891

Tous droits réservés

PRÉFACE

Le Lamartine dont il s'agit est bien un *Lamartine inconnu,* non pas sans doute de ceux qui ont été ses familiers et ses amis, mais de la plupart des autres.

On trouvera ici, sur les vingt-cinq dernières années du grand homme, des témoignages de toutes sortes faits pour rétablir sa physionomie intime sous son aspect véritable, c'est-à-dire sous un aspect absolument contraire aux fausses légendes, et ignoré non seulement de la masse du public, mais de l'élite même des gens du monde.

Néanmoins, ce volume tout rempli forcément de souvenirs de famille mêlés aux preuves incessantes d'une illustre amitié, ne saurait aspirer à aucune publicité tapageuse, à aucune bruyante controverse.

Si certaines lettres, certains documents, certains

a

souvenirs qu'il renferme, semblent offrir un véritable intérêt pour tous, par la nature et par la forme des sentiments qu'il exprime, il n'en est pas moins fait d'abord pour le cercle particulier des parents et des amis.

Voici son origine :

En 1887, au milieu du mouvement de justice qui s'accentuait déjà en faveur de Lamartine, j'ai été particulièrement frappé de cette tendance nouvelle par la lecture de la *Semaine littéraire* parue dans le feuilleton de la *Gazette de France* du 2 octobre.

Dans ce feuilleton, et à propos du livre de M. Alexandre sur Madame de Lamartine, l'éminent critique Armand de Pontmartin, que l'esprit de son temps avait entraîné trop souvent à des jugements si injustes sur l'auteur des *Méditations,* y laisse cette fois son cœur s'élever à la hauteur de son talent. Il ne félicite pas seulement M. Alexandre d'avoir rendu justice à la noble femme du grand homme, il se sent pris d'une certaine équité pour le grand homme lui-même et fait des vœux pour que « l'on répare une injuste disgrâce, en replaçant sous leur vrai jour non seulement les chefs-d'œuvre de Lamartine, mais les épisodes de sa noble vie, l'atmosphère de pureté, de tendresse, de piété, de vertu où il est né, où il a grandi et dont il garda toujours le mystérieux

parfum ; sa mère si incomparable que, pour louer
le fils, il suffit de rappeler qu'il fut digne de sa mère ;
les belles amitiés qui lui furent fidèles dans l'adversité
et qui auraient été moins vivaces si elles avaient ren-
contré, chez l'homme qui les inspirait, la sécheresse
du cœur » .

En lisant ces dernières lignes, il m'a semblé qu'un
appel direct m'était adressé.

Sans aucune qualité pour intervenir dans les autres
questions, je le reconnais humblement, mon droit
se retrouve tout entier quand on demande des
preuves de la bonté, de la tendresse de cœur, de la
magnanimité de Lamartine.

Parmi les amitiés qui lui sont restées fidèles à
travers toutes les adversités, jusqu'après la mort
même, je ne crains pas de l'affirmer, il n'y en a pas
eu de plus vivace que celle de mon père.

Et Lamartine lui rendait son affection dans une
tendre et confiante réciprocité qui ne s'est pas
démentie un seul instant et que caractérise bien
cette phrase d'une de ses lettres à mon père en
1852 : « *Vous serez ma sève d'automne.* »

Mon père, hélas ! n'est plus. Il ne peut apporter
lui-même son témoignage.

Je viens le faire à sa place. Et j'apporte le mien
avec le sien ; car, moi aussi, pendant vingt ans,

j'ai été l'objet des constantes bontés de Lamartine.

Dès 1855, il me plaçait à côté de mon père dans un codicille de son testament, qui, pour avoir perdu par suite de circonstances fortuites toute sa valeur légale, n'en a pas moins conservé toute sa valeur morale comme témoignage particulier d'estime et d'affection.

En 1863, il suivait avec le plus bienveillant intérêt mes espérances d'avenir dans la carrière militaire qui semblait alors s'ouvrir brillante devant moi; il terminait une lettre à mon père par ces mots touchants : « Mille bonnes espérances pour votre fils; dites-lui de prier pour ma santé, car il perdrait en moi le plus chaud et le plus convaincu de ses amis. »

En 1864 enfin, malgré son deuil, sa tristesse, ses souffrances physiques et morales, et les habitudes sédentaires qui en étaient devenues la conséquence, il accepta avec joie d'être témoin de mon mariage, et mit ainsi le comble à des bontés qui se sont manifestées pour les miens comme pour moi jusqu'à ses derniers jours.

Il me faudrait une véritable *sécheresse de cœur* pour ne pas me souvenir ; et je me souviens.

J'ai le devoir de le faire sans bruit inutile, mais assez haut cependant pour que l'Histoire sache où elle pourra trouver certaines vérités qu'elle ne possède pas encore.

D'ailleurs, mon silence ne serait pas seulement coupable envers Lamartine ; il le serait aussi envers mon père et ses descendants.

En dehors des exemples d'une vie toujours honorable et des services d'une vie souvent utile, mon père, en méritant une amitié aussi illustre, a marqué son nom d'un lustre nouveau.

C'est la part morale de son héritage ; elle n'est pas la moins précieuse.

J'honore mon père, et je m'honore, ainsi que les miens, en faisant acte d'*héritier* sur cette part d'héritage comme sur les autres.

Un troisième motif m'imposait encore de parler.

Quelque humble qu'il soit, quelque petite place que puisse prendre sa parole au milieu des clameurs du siècle, tout bon citoyen, je crois, a le devoir de laisser monter à la lumière la somme de vérité qu'il possède au sujet des hommes vraiment illustres de sa patrie, afin de les faire mieux connaître, mieux apprécier, mieux aimer.

C'était donc accomplir un semblable devoir que de travailler à replacer la noble figure de Lamartine sous son jour véritable ; que d'essayer de le montrer tel qu'il était vraiment, c'est-à-dire aussi grand par

le cœur que par l'esprit; ayant l'âme à la hauteur de
son génie et le caractère à la hauteur de son âme;
ne laissant abaisser son honneur devant aucune tentation de l'adversité; gardant jusqu'à la fin la noble
et sainte passion de la *charité,* une des causes tou-
chantes de sa triste ruine; acceptant les plus douloureuses épreuves avec une admirable foi chrétienne
qui jaillit dans ses lettres les plus intimes et les plus
tristes, en accents non moins sublimes que dans les
chants d'adoration de ses plus saintes poésies; vivant
enfin à son foyer toujours respecté, entre deux
seules consolations, celle du travail le plus opiniâtre
et celle des intimités de famille et d'amitié les plus
tendres et les plus dignes; sans oublier jamais dans
sa solitude les intérêts de son pays; sans perdre
jamais, dans cette vie si simple, cette haute mine si
foncièrement aristocratique à laquelle le rayonnement perpétuel d'une bonté toujours parfaite ajou-
tait le charme le plus attachant.

En outre de mes souvenirs personnels et de ceux
de mon père, si souvent reproduits devant moi,
j'avais en ma possession des notes, des documents
de valeur et toute une correspondance inédite qui
remonte à 1842, et qui s'est continuée depuis, à
intervalles inégaux. Si bien des lettres ont été per-
dues ou égarées, ce qui n'est pas douteux, beaucoup

ont été sauvées, et des plus importantes sans nul doute. Au moment des crises difficiles elles s'accentuent, se multiplient.

Au sujet des dettes, le dossier moral est complet.

Évidemment, tous ces arguments nouveaux peuvent jeter une lumière utile sur une portion importante de la vie de Lamartine, qui est la portion la moins comprise ou la plus ignorée.

Mais une question grave se posait devant moi. En présence de l'intimité des confidences reçues et de la délicatesse du sujet, ne fallait-il pas choisir avec soin les pensées secrètes que j'allais divulguer?

Après avoir interrogé mon cœur et ma raison, je ne l'ai pas cru. Au contraire, je n'ai pas retranché une ligne pouvant donner une indication utile ou offrir quelque intérêt. La franchise la plus complète, une franchise ne dissimulant rien, m'a paru asseoir toute mon argumentation sur une force d'autant plus grande qu'au milieu des épanchements les plus intimes, des plaintes les plus désespérées, il n'y a pas un mot qui choque, pas une pensée qui ne reste imprégnée des parfums les plus exquis de l'honneur et de la foi.

A côté des lettres de Lamartine, j'ai été amené à citer quelques lettres de sa noble femme, lettres absolument inédites aussi, dont une en particulier me paraît devoir influer d'une manière décisive sur le jugement de la postérité !

En outre, tout en restant dans la discrétion qui m'était imposée vis-à-vis d'une personne, Dieu merci! très vivante, j'ai cité également, à leur heure, plusieurs lettres bien dignes de figurer à côté des autres, et écrites à mon père ou à moi par la nièce bien-aimée, devenue la fille adoptive du grand homme, par Madame la chanoinesse Valentine de Cessia, comtesse de Lamartine, bon ange terrestre qui a veillé sur les dernières années de l'homme de génie vaincu par l'adversité, douce et noble figure que la postérité doit enfin connaître afin de ne l'oublier non plus jamais dans son admiration à côté de la mémoire de Lamartine.

L'étude de tous mes documents a produit en moi une opinion raisonnée et réfléchie, que j'ai voulu contrôler en lisant et relisant longuement à travers toutes les œuvres de l'incomparable écrivain. Ce contrôle en a été l'éclatante confirmation. Les œuvres les plus réputées m'ont confirmé son génie. Les œuvres presque oubliées, qu'on ne connaît pas malgré leur sublimité, m'ont confirmé la hauteur de son âme ; c'est surtout après avoir lu ces dernières qu'on est tenté de s'écrier avec un écrivain célèbre : « Je ne compare pas Lamartine, je le sépare. »

C'est cette opinion, définitive chez moi, que j'expose au courant d'un récit destiné à relier, expliquer, commenter lettres, documents et souvenirs.

On trouvera naturel que dans ce récit un chapitre spécial soit consacré à rendre hommage à Madame de Lamartine, qui a toujours montré à son mari un amour si profond et si dévoué.

On trouvera naturel aussi que, faisant une exception unique à la règle que je me suis imposée ici de ne jamais juger les personnes vivantes, j'essaye d'éclairer d'un commencement de lumière l'image attachante de celle qui, selon la propre expression de son oncle, a été pendant tant d'années « *l'âme et l'ange* » de sa maison.

Malgré son esprit d'abnégation et sa répulsion pour le bruit, Madame Valentine me pardonnera d'accomplir un acte qui ne se présente pas seulement à mon cœur comme un besoin de respectueuse affection, mais qui s'impose à ma conscience comme un devoir de stricte justice et d'absolue sincérité.

Enfin, j'ai complété mon récit par une Notice sur la Société des OEuvres de Lamartine, peu connue elle aussi, et par une Annexe dans laquelle j'ai relégué certains documents encombrants, mais qu'il m'a paru intéressant de conserver.

Voilà mon œuvre! œuvre intime et modeste, mais loyale et convaincue.

Malgré toutes les tristesses que j'ai traversées, ma tâche a été d'autant plus facile et même consolante, que, sur le terrain intime qui est plus particulièrement le mien dans ce livre, je n'ai pas une réserve à faire, pas un souvenir à écarter, pas une faiblesse à cacher.

Si sur d'autres terrains, à la suite de Lamartine qui s'est jugé parfois plus sévèrement que personne, ou même en dehors de lui, j'ai certaines réserves à exprimer, il faudrait que j'eusse acquis pendant un demi-siècle bien peu d'expérience de la pauvre humanité pour frémir et m'en étonner.

Il n'y a que Dieu qui soit infaillible; l'homme, quelque grand, quelque bon qu'il soit, ne l'est jamais.

En résumé, malgré certains regrets dont l'obéissance catholique me fait une loi;

Malgré la persistance des convictions royalistes que le patriotisme, en dépit de tout, maintient dans ma raison en face des réalités douloureuses de la République athée, si loin de la République par Dieu, rêve d'une politique *idéale :* convictions qui n'excluent aucune des idées de modération, d'union et d'apaisement indispensables à la défense d'une même religion et d'une même patrie, mais que ne saurait amoindrir le trouble jeté dans les esprits et dans les âmes par tant d'étranges et bruyantes illusions de notre temps;

Plus j'étudie Lamartine dans son âme et dans son génie, plus je l'admire;

Plus j'étudie les autres, plus je l'aime.

Faire partager ce sentiment à quelques-uns, en attendant qu'il devienne celui de tous les honnêtes gens, voilà le but le plus élevé des pages qui vont suivre.

LAMARTINE

INCONNU

CHAPITRE PREMIER

AVANT 1848

I

Le 6 février 1841, Lamartine écrivait au comte de Virieu une lettre qui fut la dernière avant la mort de cet ami si tendre, enlevé peu de temps après. Cette lettre commence ainsi :

« Je ne t'ai pas écrit ces temps-ci, étant *sur-occupé*. Tu ne sais pas ce que c'est d'être à la fois aux commissions de la Chambre, parlant trois fois par jour des heures, comme ce matin, et le *point de mire* de tout ce qui rêve en France ou en Europe une idée, une chimère ou un noble sentiment. Le but est bientôt en pièces, c'est ce qui m'arrive.

J'ai plus d'affaires qu'un ministre spécial, parce que je suis
ministre d'une opinion, et que n'ayant pas une spécialité,
tout me vient et veut m'aborder. »

Je puis bien l'avouer, puisque Lamartine, comme on le
verra, ne lui en a gardé aucune rancune, mon père était
un de ces jeunes hommes qui, ayant quelques idées et quelques bons sentiments, avaient pris Lamartine comme *point
de mire* et voulaient l'aborder.

Né en 1807, mon père finissait ses études de droit à
Paris, lorsque éclata la révolution de 1830. La chute des
Bourbons plongeait mon grand-père dans la désolation et
fermait à mon père les fonctions publiques dont l'entrée
lui avait été promise. Pour continuer des études sérieuses
et utiliser celles qu'il avait déjà faites, il se fit admettre au
barreau de la Cour de cassation, où il occupa pendant
plusieurs années une place honorable, mais dont il sortit
peu de temps après son mariage, pour se livrer exclusivement à son goût pour l'*économie politique* et à la *politique.*

Plein de respect pour les idées religieuses et monarchiques de son père, idées qu'il partageait d'ailleurs entièrement
dans leurs principes, il avait, dès son arrivée à Paris en 1828,
recherché respectueusement la fréquentation des hommes
les plus éminents du parti royaliste. Bientôt il entretint
des relations régulières avec Berryer, Hennequin et autres
avocats célèbres qui, plus tard, après son mariage, vinrent
s'asseoir à sa table. Chateaubriand l'honora d'une bienveillance marquée, qui resta toujours pour lui un précieux
souvenir de jeunesse.

Lorsque Lamartine parut à la Chambre des députés avec son auréole incomparable de poète, avec la magie de sa parole toujours enflammée d'un souffle merveilleux de générosité chrétienne, grandi encore par son isolement parlementaire qui, aux yeux du pays, le plaçait bien, en effet, à ce *plafond* où il avait dit qu'il voulait siéger, c'est-à-dire au-dessus des petitesses et des passions des partis, mon père fut au nombre des hommes de cœur, séduits par le caractère et le génie du philanthrope chrétien, dont les vues politiques étaient si larges, si hautes et si honnêtes. Il se fit présenter à lui en 1836 pour le consulter sur l'opportunité de créer un journal qui devait s'appeler *la Démocratie chrétienne*, dont quelques amis de mon père avaient eu le projet de faire un organe des idées de Lamartine et pour lequel ils désiraient le patronage de l'illustre député. D'après le conseil de celui-ci, et pour des raisons particulières à l'époque, cette création n'eut pas lieu; mais mon père resta charmé de l'accueil qu'il avait reçu, et ne manqua pas de profiter de l'invitation qui lui fut adressée de revenir toutes les fois qu'il le voudrait.

II

Les relations étaient ainsi commencées lorsque survint la fameuse discussion parlementaire de 1842 sur les chemins de fer. Connaissant les dispositions de Lamartine favorables aux intérêts du centre de la France, mon père résolut d'y faire appel au profit de son département d'origine, celui de la Charente. Il adressa donc sur ce sujet une sorte de mémoire à l'éminent orateur, qui lui répondit par une lettre, la plus ancienne de celles que j'ai retrouvées, et qui était ainsi conçue :

« Paris, le 27 mars 1842.

« Monsieur et Ami,

« J'ai reçu les observations si pleines de raison où vous
« faites valoir les droits du centre de la France à un égal
« partage du bienfait des chemins de fer. Elles me servi-
« ront à convaincre mes collègues, car pour moi, je suis
« depuis longtemps convaincu. Le principe de la loi de
« 1842 est l'exécution des chemins de fer par l'État au
« moyen des impôts; tout ce qui doit concourir doit pro-
« fiter.

« Comment une zone immense et centrale du territoire,
« déshéritée de grandes vallées et de grands fleuves par la
« nature, serait-elle oubliée par le gouvernement et par
« les Chambres dans la distribution d'une faculté nouvelle
« conquise par l'argent, l'intelligence et le patriotisme de
« tous? C'est vous dire combien je suis personnellement
« dévoué à la justice de la cause que vous représentez.
« Puissiez-vous triompher, Monsieur, dans cette cause de vos
« plus intimes compatriotes, et leur prouver ainsi que vous
« n'employez pas vainement pour eux le dévouement,
« l'étude et les talents dont vous honorez le département
« qui vous a vu naître !

« Recevez, Monsieur, avec mes remerciements pour vos
« intéressantes communications, l'assurance de ma haute
« et affectueuse estime.

« Lamartine. »

III

Mais ce n'était point assez pour mon père de demander à Lamartine son appui touchant une question d'intérêt général, il désirait obtenir son encouragement au sujet des travaux d'*économie politique et sociale* qu'il avait entrepris.

A la suite d'un voyage d'études en Hollande et en Belgique, voulant publier un ouvrage sur le paupérisme, il sollicita et obtint la permission de lui en communiquer les épreuves, dans l'espoir de mériter son assentiment.

Le 6 mai 1842, Lamartine écrivait à mon père la lettre suivante, destinée à être placée en tête de son ouvrage, et qui s'y trouve en effet :

« MONSIEUR,

« J'ai lu vos belles études morales et politiques sur le « paupérisme ; il faut un flambeau pour marcher dans « ces recherches à travers les obscurités des systèmes « et à travers les sophismes des intérêts. Ce flambeau, « c'est un principe. Vous avez saisi le vrai, le principe de « la charité chrétienne appliqué à l'organisation et à l'ad- « ministration des peuples.

« Vos intentions étaient dignes de marcher à cette clarté « et votre talent digne de les refléter.

« Recevez mes remerciements pour la conformité de « plusieurs solutions sur les questions que nous avons son- « dées du même regard.

« Comme moi, vous ne comprenez dans les sociétés
« que le mouvement régulier. Les révolutions ne sont
« bonnes que pour préparer le terrain de la reconstruction.

« Puisse celle de notre époque avoir beaucoup d'ouvriers
« comme vous !

« Recevez, Monsieur, l'assurance de mes sentiments les
« plus distingués et les plus affectueux.

« Al. DE LAMARTINE. »

IV

Les circonstances à la suite desquelles furent écrites les
deux premières lettres que je viens de citer, la seconde surtout, avaient imprimé aux relations de mon père avec
Lamartine un caractère plus intime qui s'accentua encore
les années suivantes. Attiré chaque jour davantage par la
bonté et le charme d'un homme dont la fréquentation
offrait un si haut intérêt, mon père se laissa entraîner sur
une pente aussi agréable et prit bientôt l'habitude de se
rendre presque chaque soir dans son salon. Ce salon,
dont une femme éminente et sainte faisait les honneurs
avec une véritable distinction, pouvait tenir lieu des autres ;
on y rencontrait déjà toutes les illustrations contemporaines.

Voici à ce propos un passage des notes intimes de mon
père que j'ai retrouvées :

« Je ne tardai pas à être fort au courant de la petite chro-
nique de chaque personnage important qui venait poser

sous mes yeux. De même, il me fut facile de reconnaître les véritables amis des ambitieux ou de ceux que le seul attrait de la mode ou de la curiosité amenait.

« Toutefois, le salon de M. de Lamartine était principalement politique. Il était donc naturel que le flux et le reflux de la marée politique s'y fissent vivement sentir.

« Le grand orateur avait-il fait un beau discours gouvernemental, le salon avait une couleur ministérielle prononcée.

« Avait-il, au contraire, parlé avec force dans le sens populaire, le salon était saturé d'hommes politiques de l'opposition.

« S'était-il prononcé avec éclat en faveur d'une des questions chères au parti religieux et légitimiste, le faubourg Saint-Germain arrivait à flots.

« On dit que les fusions sont impossibles à faire, c'est bien à tort. L'éloquence de M. de Lamartine en a opéré à plusieurs reprises dans son salon des plus merveilleuses et des plus piquantes. Après son admirable campagne contre la coalition, on crut généralement qu'il serait ministre ou président de la Chambre : son salon devint alors la mosaïque la plus pittoresque et la plus instructive. Toutes les couleurs s'y étaient mêlées, confondues, oubliées.

« Le même phénomène se renouvela un peu plus tard, à la suite de la mémorable lutte qu'il soutint contre la loi des fortifications de Paris, et à la chute du cabinet de M. Thiers, terrassé par lui.

« Il serait impossible de donner une idée des adulations outrées, extravagantes, dont M. de Lamartine a été l'objet depuis l'époque dont je parle jusqu'à la dissolution de la

Commission après les fatales journées de Juin, de la part de tant d'hommes, dont le plus grand nombre, depuis, l'ont lâchement renié et odieusement calomnié. »

C'est ainsi que se développèrent, durant ces six années, de 1842 à 1848, au milieu d'une époque politique calme et régulière, des sentiments de sympathie réciproque qui allaient bientôt prendre une flamme particulière et une force indestructible pendant les secousses, les angoisses et les luttes terribles d'une révolution.

V

Ici, et avant d'arriver à la période du gouvernement provisoire, je dois placer mes premières impressions personnelles sur Lamartine. Elles remontent à 1847; j'étais encore tout à fait un enfant, j'avais à peine dix ans. On ne s'étonnera donc pas que ces impressions soient celles d'un âge frappé avant tout des détails accessoires de la mise en scène.

Interné dès l'âge de sept ans dans une bonne, honnête et religieuse pension laïque des environs de Paris, à Suresnes, je n'avais que de rares congés et par conséquent de rares occasions de suivre mon père chez son illustre ami.

C'est pendant un de ces congés que je fis au grand homme les deux premières visites dont je me souvienne. L'une eut lieu dans la journée; l'autre, le soir; toutes deux, dans le bel appartement, très vaste et très élevé de plafond, de la rue de l'Université.

A la première, Lamartine était dans son cabinet de travail où mon père me conduisit aussitôt. Ce que c'est que l'enfance! Je ne me souviens pas du tout de ce qui s'est passé dans ce cabinet. L'émotion a sans doute empêché ma mémoire de dix ans de fonctionner dans sa plénitude. Mais ce qu'elle n'a jamais oublié, c'est l'aspect d'une grande pièce qui servait d'antichambre à l'appartement particulier de Lamartine, pièce que nous avons traversée en entrant et en sortant. Là se trouvaient alignées au moins douze chaises sur lesquelles étaient étendus avec soin autant de ces immenses pantalons larges à sous-pieds comme en portait toujours le grand poète; à côté des chaises attendaient autant de paires de chaussures et les vêtements nécessaires pour compléter chaque costume.

De la première visite à un pareil homme rapporter seulement le souvenir de détails aussi insignifiants, il faut bien n'avoir que dix ans pour commettre un pareil méfait. Il faut en avoir plus de cinquante pour oser l'avouer!

Ce qui me réhabilite un peu à mes propres yeux, c'est que de ma seconde visite, très rapprochée de l'autre, le souvenir qui m'est resté s'applique à Lamartine lui-même. Je vois encore sa superbe figure, et je retrouve l'émotion que j'ai éprouvée, moi si jeune, dans son salon, en sa présence, en face de Madame de Lamartine et d'une douzaine de personnages politiques. La chose qui m'a le plus frappé, c'est le respect que tous témoignaient à l'illustre maître de céans. Agissant vis-à-vis de lui comme on a coutume de le faire dans le monde vis-à-vis des femmes, toutes les fois qu'il se levait pour changer de place, chacun se levait aussi et attendait qu'il fût assis pour se rasseoir.

Dès ce moment, M. et madame de Lamartine furent pleins de bonté pour moi; et je les aimais avec ce qui fait aimer l'enfant, avec l'instinct, un instinct qui était l'écho des sentiments paternels.

CHAPITRE II

LA RÉPUBLIQUE DE 1848

I

L'enthousiasme de mon père pour son illustre ami allait tous les jours grandissant. Il l'avait entendu exposer maintes fois ses vues si élevées, si chrétiennes, soit sur les questions politiques, soit sur les questions sociales. Il savait que Lamartine avait dit souvent devant lui, et lui avait écrit dans la lettre placée en tête de l'ouvrage sur le paupérisme, qu'il n'était pas un faiseur de révolutions; mais il pressentait que si les secousses d'une révolution imposaient le pouvoir à de pareilles mains, non seulement ces mains resteraient pures de sang, de violence et de honte, mais que l'homme, par les inspirations de son génie, le rayonnement de son âme, la grandeur de son courage, le dévouement désintéressé de son patriotisme et la générosité même de ses illusions, était capable de devenir, pour la patrie et la société, une sorte de *bouclier enchanté* contre les inquiétudes des rois et les fureurs du peuple. Il pressentait que cet homme laisserait ainsi dans l'histoire un sillon d'unique et éblouissante lumière à travers les noirceurs de la politique de tous les temps.

On ne s'étonnera donc pas que, sans renier aucune de ses traditions et de ses préférences, mon père se soit lancé ardemment dans la mêlée pour soutenir la politique de modération, d'ordre et de paix de son illustre ami. On ne s'étonnera pas qu'il ait accueilli la République de Lamartine avec d'autant moins d'effroi qu'elle mettait fin par un châtiment mérité à l'usurpation monarchique de Juillet.

II

Après avoir pris les instructions de son noble ami et en avoir reçu toutes sortes d'encouragements, mon père partit pour sa province, afin de s'y préparer aux grandes luttes des élections générales, qui devaient avoir lieu le 27 avril suivant, jour de Pâques, et pour lesquelles il était candidat. Lamartine désirait que mon père fût nommé et lui écrivit le 12 mars 1848 une petite lettre, qui fut rendue publique le 22 suivant et qui était ainsi conçue :

« Mon cher et excellent ami,

« J'apprends avec bonheur que le vœu de plusieurs « départements vous convie à la candidature pour l'As- « semblée nationale. Je vous ai dit publiquement à une « autre époque, je vous redis avec plus de joie dans celle-ci, « combien je vous crois apte à représenter les grandes et

« généreuses idées dont nous avons enfin conquis la forme
« et dont vous avez laborieusement étudié les applications.

« Venez donc à ce congrès de tous les cœurs patriotiques
« et de tous les esprits libéraux, et sachez d'avance que
« vous y trouverez un ami.

« LAMARTINE. »

Néanmoins, les attaques passionnées des commissaires
de Ledru-Rollin ses compétiteurs, impuissantes à enlever
la grande majorité à mon père, dans son arrondissement,
réussirent à le mettre en minorité dans certaines parties du
département. Le scrutin de liste l'empêcha donc d'être élu,
mais il avait recueilli plus de vingt-six mille suffrages et
suivait de très près le dernier nommé.

Furieux de cet échec, les électeurs de son canton l'en
dédommagèrent de leur mieux en le nommant conseiller
général dans des conditions de succès particulièrement
flatteuses.

Quant à Lamartine, il nous apprend au livre dix-neuvième
de ses *Mémoires politiques* ce qu'il fit le jour des élections,
qui était le jour de Pâques, comme il a été dit.

« Les églises étaient pleines d'une foule agenouillée qui
invoquait l'inspiration divine et l'esprit de paix sur la main
des électeurs. On se sentait exaucé avant d'avoir prié. Le
calme avec lequel s'accomplissaient les opérations électo-
rales était un pressentiment du choix qui émanait du cœur
du peuple. L'anarchie ne pouvait pas sortir d'une si unanime inspiration du bien.

« A la chute du jour, Lamartine errait seul, et le cœur
chargé de reconnaissance, dans un quartier populeux de

Paris. Il vit la foule mouler et descendre les marches d'une église. Le parvis semblait déborder d'adorateurs, hommes, femmes, enfants, vieillards, jeunes gens, tous, les yeux pleins du regard sur l'avenir, l'attitude concentrée, la physionomie au repos. Les sons de l'orgue se répandaient jusque dans la rue quand les portes ouvraient passage au bruit de l'instrument et aux échos des psaumes.

« Il entra. Il se glissa inconnu dans les ténèbres parmi cette foule qui remplissait l'église. Il s'agenouilla à l'ombre d'une colonne et rendit grâces à Dieu. Son œuvre était accomplie. De grands dangers personnels pouvaient encore le menacer avant le jour où l'Assemblée nationale entrerait à Paris et prendrait possession du pouvoir.

. . . .

« Je puis succomber en effet, encore, moi, se disait-il, dans la foi intime de son cœur, mais, à l'heure qu'il est, la France ne peut plus succomber ! Qu'importe que je meure ? La France est sauvée. »

Une pareille citation n'a pas besoin de commentaires. L'ouverture de l'Assemblée nationale eut lieu le 4 mai 1848. Mon père revint à Paris pour cette date, décidé à se consoler de ne pouvoir pas prendre part aux débats de cette grande assemblée en assistant du moins à ses séances du haut des tribunes avec toute l'assiduité que lui permettraient ses nombreuses relations. Il ne manqua, en effet, aucune journée importante.

Il eut l'émotion, le 7 mai, d'entendre Lamartine lire, au nom du gouvernement provisoire, la déclaration par laquelle tous ses membres remettaient leurs pouvoirs entre les mains de l'Assemblée. Il entendit les longs applaudissements qui la suivirent.

Sans doute la roche Tarpéienne était près de ce Capitole d'enthousiasme et de reconnaissance; mais, parmi les honnêtes gens, parmi les adversaires du lendemain qui ont si amèrement critiqué certains actes de Lamartine, quels sont donc ceux qui n'auraient pas été émus d'un pareil langage?

Parmi ceux-là même dont la clairvoyance aurait vu apparaître des ombres d'utopie derrière les principes éblouissants de la nouvelle République, quelles sont les âmes capables de vibrer qui ne se seraient pas senties tressaillir en écoutant un poète presque divin parler du peuple et de Dieu dans un style politique inconnu, presque aussi sublime que ses plus beaux vers eux-mêmes!

Cette déclaration qu'on trouvera dans ses *Mémoires politiques* se terminait ainsi :

« La Providence a favorisé nos efforts. Amnistiez notre dictature involontaire! nous ne demandons qu'à rentrer dans les rangs des bons citoyens.

« Puisse seulement l'histoire inscrire avec indulgence, au-dessous et bien loin des grandes choses faites par la France, le récit de ces trois mois passés sur le vide entre une monarchie écroulée et une république à asseoir, et puisse-t-elle, au lieu des noms obscurs et oubliés des hommes qui se sont dévoués au salut commun, inscrire dans ses pages deux noms seulement : le nom du peuple qui a tout sauvé, et le nom de Dieu qui a tout béni sur les fondements de la République! »

Pendant toute cette période de crise, mon père ne restait jamais longtemps loin de son illustre ami, surtout dans les grandes journées. Le 15 mai, il était à l'Assemblée.

III

On sait que le 15 mai, par suite d'hésitations fâcheuses dans le commandement, la garde nationale ne put empêcher l'Assemblée d'être envahie, et qu'elle ne vint que tardivement à sa délivrance.

Dans ses *Mémoires politiques,* parlant des divers efforts faits pour délivrer l'Assemblée, Lamartine s'exprime ainsi, livre vingtième :

« M. de Chamborant, homme d'initiative et d'audace, ami de Lamartine, parvint, à travers mille dangers, à faire exécuter par une légion, sous sa responsabilité, en se livrant lui-même en otage, l'ordre de faire battre le rappel. »

Dans un autre de ses ouvrages, dans son *Nouveau Voyage en Orient,* Lamartine, après avoir fait le portrait de mon père pour le présenter à ses lecteurs comme un de ses compagnons de route, revient sur sa conduite au 15 mai en ces termes :

« Au 15 mai, M. de Chamborant s'élança de la salle après l'invasion des factieux et courut armer et entraîner sa légion pour revenir délivrer et venger la représentation nationale. Je le vis encourager de la parole et du geste la colonne qui se formait autour de mon cheval, et qui s'armait, quand nous marchâmes contre l'Hôtel de ville pour y étouffer l'insurrection déjà maîtresse de cette citadelle des révolutions. »

Je n'ai pu m'empêcher de rappeler ici ce souvenir honorable et de le compléter à l'Annexe du volume (1).

IV

Le mois suivant eut lieu la terrible insurrection des *journées de Juin*. Lamartine, dans ses *Mémoires politiques*, en explique parfaitement les causes et en décrit tous les signes précurseurs. Il raconte le rôle prépondérant qu'il a joué dans la nomination de Cavaignac, les avis qu'il lui a donnés ensuite pour bien défendre Paris-contre l'émeute, enfin les promesses formelles qu'il avait reçues du général d'être prêt avec ses troupes au moment voulu, promesses dont l'incomplète réalisation a certainement rendu la répression plus tardive et occasionné une plus grande effusion de sang. Néanmoins il n'accuse pas Cavaignac d'hésitation dans la volonté, mais seulement d'une certaine négligence dans l'exécution d'un plan convenu, et d'une certaine mollesse dans ses préparatifs. Mon père eut l'occasion d'assister à plusieurs des entrevues et conférences

(1) Voir document A.

dont il est question, entre Lamartine et Cavaignac; celles
dont il n'a pas été témoin, il les a entendu immédiatement
raconter, et ses souvenirs personnels maintes fois rappelés
devant moi concordent d'une manière absolue avec les
Mémoires de Lamartine. Ils ont donc servi à les *authen-
tiquer* à mes yeux sur ce point, de même que la con-
cordance parfaite d'autres souvenirs les a authentiqués
sur tous les points.

Du reste, ces *Mémoires* sont marqués au coin de la plus
haute, de la plus noble sincérité, et ils offrent, c'est le cas
de le dire, l'intérêt le plus palpitant; il n'y a pas de roman
capable de vous remuer davantage. Qu'est-ce que les passions d'un cœur, qu'est-ce que les souffrances et les luttes
pour la vie d'un être isolé, à côté du spectacle des passions
entre-choquées de millions de cœurs, au milieu desquels un
homme, seul avec son génie et avec l'idée de Dieu, lutte
pendant des mois pour la vie d'une nation et, en définitive,
l'empêche de succomber?

Et voilà pourtant une des œuvres du grand écrivain les
moins lues et les moins connues même par ceux qui prétendent avoir le droit de le juger le plus sévèrement; leur
sévérité n'est que de l'injustice.

Pendant les journées de Juin, mon père, qui combattit
en volontaire, avait pour voisin de rang un de ses voisins de
quartier, le général de Lauriston, propriétaire de ce bel
hôtel des Champs-Élysées qui fut acheté plus tard pour la
duchesse d'Albe, sœur de l'impératrice Eugénie, et après la
mort de la duchesse devint la rue d'Albe, aujourd'hui rue
Lincoln. Le général le sauva non pas d'une balle insurgée,
mais de la balle maladroite ou malveillante d'un camarade

de second rang. Cet agréable frère d'armes, sous prétexte de tirer dans une fenêtre, ajustait la tête de mon père, et lui aurait brisé le crâne sans la dextérité courageuse du général. Au risque d'exposer son bras, il pencha vivement la tête de mon père. La balle passa dans les cheveux, au-dessus de l'oreille.

V

A cette époque, les questions les plus graves se succédaient rapidement. L'Assemblée nationale était en train de faire la Constitution et en était arrivée à ce point d'interrogation capital : par qui sera nommé le président de la République, par le Parlement ou par le pays?

Malgré l'ingratitude et l'abandon qu'il voyait monter autour de lui, Lamartine ne crut pas devoir garder le silence dans une circonstance aussi solennelle. Convaincu que l'ordre est le premier bien d'une nation, que le chef du gouvernement pour assurer cet avantage indispensable a surtout besoin d'autorité, et que cette autorité ne pouvait jaillir en France, à ce moment, que du suffrage universel, Lamartine, au risque même de faire les affaires du prince L. N. Bonaparte, se prononça nettement pour l'élection directe par le corps électoral tout entier; et à la suite de son grand et décisif discours du 6 octobre 1848, sa manière de voir fut adoptée par l'Assemblée. L'élection présidentielle eut lieu le 10 décembre; Louis-Napoléon l'emporta sur Cavaignac à une immense majorité. Quant à Lamartine, il n'obtint que dix-huit mille suffrages.

J'ai à peine besoin de dire que mon père fut un de ces dix-huit mille électeurs. Inspiré par son amitié persistante pour Lamartine, il ne subit pas l'influence du courant qui poussa les royalistes à voter en masse pour Louis-Napoléon; mais mon grand-père, préoccupé avant tout de combattre la Révolution dont il avait tant souffert, se décida, malgré l'ardeur de ses convictions royalistes et une répulsion ancienne toute particulière contre l'idée napoléonienne, à faire une propagande active en faveur de Louis-Napoléon.

A ce propos, je me souviens d'une petite scène de famille, que je relate, parce qu'elle montre bien l'état des esprits à ce moment. Notre cercle intime s'en est amusé longtemps.

Mon grand-père, voulant faire voter pour Bonaparte, comme on disait alors, mais d'autant plus désireux cependant de ne pas froisser l'amitié de son fils pour Lamartine qu'il éprouvait lui-même la plus vive admiration envers le grand homme, n'osait pas se procurer des bulletins imprimés au nom de Louis-Napoléon; il n'osait pas davantage demander à ma mère de lui en écrire, il était donc dans un grand embarras, lorsque, pour lui faire plaisir, une de nos jeunes parentes, de la branche des Chamborant devenue russe à la suite de l'émigration, et qui se trouvait depuis plusieurs mois en visite chez mes parents, lui offrit de faire les fonctions de copiste à je ne sais combien d'exemplaires du nom de son candidat. Elle se mit donc à l'œuvre, dans une pièce où l'on allait très rarement; mais, soit hasard, soit soupçon, mon père, avec lequel je me trouvais

à ce moment, dirigea ses pas de ce côté et entra inopinément dans la pièce en question. Alors, coup de théâtre!
exclamations, rires bruyants; arrivée de ma mère et de
mon grand-père, discours politique de mon père, mêlé de
reproches, moitié sérieux, moitié plaisants, à l'auteur de
ses jours et à notre pauvre jeune cousine devenue d'un
rouge violet de congestion. En résumé, scène bouffonne
d'un vaudeville qu'on aurait pu intituler *le Flagrant Délit
électoral!*

Le plus curieux, c'est que, le jour de l'élection, mon
grand-père, bourrelé de remords, a été un des dix-huit
mille, et lui aussi a voté pour Lamartine.

VI

Quoique déjà à demi dans la retraite, le grand homme
ne se désintéressait pas de la chose publique. Il ne boudait
pas. Il ne détournait pas la tête d'une patrie qui devait
pourtant lui paraître si ingrate. Il essayait de donner de
bons conseils à ses concitoyens, en définissant la République telle que la comprenait toujours sa grande âme.
Pour cela, il écrivait une sorte de revue politique mensuelle appelée le *Conseiller du peuple,* où il y a des pages
vraiment admirables non seulement par la sublimité de la
pensée, mais par la magnificence d'un style enchanteur.
Dans le premier numéro, paru en avril 1849, on trouve :

« Voulez-vous consolider la République, rendez-la

acceptable et sûre pour toutes les opinions et tous les intérêts, car elle est à ce prix. »

Dans le second, il fait l'éloge du clergé.

Dans le numéro de juin, numéro paru après la manifestation du 13 juin 1849 contre l'Assemblée nationale, il montre tous les dangers des doctrines démagogiques, et il termine par cette virulente objurgation :

« Gardez-vous des démagogues, ou les démagogues vous mèneront en huit mois du club à l'insurrection, de l'insurrection à l'anarchie, de l'anarchie à la guerre générale, et de la guerre générale à l'invasion, à la monarchie par l'étranger et au morcellement de la patrie. »

Encore deux courtes citations, l'une sur la République :

« Vous le savez bien! notre devise n'est pas : *Malheur aux vaincus !* Non ! *Respect aux vaincus,* c'est la devise de la vraie république. »

La seconde touchant Lamartine lui-même. Parlant des attaques violentes et injustes dont il est l'objet, il s'écrie :

« Je devais m'y attendre et je m'y attendais; j'ai assez vécu avec les hommes de mon temps et j'ai assez causé avec les hommes de l'histoire, pour savoir d'avance qu'un homme qui jette, pour le salut d'une idée ou pour le salut de son pays, son nom dans la fournaise ardente d'une révo-

lution, ne retrouve jamais ce nom qu'en cendres pendant
sa vie et en problème après sa mort. »

Qu'on les rapproche du paragraphe par lequel Lamartine, dans ses *Mémoires politiques*, termine l'histoire de
ses quelques mois au pouvoir :

« Tel est le récit des principaux événements auxquels
j'ai participé pendant les deux premières périodes de la
révolution de 1848 et de la fondation des institutions
républicaines en France. La destinée de la République est
passée depuis dans d'autres mains. C'est à l'avenir de rétri-
buer selon les actes. De grands services ont été rendus;
des fautes ont été commises; je prie Dieu, mes contemporains et la postérité de me pardonner les miennes.
Puisse la Providence suppléer aux erreurs et aux faiblesses
des hommes! Les Républiques semblent plus directement
gouvernées par la Providence, parce que l'on n'y voit point
de main intermédiaire entre le peuple et sa destinée. Que
la main invisible protège la France, qu'elle la soutienne à
la fois contre les impatiences et contre les découragements,
ce double écueil du caractère de notre race! Qu'elle pré-
serve la République de ces deux écueils : la guerre et la
démagogie! et qu'elle fasse éclore d'une République con-
servatrice et progressive, la seule durable, la seule possible, ce qui est en germe dans cette nature d'institution :
la moralité du peuple et le règne de Dieu. »

Voilà le gouvernement idéal de Lamartine! A mesure
que les passions du passé s'éteignent, la postérité qui com-

mence et qui cherche en vain une lueur de cet idéal dans
les flammes impures qui jaillissent du choc des ambitions
contemporaines, devient plus impartiale. Peut-être doit-
elle dire que ce n'était là qu'un rêve irréalisable! Mais en
face d'une humanité vouée fatalement à l'erreur, comme est
la nôtre, il y a des erreurs tellement généreuses que, même
sans les partager, on peut aimer, admirer, respecter ceux
qui les éprouvent. Les eût-on partagées, il n'y aurait point
à rougir de s'être trompé à la suite d'un pareil homme.

A moins cependant que cet homme, drapé pour la postérité, n'ait jeté au public des sentiments de commande
démentis par ceux de sa vie intime; et c'est là que les
témoins les plus humbles, pourvu qu'ils soient honnêtes,
peuvent intervenir utilement!

Mon père accompagna Lamartine pendant son second
voyage en Orient; il eut le temps et les occasions d'apprécier son illustre ami. Nous allons voir son impression.

CHAPITRE III

LE SECOND VOYAGE EN ORIENT

I

Le sultan Abd-ul-Medjid, voulant faire acte de munificence envers le grand poète français qui avait chanté l'Orient en vers et en prose avec tant d'enthousiasme, manifesta l'intention de concéder à Lamartine pendant vingt-cinq ans une propriété immense de vingt mille hectares dans la plaine de Burgaz-Owa.

Au milieu de l'automne de 1849, mon père, alors à la campagne, apprit par un entrefilet de journal que son illustre ami avait le projet d'aller visiter cette propriété. Peu de temps après, rentrant à Paris au commencement de la saison d'hiver, il reçut de la bouche même de Lamartine la confirmation de cette nouvelle, et madame de Lamartine joignit ses plus pressantes instances à celles de son mari pour engager mon père à les accompagner.

Trés heureux de faire un si beau voyage dans de pareilles conditions, mon père accepta cordialement une invitation si cordiale. L'impression que causa ce projet de voyage autour de lui est racontée dans ses notes. Chacun faisait des efforts pour l'en détourner. Ma mère était très émue d'une pareille séparation, et, avec mon cœur de douze ans, je partageais les émotions de ma mère.

« Quant à mes amis, dit mon père, égarés pour la plupart par le faux courant de l'opinion publique sur le compte politique de M. de Lamartine, ils ne pouvaient se résigner à la pensée de voir ma ferme amitié lui donner ce nouveau témoignage d'admiration et de sympathie. Les uns me disaient : « M. de Lamartine est ruiné ; vous êtes « généreux, dévoué, déjà trop prévenu ; il vous charmera, « il vous fascinera et vous entraînera avec lui dans l'abîme. » Les autres, au contraire : « Nous comprenons votre admi- « ration ; mais vous savez le proverbe : il n'y a pas de grand « homme pour son valet de chambre, vous verrez Lamartine « trop souvent et de trop près. Si vous partez amis, vous « reviendrez ennemis. Fuyez ce voyage afin de conserver « vos illusions et un ami si illustre. »

Mon grand-père seul approuva hautement son fils.

Du reste, la résolution de mon père était prise ; les larmes de sa femme et de son fils l'attendrirent sans l'ébranler ; le reste, en irritant son affection, ne fit que le confirmer dans son projet.

Madame de Lamartine, secrétaire de son mari alité, écrivit à mon père d'être à Monceau le 15 juin. Mon père fut exact au rendez-vous et reçut l'accueil le plus chaleureux.

Il raconte, dans ses notes, le plaisir qu'il éprouva le lendemain à se réveiller dans ce beau pays et chez son illustre ami. C'était un dimanche, et au bout d'un moment, ayant entendu la cloche du village sonner une messe, il se rendit de suite à l'église pour y assister. A la sortie, voulant faire une politesse au curé, il entra à la sacristie. Le pasteur s'apprêtait à partir pour Monceau où, tous les dimanches, avec autorisation de son évêque, il allait dire une seconde messe, et déjeuner. Mon père rentra avec lui à Monceau dans la voiture du château et assista néanmoins à la messe dite dans la chapelle. Invités et serviteurs y étaient réunis; si Lamartine manquait, c'est que la fièvre le retenait au lit, où il resta la plus grande partie de la journée.

Au milieu du jour, mon père accompagna madame de Lamartine dans un village des environs de Monceau où elle voulait faire quelques visites et assister aux vêpres. De même que tous les autres habitants, le curé avait fait à mon père l'éloge le plus ému de M. et madame de Lamartine.

II

Dans la soirée du 16 juin, la fièvre ayant beaucoup baissé, Lamartine se trouva mieux, fit même une petite promenade à cheval et, convaincu que le changement d'air lui serait bon, décida le départ pour le lendemain 17. On partit, en effet; le 18 on était à Lyon, le 19 à Avignon et le 20 à Marseille. L'embarquement eut lieu le 21, au milieu d'une ovation magnifique de la population marseillaise :

« Comme au 15 mai, dit mon père dans ses notes, je me

vis obligé de lui faire un rempart de mon corps contre l'empressement de ses admirateurs. Toutes les classes étaient confondues dans cette masse qui se composait pourtant plus particulièrement d'ouvriers. En entendant la foule exprimer ses sentiments, je ne pouvais m'empêcher de répéter au fond de moi-même : Oui! la popularité de Lamartine a été si vraie, si profonde, si légitime, que son nom, malgré l'ingratitude de ceux qu'il a sauvés, reste encore le plus grand du pays. »

Au moment où mon père écrivait ces notes, un journal de Marseille faisait paraître les lignes suivantes, qui les justifient pleinement :

« Pendant que certains journaux de Paris dépeignent M. de Lamartine comme l'objet de l'indifférence ou de la répulsion générales et obligé de fuir sa propre impopularité, nous venons d'être témoin de tout autre chose. Il a passé dans notre ville la journée du 20 juin. Aussitôt que le public a été informé de son arrivée, il n'a cessé de recevoir des visites des nombreux amis de toute classe et de toute opinion qu'il compte à Marseille plus que partout ailleurs.

« Quand on a su qu'il devait s'embarquer dans la soirée, une masse considérable d'hommes de tous rangs s'est rassemblée spontanément dans la Canebière, sous les fenêtres de l'*Hôtel des Empereurs ;* il a été obligé pour se rendre au port de fendre avec peine cette foule compacte d'amis; il a reçu pendant tout le trajet des marques du plus touchant intérêt. Il était accompagné de madame de Lamartine et de MM. de Chamborant et de Champeaux, ses deux compagnons de voyage.

« Ce n'est pas sans efforts que les voyageurs ont pu se

faire jour à travers les flots du peuple et se jeter dans le
canot de l'*Oronte*. Le quai était bordé de cette foule agitée
de sentiments affectueux. Pas un cri ne s'est fait entendre.
Un instinct remarquable semblait indiquer à cette foule
qu'il ne fallait mêler aucune manifestation politique à ce
regret de voir s'éloigner un homme qui a rendu de si grands
services méconnus à son pays. Les gestes et les visages
disaient seuls combien de vœux et de sympathie suivaient
le voyageur et le rappelaient dans la patrie. »

Lamartine a écrit son second voyage. Je n'ai pas l'intention de reproduire son récit ; mais je serai amené à lui
emprunter plusieurs citations.

Les voyageurs à bord de l'*Oronte* étaient donc M. et
madame de Lamartine, M. de Champeaux et mon père.

A peine Lamartine a-t-il commencé la narration de son
voyage en communiquant à ses lecteurs ses premières
impressions sur le haut de son navire en face des flots bleus
et de l'horizon sans fin, qu'il s'empresse de présenter ses
compagnons de voyage.

Après avoir dit que M. de Champeaux, ancien officier
dans la garde royale de Charles X, était un ami de vieille
date, du plus entier dévouement, qu'il devait avoir la douleur de perdre à son retour par suite d'un accès de fièvre
pernicieuse, il s'exprime ainsi sur le compte de mon père :

« M. de Chamborant, élevé dans les principes du libéra-
lisme royal par lequel la Restauration de 1815 à 1830 avait
essayé de rattacher le passé à l'avenir, la tradition au progrès, le trône à la liberté, la dynastie des Bourbons au
droit national, aime de la République la liberté, et de

la royauté légitime le titre, sinon le droit. Son idéal serait l'association du droit républicain avec le droit légitime; son intelligence est à la nation libre, son cœur est aux Bourbons nationalisés. La monarchie ambiguë de Juillet, usurpation pour sa famille, révolution pour la nation, n'a jamais été pour lui qu'un poids sur son cœur, poids que la logique et le sentiment ne pouvaient pas porter longtemps. Comme moi, il a refusé de la servir pour ne pas contrister ses souvenirs de fidélité d'honneur aux dogmes de sa jeunesse. Ainsi que moi, il accueillit la République comme un dénouement franc et entier qui finissait un contresens.

« Homme de premier mouvement et d'énergie, il a assisté volontiers de loin à plusieurs de ses grandes scènes, il y a pris le rôle que le courage d'esprit, la force corporelle, l'attitude imposante, la forte voix, le geste résolu donnent toujours dans les agitations indécises des multitudes assemblées. »

Loin de produire aucune désillusion à mon père pendant le tête-à-tête ou le côte-à-côte de la traversée et du voyage, Lamartine suscita au contraire en lui un attachement tous les jours plus vif qui se manifeste dans ses notes. On va en juger. Voilà comment mon père raconte sa soirée du 23 juin sur le pont du navire :

« Assis sur le pont, adossé aux parois de la dunette, M. de Lamartine, le coude appuyé sur son genou et sa belle tête penchée dans sa main, laisse aller son âme et son imagination à des contemplations sublimes. Sa pensée roule peut-être dans ses profondeurs quelque grande épopée de la mer? Quoique étendu près de lui, et plié dans le même manteau, je n'ose troubler le religieux recueillement dans lequel il paraît enfermé. Mais il faut que le trop plein de son cœur s'épanche, et il rompt le silence pour me parler de Dieu!

« — Quel tableau, me dit-il, et quelle éloquence cachée
« dans cette vague qui palpite et dans les millions de clous
« de feu qui étincellent au firmament! Que d'abîmes, que
« de secrets, que de drames sous cette planche qui nous
« porte! Que de magnificences, que de beaux poèmes,
« que de sublimes annales à redire, à chanter et à con-
« templer dans ces mondes qui roulent si majestueusement
« sur nos têtes! Des hommes pourtant restent sourds,
« aveugles et muets devant ces merveilles de la main de
« Dieu! Qu'est-ce que cela prouve? Sinon qu'il y a des
« aveugles de l'âme comme il y a des aveugles du corps.
« N'est-il pas évident que l'âme a besoin de s'exhaler dans
« l'adoration, dans la prière?

« — Dès lors, ajoutai-je, la nécessité du culte est
« démontrée.

« — Sans doute, répondit M. de Lamartine; mais ce
« culte doit être libre comme la conscience, ce sanc-
« tuaire inviolable, cette source primordiale de toutes les
« libertés.

« — Ce qui ne veut pas dire assurément, répliquai-je,
« que tous les cultes doivent être également agréables à
« Dieu et admis par la saine raison!

« — Non, évidemment! Mais cela veut dire, continua
« M. de Lamartine, qu'en une matière si délicate, le
« gouvernement et la loi doivent se borner à garder la
« morale et la paix publique, à maintenir chacun dans

« l'usage de sa liberté, de manière que cet usage ne soit
« jamais de nature à gêner ou absorber la liberté d'au-
« trui. De cette tolérance absolue dont la diversité des
« sentiments de notre temps démontre la nécessité, jail-
« liront les inspirations les plus pures et les plus propres
« à la grande conciliation des esprits. Si la foi chrétienne,
« comme je le pense, est la plus digne de nos respects,
« soyez bien convaincu qu'elle se ravivera dans les pleines
« eaux de la liberté, que les dissidences des sectes s'y effa-
« ceront et que l'unité religieuse se refera. »

Après avoir rendu compte de cette causerie si élevée,
mon père continue ainsi :

« Les conversations du bord n'étaient pas toujours aussi
sérieuses. Il n'y avait pas seulement dans l'illustre voyageur de la politique, de la religion, de la poésie, du rêve ;
il y avait aussi de la verve et de la gaieté.

« Le lendemain ou le surlendemain de cette conversation religieuse, ému par le spectacle des vagues, j'es-
sayai de me rappeler quelques-unes des strophes de
Lamartine à la mer et commençai tout haut :

> Murmure autour de ma nacelle,
> Douce mer dont les flots chéris,
> Ainsi qu'une amante fidèle,
> Jettent une plainte éternelle
> Sur ses poétiques débris.

« — Ah! ah! me dit M. de Lamartine comme s'il s'était
« réveillé en sursaut. Voilà quelqu'un de ma connais-
« sance : vous savez donc des vers? je ne vous en avais
« jamais entendu réciter.

« — Eh bien! écoutez ceux-ci, répliquai-je, ils sont

« depuis bien des années gravés dans ma mémoire; si elle
« venait à trébucher, j'espère que vous me soufflerez. Ce
« sont les *Adieux à la mer!* »

« Quand j'arrivai à la quatrième strophe, il me fut
impossible de retrouver le cinquième vers, et je recom-
mençai en priant l'auteur de m'aider. Cette fois comme la
première il demeura muet.

« — Comment, lui dis-je, c'est comme cela que vous
« venez à mon aide?

« — Pourtant, répondit-il, c'est plutôt la mémoire que
« la bonne volonté qui me manque! Je n'ai jamais pu
« retenir un seul de mes vers. J'aurai plus tôt fait de vous
« en composer cent que de vous en redire un seul! »

« En effet, il essaya vainement; et, à nous deux, il nous
fut impossible de recomposer ce vers si doux :

> N'a rêvé que l'onde et les bois!

qui termine la strophe en question, que voici complète :

> Ah! berce, berce, berce encore,
> Berce pour la dernière fois,
> Berce cet enfant qui t'adore
> Et qui depuis sa tendre aurore
> N'a rêvé que l'onde et les bois!

« — Il y a cela de singulier cependant, ajouta M. de
« Lamartine, c'est que j'ai la mémoire chargée des vers
« d'autrui. »

« Pour le prouver, cet homme d'un esprit d'ordinaire si
grave et si sérieux se met à exhumer de sa mémoire où ils
étaient ensevelis depuis bien des années, une foule de vers
bouffons et galants, de toutes les tailles, de tous les
calibres et de toutes les sources.

« — Voilà, me dit-il en riant quand il fut las de cet
« exercice extraordinaire, mon répertoire de jeune homme
« et de garde du corps épuisé. Depuis, il est vrai, il m'a
« été impossible de confier de nouveaux vers à ma mémoire.
« Il n'en est pas de même de la musique; toute celle qui
« me frappe, je la retiens sans le moindre effort, sans le
« vouloir! »

« Et il se mit à fredonner quelques airs de musique
italienne que nous avions entendus ensemble l'hiver précédent. Puis, sa voix s'animant par degrés, il reproduisit
d'un timbre vibrant, large, harmonieux, sonore, les plus
beaux passages des opéras de Rossini. Il les rendit avec
tant d'expression et de goût qu'il me fut impossible de
contenir jusqu'à la fin ma surprise et mon admiration.

« — Vous vous étonniez à l'instant, lui dis-je, de me
« voir réciter des vers, permettez qu'à mon tour je
« m'étonne et vous félicite de votre voix magnifique et
« de votre beau talent de musicien. C'est le cas ou jamais
« de dire que la musique est la sœur de la poésie.

« — Ne soyez point si prompt à me louer, mon cher
« ami, répliqua M. de Lamartine. Je ne sais pas une note,
« je ne connais pas un instrument, et, quoique je me sois
« essayé sérieusement à jouer de la flûte, je n'ai pu par-
« venir à en tirer un son. Mais j'ai une admiration si pas-
« sionnée pour la belle musique que je la place au-dessus
« de tout et que je donnerais tous mes poèmes pour une
« seule phrase des chefs-d'œuvre de Rossini. »

Heureusement qu'un pareil échange était impossible. Et
puis, à vrai dire, je crois que s'il eût été faisable, Lamartine
lui-même aurait peut-être hésité au dernier moment! Les

vers sont la musique de l'âme ; la musique de Lamartine
fera encore vibrer toutes les cordes de la sensibilité humaine
que la musique de Rossini sera depuis longtemps démodée,
oubliée dans les archives de l'archéologie musicale.

La traversée des voyageurs de l'*Oronte* se passa ainsi ;
trop courte au désir de mon père.

III

Aussitôt à Constantinople, Lamartine fit demander une
audience au Sultan par le grand vizir Reschid Pacha.

« Le jour de la réception arrivé, a écrit Lamartine, je
me rendis avec M. de Chamborant et M. de Champeaux,
mes deux compagnons de voyage, au palais de l'ambassadeur de France, à Péra, où les voitures de la Cour impériale nous attendaient pour nous conduire, par la route des
collines, à l'audience du Grand Seigneur, qui devait avoir
lieu dans un de ses kiosques solitaires, accessible à ses
seuls confidents. »

Lamartine commença par prononcer un petit discours
très étudié et très réfléchi qui fut traduit par Reschid Pacha.
Abd-ul-Medjid répondit avec la plus grande affabilité et la
meilleure grâce au fondateur de la République française.

L'illustre voyageur présenta ensuite ses amis au Sultan :

« Voici, lui dit-il, M. de Chamborant et M. de Champeaux, deux de mes compatriotes et de mes amis particuliers; l'un, ancien militaire; l'autre, occupé d'études agricoles et économiques, qui se destine à la carrière politique; tous deux hommes faisant honneur à leur pays par leur caractère et leur mérite. Ils croiraient avoir perdu la partie la plus intéressante du voyage qu'ils ont entrepris avec moi, si, en visitant l'Orient, ils n'avaient pas vu le jeune souverain qui attire en ce moment l'intérêt de l'Europe civilisée, et qui se consacre à effacer les barrières que les préjugés avaient mises entre deux mondes. »

« Abd-ul-Medjid, ajoute-t-il, accueillit du geste et du regard mes deux amis avec la même grâce et le même empressement qu'il avait montrés envers moi. L'un et l'autre, par l'entremise de Reschid Pacha, échangèrent quelques paroles avec le Sultan. »

Après l'audience, par une faveur sans précédent, Lamartine et ses compagnons furent admis à suivre le Sultan dans une revue qu'il allait passer de ses écoles militaires. Ils furent très étonnés de la forte instruction que semblaient avoir tous les jeunes gens examinés, et le Sultan parut beaucoup jouir de cet étonnement flatteur.

Aux approches du soir, les voyageurs retournèrent à leur navire où ils n'avaient pas cessé d'habiter. Mon père était de moins en moins disposé à regretter son voyage. Être présenté à Constantinople à un sultan, par un Lamartine, cela n'arrive pas à tout le monde en effet, et ne se voit pas tous les jours !

IV

Le lendemain, Lamartine donna l'ordre de lever l'ancre pour Smyrne. Il était impatient de connaître cette propriété où, bientôt peut-être, il allait se retirer pour toujours. En effet, il avait eu cette pensée qui amena sous sa plume une page sublime que je veux citer :

« Je quitte sans regret les affaires publiques, parce que je ne m'y suis jamais mêlé dans la pensée de faire des hommes ou des événements l'instrument de ma fortune, de ma puissance ou de ma renommée; elles n'ont jamais été pour moi qu'un fardeau imposé par ce que j'ai cru un devoir du patriotisme ou de l'opinion, un service onéreux à rendre à la vérité ou à la patrie. Je bénis le jour qui m'en décharge. Si mon pays ne veut plus de moi, je ne lui reproche ni injustice, ni inconstance, ni ingratitude; je le remercie de me congédier, et je passe avec joie au service d'un meilleur maître, auquel je désire consacrer mes dernières années dans la solitude, dans la contemplation et dans la confession du peu de vérités qu'il est donné à l'homme d'entrevoir d'ici-bas.

« C'est le soir que la lampe du sanctuaire et du foyer intérieur s'allume, que la fumée monte des hauts lieux, et que la terre, où tout fait silence, ressemble à un encensoir balançant devant l'âme universelle et devant le Dieu caché, les actes de foi, les hymnes et les parfums de sa création.

« J'ai été le bruit et le mouvement pendant quelques
heures, je serai le silence et l'hymne à mon tour. Un peu
de ce siècle porte mon nom, c'est assez; c'est l'heure de se
taire, de disparaître et de se préparer au grand pas de
l'éternité. »

En copiant ces lignes, je sens mon âme remuée par une
émotion profonde et salutaire.

Je dirai à mon tour : Grâce à Dieu et à cause de mon
père, un peu de Lamartine porte mon nom, c'est assez!
C'est assez pour avoir eu son rayon d'honneur ici-bas.

V

Aussitôt à Smyrne, Lamartine prépara sa caravane pour
se rendre à sa terre de Burgaz-Owa, où il devait s'installer
pendant quelque temps avec madame de Lamartine, M. de
Champeaux et mon père.

Dès qu'il y fut arrivé, il voulut explorer sa concession ;
on décida que madame de Lamartine resterait au point central, et que l'illustre concessionnaire, lui laissant M. de
Champeaux comme compagnon, partirait pour quelques
jours, emmenant mon père qui avait quelque compétence
agricole, et quelques agents attachés à son exploitation.
Le soir, on coucherait dans les villages les plus rapprochés
où l'on était sûr de trouver l'hospitalité la plus respectueuse.

Lamartine, dans la relation de son voyage, raconte les
fréquentes conversations qu'il a eues avec mon père pen-

dant cette pérégrination, tantôt sur des sujets agricoles,
tantôt sur des sujets philosophiques.

Mon père, de son côté, m'a laissé dans ses notes les
impressions qu'il a éprouvées pendant cette course si
intéressante.

Voici un passage qui m'a paru digne d'être cité.

« J'avais souvent entendu dire à M. de Lamartine, quand
je lui parlais des injures du journalisme et des diatribes de
ses adversaires politiques :

« Tout cela me touche peu, n'arrivant point à ma con-
« science. Je suis bien tranquille; la lumière se fera un
« jour sur ces faits; et l'histoire en relèvera le plus grand
« nombre à mon honneur, quand le moment de son impar-
« tialité sera venu. Mais il y a un reproche que je me
« suis vivement fait à moi-même malgré le silence de tous
« sur ce point. J'en ai demandé pardon à Dieu, car j'ai
« péché ce jour-là par vanité, par orgueil, sans me sou-
« venir de ce que je devais à la patrie, et quoique ma
« faute n'ait eu aucune espèce d'influence sur les événe-
« ments de la Révolution, je n'ai point pour cela cessé de
« me la reprocher. »

« Malgré mon intimité avec cet homme illustre, il
m'avait été impossible de préciser dans mon esprit la faute
à laquelle il faisait allusion, et je n'avais jamais osé le
sonder sur ce point. L'occasion me parut favorable. Nous
étions absolument seuls; personne ne pouvait nous entendre; les plus nobles épanchements venaient de déborder de
son grand cœur dans le mien. J'osai le questionner. M. de

Lamartine me répondit par la confession la plus complète
et selon moi la plus honorable :

« Vous vous rappelez, me dit-il, comment la question
« du droit de réunion fut posée à la Chambre des députés
« à la veille de la chute de Louis-Philippe, par l'opposi-
‹ tion ; comment ce droit fut contesté, et que pour con-
« stater jusqu'à quel degré de violence le gouvernement
‹ pourrait aller, l'opposition organisa le fameux banquet.
« La veille de ce jour décisif, le 22 février, il y eut chez
‹ Durand une réunion des principaux membres de l'op-
« position à laquelle j'assistai, ainsi que M. Odilon Barrot.
‹ On examina la convenance qu'il pouvait y avoir à pousser
« les choses à l'extrême, en assistant au banquet quand on
« y avait poussé la population tout entière. M. Barrot et
« quelques autres déclarèrent que l'épreuve avait été déjà
« poussée trop loin, et qu'ils n'iraient pas au banquet. Je
« crus sans doute que ces hommes cédaient à quelque
« sentiment de pusillanimité en face du danger, plutôt
« qu'à un sentiment réfléchi de patriotisme, et moi, égaré
« par la fausse grandeur d'un courage physique toujours
« facile, je déclarai qu'il n'était plus temps de reculer, et
« qu'alors même que je serais abandonné de tous, j'irais
« seul au banquet.

« Je reconnais que, dans cette circonstance suprême, j'ai
« eu tort, et je m'en accuse avec amertume. J'ai été animé
« par un sentiment trop personnel, pour qu'il ne fût pas
« coupable. Tranchons le mot, j'ai succombé à une tenta-
« tion de vanité, d'orgueil. M. Odilon Barrot, en recu-
« lant, a fait un acte de patriotisme, il a pleinement fait
« son devoir ; depuis ce jour il a beaucoup grandi dans
« mon estime.

« Au reste, ajouta M. de Lamartine, par des circon-
« stances indépendantes de ma volonté, je n'allai point à

« ce banquet; j'étais au lit, souffrant; ma conduite valut
« mieux que mes paroles, et j'ai du moins la consolation
« d'être complètement innocent de la révolution où fut
« précipité mon pays. »

C'est ainsi que mon père eut, dans un village d'Orient, la
primeur de cet humble, mais si glorieux *meâ culpâ* de
l'homme politique. Treize ans plus tard, Lamartine devait
s'en frapper publiquement la poitrine. Dans ses *Mémoires
politiques,* il revient deux fois sur cet acte de sa vie pour le
condamner sévèrement; on va pouvoir comparer ce qu'il
en dit, avec la narration de mon père.

Au livre septième de ses *Mémoires,* Lamartine, après
avoir reproduit son véhément discours à la réunion de
l'opposition chez Durand et avoir constaté le mouvement de
recul persistant des principaux hommes politiques réunis,
constate que les conséquences funestes de ses paroles
furent par le fait écartées, et il ajoute :

« Mais si ces considérations excusent cette faute de
Lamartine, elles ne suffisent pas pour l'absoudre. L'élan
qu'il avait donné à l'opposition aurait pu aboutir à un
conflit, autant que l'obstination du gouvernement. Lamartine livrait quelque chose au hasard. La vertu ne livre rien
qu'à la prudence, quand il s'agit du repos des États et de la
vie des hommes. Il tentait Dieu et le peuple. Lamartine se
reprocha depuis sévèrement cette faute. C'est la seule qui
pèse sur sa conscience dans le cours de sa vie politique. Il
ne chercha à l'atténuer ni à lui-même ni aux autres. C'est
un tort de renvoyer à Dieu ce que Dieu a laissé à l'homme

d'État : la responsabilité. Il y avait là un défi à la Providence. L'homme sage ne doit jamais défier la fortune, mais la prévoir et la conjurer. »

Dans le livre trente-cinquième et dernier de ses *Mémoires,* Lamartine revient avec insistance sur cette faute (1).

Cette confession publique de 1863 est d'une noblesse qui n'a été égalée que par les aveux sublimes de la critique de l'*Histoire des Girondins*. Elle est un de ces actes de conscience, inusités, qui placent Lamartine hors de pair au-dessus des plus illustres, aussi bien par le caractère que par le génie.

VI

Après avoir visité en tous sens sa concession de Burgaz-Owa, et avoir acquis la certitude qu'elle était très productive, Lamartine retourna à Smyrne avec ses compagnons de voyage, dans le but de se rembarquer pour la France.

Pendant ce second séjour dans la capitale de l'Asie Mineure, il fut l'objet des plus chaleureuses démonstrations de la part de la colonie française. Une députation, conduite par M. Couturier, homme de bien et d'intelligence, resté l'ami de Lamartine jusqu'au dernier jour, et mort récemment en laissant les plus vifs regrets à tous ceux qui l'ont connu, invita l'illustre voyageur à présider deux solennités publiques scolaires : la distribution des prix du collège des

(1) Voir l'Annexe, document B.

Lazaristes et celle de l'école des Sœurs de la Charité. Dans chacune d'elles il fit un discours, et dans chaque discours l'éloge des maîtres ; celui adressé aux Sœurs se terminait ainsi :

« Ces saintes et laborieuses servantes des pauvres ne me permettraient pas de les louer ; mais elles ne sauraient me défendre de les honorer, de les admirer et de les bénir. »

VII

Mon père, travaillé depuis quelque temps par la pensée de revenir en France par la Russie, où se trouvait transplantée depuis l'émigration une branche de la famille de Chamborant, se décida à mettre son projet à exécution. Il fut chargé par son illustre ami de commissions importantes pour le Sultan et le grand vizir à son passage à Constantinople.

Il quitta M. et madame de Lamartine, après avoir échangé avec eux les témoignages de la plus vive affection.

A l'égard de son illustre ami, ce voyage n'avait fait que développer encore des sentiments fortement enracinés ; vis-à-vis de Madame de Lamartine, il avait été une véritable révélation. Mon père s'exprime ainsi dans ses notes :

« Depuis que j'avais eu l'honneur d'être présenté à Madame de Lamartine jusqu'à notre voyage, je ne savais d'elle rien de plus que tout autre. Je prenais sa timidité et sa réserve pour de l'indifférence. J'étais plein de respect pour sa personne, mais je me sentais retenu dans un certain éloignement. Je savais de tout temps combien elle était digne de celui à qui Dieu l'avait unie. Mais, après avoir vécu avec elle pendant des semaines entières dans l'intimité de la vie de famille, il me fut impossible de ne pas reconnaître les trésors de sensibilité, de dévouement, de religion, de charité chrétienne qu'elle essayait de tenir modestement cachés dans son cœur. Je compris tout ce qu'avait dû souffrir comme mère, comme épouse, comme chrétienne, cette femme vraiment supérieure. La gloire de son mari avait sans nul doute rejailli sur elle; mais la gloire n'est pas un bouclier contre la douleur.

« Je reconnus que Madame de Lamartine, par l'étendue de son esprit, la distinction de son talent artistique et les vertus de son cœur, avait un mérite assez grand pour se couronner, si elle eût voulu, des rayons de sa propre gloire, mais qu'elle s'était toujours volontairement effacée et amoindrie devant celle de son mari.

« Il n'y a point de sacrifice qu'elle n'ait fait à M. de Lamartine; elle vit exclusivement de son air, de sa vie; on sent qu'elle l'aime du même amour que quand elle était jeune femme, amour doublé de celui des enfants qu'elle a perdus, et excité encore par l'injustice publique et l'ingratitude des contemporains. Pendant le gouvernement provisoire, tandis que son mari luttait seul, sans d'autres armes que son courage et son éloquence, contre les passions de la démagogie et les menaces des assemblées, elle ne trembla jamais pour elle-même, mais l'inquiétude pour son mari la tint attachée au calvaire de toutes les angoisses.

« Elle n'avait pas désiré le pouvoir pour son mari ; elle le subit comme un devoir et le quitta sans amertume comme une délivrance. Essayer de dire tout le bien qu'elle a fait serait impossible ; d'ailleurs, la charité chrétienne craint la louange, et ce serait mal connaître Madame de Lamartine que de penser qu'on pourrait lui plaire en déchirant le voile de modestie dont elle entoure toutes ses bonnes œuvres.

« Mais insensible aux séductions du pouvoir, elle ressentait vivement les outrages jetés à la face de son mari par ceux-là mêmes qui la veille le courtisaient le plus platement. Ces outrages pouvaient glisser sur l'âme bronzée de l'homme supérieur, ils entraient comme un glaive dans le cœur de sa noble femme. »

Plusieurs publications ont déjà confirmé ce jugement de mon père sur Madame de Lamartine. La production de quelques lettres que j'ai en main va bientôt en apporter la confirmation définitive.

Mon père partit de Smyrne quelques jours avant ses illustres compagnons. La veille de son départ, il eut un long entretien avec Lamartine, qui lui dit affectueusement :

« — Mon cher ami, avant de nous quitter, je voudrais bien avoir quelque chose de vous. Donnez-moi votre canne, qui me convient.

« — Avec bonheur, répondit mon père ; mais ne serai-je pas payé de quelque retour ? »

Pour toute réplique Lamartine lui serra affectueusement la main. Mais le jour suivant, dans l'après-midi, au moment de la séparation définitive, voici comment mon père raconte ce qui se passa :

« Après avoir remercié Madame de Lamartine de toutes ses bontés pour moi et avoir donné au pauvre M. de Champeaux une poignée de main, qui devait être la dernière, j'entrai chez M. de Lamartine. Il me chargea d'hommages au Sultan pour le cas invraisemblable où je serais admis à le revoir, en tout cas d'instructions pour les ministres du Divan, et en particulier pour le grand vizir, Reschid Pacha. Il m'annonça que dans une caisse qu'il venait de faire porter à mon bateau se trouvaient deux objets : l'un, destiné au Grand Seigneur, la *France monumentale*, magnifique in-folio, en quatre volumes illustrés, dorés sur tranche et reliés en peau de chagrin ; l'autre, un buste en marbre, destiné à Reschid Pacha.

« Enfin, au moment où je sortais de ses bras, fort attendri de tous ses affectueux sentiments et de ses tendres embrassements, il me dit :

« — Je vous ai enlevé votre canne, permettez-moi de « la remplacer par ces deux petits pistolets que j'ai con-« stamment portés sur moi pendant les trois mois du gou-« vernement provisoire ; il me serait impossible de les « remettre entre des mains plus dignes et plus dévouées.

« — Oui, lui dis-je, vous pouvez compter qu'ils seront transmis, de génération en génération, dans ma famille, non seulement comme le souvenir d'une illustre amitié, mais comme une relique sacrée du génie, de la gloire et de la vertu. »

La parole de mon père ne sera pas démentie. La relique est là dans la vieille demeure de famille, à côté des objets militaires les plus précieux, puisqu'ils sont les souvenirs de ceux qui ont le plus contribué à honorer notre nom.

C'est une relique authentique! En effet, à la page 267,
livre vingtième des *Mémoires politiques,* on lit :

« Lamartine (pendant le gouvernement provisoire) ne
prenait aucune précaution, quoiqu'il sût que de mauvais
desseins veillaient jusqu'à sa porte. Il sortait à toute heure
de la nuit et de jour, seul, à pied, sans autres armes qu'une
paire de pistolets sous son habit. »

VIII

Peu de jours après le départ de mon père pour la Russie,
par Constantinople, les autres voyageurs s'embarquèrent
pour rentrer directement en France.

Ce retour fut marqué par une circonstance des plus douloureuses. Pendant la traversée, M. de Champeaux, atteint d'un
accès de fièvre pernicieuse, mourut pendant que Madame
de Lamartine était elle-même gravement malade. Dans la
relation de son second voyage en Orient, Lamartine raconte
sa cruelle émotion entre le lit de sa femme et le cercueil
de son ami dévoué.

Cette relation parut d'abord par livraisons dans les *Foyers
du peuple,* journal purement littéraire, qui succéda au
Conseiller du peuple, publication politique, dont j'ai cité
de très beaux passages.

A propos des *Foyers du peuple,* on me permettra de rappeler ici une circonstance qui se lie étroitement à mon
sujet.

Un jour, pendant la publication de son voyage, manquant de copie pour une de ses livraisons, Lamartine demanda à mon père s'il avait quelques notes sur Malte. Et sur sa réponse affirmative, en ayant pris connaissance, il lui proposa de les lui emprunter; et c'est ainsi qu'elles furent intercalées dans l'Annexe 2 de décembre 1851, à la fin du livre III du *Voyage*.

Elles étaient précédées des lignes suivantes de Lamartine :

« Le soir, nous reprîmes la route d'Achmed Seded, étonnés et ravis des examens rapides de notre nouvelle possession.

« Il fut question dans notre entretien de la, nuit des notes que le voyageur prend, avant de s'endormir, sur ce qui l'a frappé dans sa journée de terre ou de mer. Ces notes, échos des impressions naïves, diffèrent autant que les caractères et les habitudes d'esprit de chacun des voyageurs qui les inscrivent. Je lus à nos amis quelques pages ébauchées des miennes. J'avais oublié Malte et Syra, deux des points les plus pittoresques et les plus intéressants de la Méditerranée.

« Nous demandâmes à M. de Chamborant de nous lire quelques passages de ses notes de voyageur, écrites au branle du cheval dans le désert ou du roulis du vaisseau sur les vagues. Sa modestie résista longtemps. Il n'avait, disait-il, écrit que pour lui, sans prétention et avec une complète insouciance de l'œil du public. Ses notes n'étaient que les confidences intimes d'impressions fugitives, gravées seulement pour l'œil d'un père, d'une femme, d'un fils, et destinées aux douces réminiscences de la famille.

« Il me répugnait de faire violence à cette réserve de mon compagnon de voyage et de mon ami. Mais je savais que tout ce qui sort du cœur mérite d'en être arraché, et que, dans ces sortes d'entretiens du voyageur avec lui-même, l'art suprême est de ne point montrer l'artiste. Une justesse de sens, un coup d'œil élevé, une sensibilité sans recherche, un style sans effort, une sincérité sans respect humain, une phrase de premier mot et qui rend la pensée au vol : voilà tout ce qui nous charme dans les récits du voyageur. Il doit sentir et peindre comme il voit, c'est-à-dire en courant et en ébauchant. Pensée ambulatoire et style équestre, qui comportent dans l'impression l'abandon et la liberté de la nature.

« Dans les pages de ce genre, comme dans les miennes ici, l'écrivain disparaît pour laisser voir l'homme. Qu'importe, en effet, l'écrivain, quand l'homme intéresse et remue ? Or, il y avait de l'un et de l'autre dans les souvenirs de M. de Chamborant. Je le suppliai que la lacune laissée dans mes notes fût comblée par ces deux fragments de son voyage, comme on incruste dans la même mosaïque deux cailloux du même torrent. Le cours de ses idées et celui des miennes étaient assez semblables pour que rien ne jurât trop dans ses impressions. Quand on sent à peu près de même, on a le droit de parler l'un pour l'autre, et de répondre d'un sentiment pour deux. »

Il était impossible à Lamartine de présenter à ses lecteurs d'une manière plus aimable son modeste suppléant.

CHAPITRE IV

I

Aprés avoir rempli, à Constantinople, auprès de Reschid Pacha, la mission que Lamartine lui avait confiée, mon père s'embarqua pour Odessa.

Là, avec l'énergie qui le caractérisait, et malgré les conseils qu'il avait reçus de tous côtés, il prit ses dispositions pour traverser la Crimée, en poste, sans s'arrêter ni jour ni nuit. Il était seul, ne sachant pas un mot de russe, n'ayant pour lui, dans cette expédition audacieuse, qu'un passeport de première classe des mieux conditionnés.

Néanmoins, le voyage, accompli au milieu de mille péripéties de détail, fut en somme aussi heureux que possible. Mon père arriva sain et sauf à Moscou, où il fut admirablement reçu par un cousin de son nom, le comte de Chamborant, qui, au moment de l'émigration, avait été amené en Russie par son père. Ce dernier ayant été nommé à un poste élevé, l'enfant fut mis à l'École des cadets, où il resta bientôt orphelin, sa mère étant morte à sa naissanee et son père étant mort également peu de temps après son arrivée en Russie. Il demeura donc absolument confié à la bienveillance de l'Empereur et entra dans l'artillerie, où il arriva au grade de général. Enfin, il se fit naturaliser Russe, et c'est à ce moment que mon père lui rendit quelques signalés services, qui renouèrent les relations de famille et expliquent l'accueil chaleureux dont je viens de parler.

Cet accueil, toutefois, ne put empêcher mon père de ressentir les funestes effets du brusque changement de température auquel il venait d'être soumis, et il fut pris, malgré des soins tardifs, d'une fièvre réglée, qui devait être très tenace.

Malgré cette fièvre, après quelques jours de repos dans l'excellente famille de son cousin, il se rendit de Moscou à Saint-Pétersbourg, où il trouva aussi la plus affectueuse hospitalité chez la fille aînée du général de Chamborant, veuve au bout de quelques mois de mariage et qui vivait avec son beau-père.

En quittant Saint-Pétersbourg, mon père se dirigea vers la France par Varsovie et Vienne.

II

Arrivé dans cette ville, malgré le triste état où l'avait mis sa fièvre quarte, il voulut réaliser un de ses projets les plus chers, pour compléter son voyage si intéressant, le projet d'aller à Frohsdorff saluer le comte de Chambord,

c'est-à-dire Henri V, petit-fils de Charles X, et le seul héritier légitime du trône de France ; il écrivit donc au duc de
Lévis, alors de service auprès du prince, pour lui demander
si une audience lui serait accordée. A vrai dire, il ne dou-
tait pas de la réponse ; les pressentiments de son cœur
l'avaient éclairé sur celui du prince. En effet, non seulement une audience lui fut promise, mais il fut invité à venir
s'installer immédiatement à Frohsdorff.

Sachant que mon père était malade, on le plaça dans une
chambre voisine de celle du bon docteur Bougon, celui qui
avait sucé la plaie du duc de Berri assassiné, et qui, après
avoir essayé vainement de sauver le père, prodigua, tant
qu'il vécut, les soins les plus dévoués au fils.

Par ses excellents conseils, le docteur mit mon père en
état de voir le prince en audience particulière et d'assister
aux repas et réceptions de la famille royale. L'ami de
Lamartine, dont on connaissait parfaitement le rôle affectueux et l'attitude politique récente, fut accueilli avec des
marques particulières d'estime et de bonté, non seulement
par le prince, mais par la comtesse de Chambord et par la
vénérable duchesse d'Angoulême, qui existait encore à
cette époque.

Plusieurs audiences particulières lui furent accordées ; il
put jouir à son aise du tête-à-tête avec l'héritier de la race
de saint Louis ; et, chaque fois, le prince prolongea la
séance avec l'insistance la plus flatteuse. Chaque fois aussi
il parla de Lamartine avec l'intérêt le plus vif et le tact le
plus parfait. Je sais cela depuis longtemps, parce que je l'ai
entendu maintes fois répéter, j'espérais même que mon
père qui écrivait facilement réaliserait son projet d'écrire ses

principaux souvenirs, en particulier sur ce point. J'ai eu le
regret de ne rien rencontrer.

III

Mais, sans manquer à mon père, je puis dire que j'ai
retrouvé mieux que cela. Au commencement de ce travail,
cherchant à la campagne, au milieu d'un amoncellement de
papiers et de lettres de toutes sortes, quelques documents
nouveaux pour les joindre à ceux déjà recueillis, quel ne
fut pas mon étonnement d'abord, ma joie ensuite, de mettre
la main sur six feuillets de papier couverts de l'écriture de
Lamartine, que je connais assez pour la reconnaître au
premier coup d'œil! J'ai été encore plus étonné quand j'ai
constaté que ces feuillets contenaient un document d'une
vraie valeur historique, dont je ne soupçonnais même pas
l'existence.

Il vient bien à point, du reste, pour éclairer mes lecteurs
et pour m'éclairer moi-même sur ce qui a été dit par mon
père au sujet de Lamartine dans les entretiens de Frohsdorff.
On va le voir; si mon père n'avait pas bien traduit les sentiments de son illustre ami pour Henri V, c'est qu'il y
aurait mis une grande mauvaise volonté, ce qui n'est pas à
supposer.

Donc, Lamartine, sachant la visite que mon père avait
l'intention de faire à son retour, et pensant que cette
visite serait ensuite racontée dans des notes de voyage,
désirait tellement que ses sentiments fussent traduits au

prince et au public avec la plus scrupuleuse exactitude, qu'il écrivit de sa propre main sur les feuilles que j'ai retrouvées, ce que mon père devait dire au prince d'abord et au public ensuite.

Voici ce document dont je conserve précieusement le manuscrit autographe et auquel, bien entendu, je ne change pas une syllabe en le citant; c'est mon père qui est censé publier ce qui suit :

« J'ai entendu souvent, dans nos entretiens intimes « pendant la traversée, M. de Lamartine parler de ses « sentiments politiques et personnels envers Henri V.

« J'ai été élevé, disait-il, dans les habitudes de respect « et de fidélité chevaleresques du Français de race militaire « à ses rois légitimes. J'ai toujours détesté la servitude de « l'Empire qui pesait sur les âmes en France quand je suis « entré dans la vie. Lorsque la Restauration est venue, je « l'ai considérée comme une délivrance et comme une « renaissance de la liberté constitutionnelle.

« Je l'ai servie obscurément avec les jeunes gens de « mon âge, comme garde du corps, puis comme secrétaire « d'ambassade. Je l'ai vue tomber avec des regrets très vifs, « bien que j'aie compris par quelles séries de fautes contre « le temps elle tombait. Mais, tout en blâmant ses fautes, « j'ai pleuré ses revers, et j'ai vu avec une extrême répu- « gnance le trône enlevé à un enfant innocent pour y faire « asseoir un parent dont le rôle aurait dû être de protéger « son pupille et non de l'expulser.

« Jeune et poète, j'avais exprimé dans mes premiers « vers mes vœux pour le berceau de cet enfant d'un « prince assassiné. Je l'avais appelé l'enfant du miracle. « Ce nom lui était resté. Je demeurai dix-huit ans fidèle à « ces antécédents de ma jeunesse. Je ne voulus, à aucun

« prix, entrer au service de la dynastie nouvelle. Je donnai
« ma démission. Je vécus en dehors de ses faveurs. Je
« voyageai, j'écrivis, je devins député du pays. Je n'allai
« jamais aux Tuileries que trois fois, appelé par le roi
« Louis-Philippe en entretien particulier et pour refuser
« toute participation à son gouvernement. Néanmoins, si
« j'étais attaché d'honneur, de préférence et de cœur à la
« mémoire des princes de mon berceau, les idées avaient
« grandi en moi, et je n'étais nullement un croyant aux
« dogmes des légitimités, je trouvais que de tous les pré-
« jugés de gouvernement la légitimité était le plus honnête,
« le plus sentimental. Voilà tout mon royalisme.

« Quand la révolution du 24 février, à laquelle j'étais
« complètement étranger, fit explosion sous nos pieds, et
« que le hasard m'y donna un rôle, je compris que la
« République était le seul gouvernement assez fort pour
« calmer et régulariser la révolution et pour séparer les
« partis dynastiques ou anarchiques qui allaient s'entre-
« déchirer si on donnait le trône à celui-ci ou à celui-là.
« S'il eût été à moi, et que son rétablissement m'eût paru
« en ce moment possible et utile, à coup sûr je l'aurais
« donné à Henri V. Il était à lui du droit de son titre et du
« droit de mes sentiments. Mais je jugeai, avant et avec
« toute la France, qu'il valait mieux supprimer ce trône que
« de le mettre en pièces. Je sentis que donner le trône à la
« régence d'Orléans, c'était refaire et sanctionner; moi
« l'adversaire de cette usurpation, la révolution de Juillet
« contre laquelle j'avais protesté dix-huit ans. Une telle
« inconséquence et une telle impossibilité ne supportaient
« pas la discussion. Faire la régence, c'était le rôle des
« hommes révolutionnaires de Juillet, ce n'était ni le
« mien, ni celui d'un républicain, ni même celui d'un
« homme politique. Je votai et j'agis pour le suffrage
« universel, le droit selon moi antérieur et supérieur à
« tout. Le suffrage universel vota pour la République,

« comme nous, quatre mois après, sans une protestation
« dans toute la France.

« Je m'attachai au droit républicain, fût-il même con-
« traire à mes sentiments privés pour Henri V. Je servis,
« et je sers de mon mieux la République, en fidèle citoyen,
« tout en conservant mes souvenirs respectueux et mes
« regrets de 1830 envers cet enfant alors exilé. J'avais
« payé pendant dix-huit ans ma dette d'honneur en ne
« servant pas ses compétiteurs; la République m'avait
« affranchi, je ne devais plus rien qu'à ma raison et à mon
« pays. Je reste et je resterai dans cette situation. J'hono-
« rerai, j'aimerai même ce que j'ai honoré et aimé de
« tradition à mon entrée dans la vie, mais je défendrai la
« République, gouvernement de ma raison, même contre
« les préjugés les plus honorables de mon cœur. Ce n'est
« pas du *Brutus,* c'est de l'honnête homme.

« Si jamais vous voyez ce prince et qu'il vous parle de
« moi, dites-lui ce que je dis là tout haut, ce que j'ai dit à
« la tribune, ce que je lui dirais à lui-même. Je le préfère
« immensément à l'usurpation, mais je préfère la Répu-
« blique et le principe du suffrage universel et de la
« volonté nationale à lui-même. Il est légitime pour mon
« cœur, il ne l'est pas pour ma raison.

« Je crois avoir bien rendu ainsi le sens et même les
« paroles de M. de Lamartine. Si je me trompe, il est là
« pour les rectifier.

« Je les exprimai à peu près ainsi au jeune prince. »

Évidemment, qu'il ait eu ou non les phrases qui précèdent dans sa mémoire, c'est à peu près *ainsi* que mon
père a dû traduire les sentiments de son illustre ami! Il
aurait pu les publier aussi, comme on le voit, sans craindre
ni désaveu, ni rectification.

Depuis, Lamartine a maintes fois reproduit dans ses

écrits l'expression des mêmes sentiments. Dans la circonstance, il attachait une importance particulière à ce qu'ils
fussent exprimés avec la plus loyale précision!

IV

Pénétré de reconnaissance pour l'accueil qu'il avait reçu,
et d'admiration pour le prince plein de charme et de
séduction qu'il avait vu et entendu, mon père quitta
Frohsdorff pour rentrer au foyer domestique. Il était tellement changé par la fièvre qu'un vieux serviteur qui était
allé au-devant de lui à la diligence ne l'avait pas reconnu.
Ma mère éclata en sanglots en le revoyant. Heureusement
il avait un tempérament exceptionnellement solide, et
malgré la ténacité de sa fièvre, l'air natal aidant, il fallut
peu de temps pour le débarrasser de tout mal.

L'hiver venu, il put reprendre ses habitudes et sa place
fidèle auprès de son illustre ami. Ce voyage l'avait mis dans
une intimité encore plus complète, absolue, avec M. et
Madame de Lamartine; il devint, on peut le dire, l'ami de
confiance des mauvais jours, ami préoccupé sans cesse des
intérêts matériels ou de la gloire de son illustre ami. Je ne
crois pas qu'il se soit passé rien d'une certaine importance
au foyer du grand homme sans que mon père y ait été
mêlé, sans qu'il ait été consulté, sans qu'il y ait donné un
peu de sa peine et de son cœur.

Et jusqu'à sa mort il aima à faire revivre un passé dont
son cœur était rempli.

Parmi les souvenirs qu'il se plaisait le plus à rappeler, était celui de sa visite à Frohsdorff.

Il ne cessait de répéter que l'accueil si particulièrement flatteur et bienveillant qu'il y avait reçu ne s'adressait pas seulement à l'ami de Lamartine, mais à Lamartine lui-même.

Il affirmait que la grande âme du fils des Rois était faite et prête non seulement pour comprendre l'âme du poète incomparable qui avait chanté en poèmes éternels de noblesse et de beauté le vrai Dieu et l'amour idéal, mais pour comprendre aussi l'âme du grand citoyen qui, en dépensant des trésors d'éloquence, d'héroïsme et de désintéressement pour fasciner les passions sans frein d'un peuple en délire, avait essayé d'offrir au monde un poème plus sublime encore que les plus beaux vers, dans un gouvernement surnaturel, marchant sous les plus nobles inspirations du ciel et de la terre, au progrès de l'humanité.

Et alors, au grand étonnement de ses auditeurs, il mêlait toujours dans un attendrissement presque égal les noms de Lamartine et de Henri V, le nom du roi de la République des plus beaux rêves chrétiens et le nom de l'héritier légitime de la plus grande monarchie traditionnelle et nationale du monde, aujourd'hui encore le seul espoir sérieux de la régénération de la patrie.

Mon père avait raison d'associer dans son amour le plus sublime idéal et la plus féconde réalité. L'idéal, c'est l'âme; la réalité pratique, c'est le corps. Il faut l'un et l'autre pour faire la vie dans un peuple comme dans l'homme lui-même!

Ah ! sans doute il y a une ombre à ce tableau où j'ai tenu à rapprocher deux admirables figures ; mon enthousiasme ne m'aveugle pas au point que je le méconnaisse. La sincérité à laquelle j'entends ne jamais faillir m'oblige à avouer que, par la faute d'intermédiaires trop passionnés et de circonstances fatales, des malentendus se sont établis entre le parti royaliste y compris son chef et Lamartine, malentendus qu'on a envenimés au lieu de les dissiper, et qui ont donné naissance à des procédés tellement injustes et injurieux aux yeux du grand homme qu'il en a eu, selon sa propre expression, le *cœur percé,* et qu'il en a conservé une indignation douloureuse et véritable jusqu'à ses derniers jours.

Mais ce que la passion avait fait naître, l'histoire impartiale, s'il y en a une, ne l'acceptera pas.

Pour regarder et juger les deux grandes mémoires de Henri V et de Lamartine, la postérité devra s'élever au-dessus de toutes les petitesses que la politique, l'esprit de parti et la faiblesse humaine font grouiller piteusement au ras de la terre ; elle devra monter dans les hauteurs sereines des purs esprits, et là elle trouvera, placées bien près l'une de l'autre par des mérites divers, l'âme du Roi et l'âme du poète, parce qu'elles ont été enflammées toutes deux d'un amour autant dire égal pour l'honneur, pour la France et pour Dieu !

CHAPITRE V

AVANT LE COUP D'ÉTAT

Au retour de son second voyage d'Orient, si tristement terminé par la mort de M. de Champeaux, Lamartine fut dominé par deux préoccupations principales :

L'une, morale : la volonté de ne pas se désintéresser de la politique, mais de donner au contraire à ses concitoyens les meilleurs conseils, afin de faire vivre, s'il était possible, dans les idées de générosité qui étaient son idéal, le gouvernement républicain qu'il avait fondé ;

L'autre, matérielle : la recherche du moyen le meilleur de tirer parti de sa splendide concession du Burgaz-Owa.

Dans cette double tâche, mon père lui rendit de nombreux services.

Son intervention fut plus directe dans les efforts de Lamartine pour rétablir ses affaires en désordre ; elle n'en fut pas moins fréquente, comme on va le voir, dans toutes les combinaisons de presse qui devaient servir à vulgariser des idées qui, pour n'être pas toutes, politiquement, très pratiques, n'en méritaient pas moins par leur générosité idéale le respect et l'admiration des honnêtes gens.

Quoique tombé du pouvoir, Lamartine était encore écouté avec grand plaisir par une partie de l'opinion; et il se mit en communication avec elle par deux genres de publications : une Revue et un journal.

La Revue, dont il a déjà été parlé, s'appelait le *Conseiller du peuple,* qui, en six semaines, atteignit le chiffre de quatre-vingt mille abonnés, dura jusqu'au 2 décembre et enrichit ses deux éditeurs.

Mon père fut maintes fois chargé de régler avec eux des points controversés.

II

A côté de sa Revue hebdomadaire, Lamartine voulut avoir son journal quotidien, et il fonda le *Pays,* dont il se réserva la direction, avec le vicomte de La Guéronnière pour rédacteur en chef.

Avant de parler de la courte mais célèbre existence du *Pays,* quelques détails sur son rédacteur en chef. Le vicomte de La Guéronnière, journaliste d'abord, plus tard conseiller d'État, sénateur, ministre plénipotentiaire à Bruxelles et ambassadeur à Constantinople, est une figure assez honorable et sympathique; il a joué un rôle assez

important sous le second Empire; à des faiblesses d'écrivain courtisan, que sa conscience a regrettées, il a mêlé assez
de qualités éminentes, d'éclat véritable, d'honnête et bien-
faisante renommée, pour qu'il puisse être intéressant de
parler un instant de lui dans ces *Souvenirs*. Il leur appartient d'ailleurs pleinement d'un bout à l'autre de sa carrière. A son début, il fut un des jeunes écrivains qui avaient
le plus chaudement adopté et le plus brillamment défendu
les idées du grand politique de l'idéal. Pendant la République de 48, il fut mêlé directement ou indirectement à
tous les travaux de presse de Lamartine; enfin, après les
premiers troubles de son évolution napoléonienne, il
redevint et resta jusqu'à la fin l'ami, sinon aussi intime, du
moins toujours respectueux et dévoué, de son illustre
maître.

La famille de La Guéronnière est une vieille et noble
famille du Limousin et du Poitou, amie et alliée de ma
famille à toutes les époques. Au moment où mon père
faisait son éducation au petit séminaire du Dorat, trois
frères du nom de La Guéronnière y arrivaient successivement. Camarade de classe du plus âgé, mon père se lia
par là même avec les autres, malgré leur différence d'âge.

Les trois frères avaient une intelligence véritable.

Alfred, l'aîné, avec une mémoire prodigieuse nourrie de
continuelles lectures, avec une faconde intarissable devenue
proverbiale aux quatre coins de la terre, avec une plume
enfin aussi facile que sa parole, manquait peut-être un peu
d'assiette dans les idées. Ce qui ne l'a pas empêché d'être
le chef aimé d'une nombreuse et charmante famille.

Charles, le troisième, homme très capable et très pondéré, devint un vrai préfet, excellent administrateur. De la préfecture de Saône-et-Loire, où il avait très bien réussi, il passa à celle de la Haute-Garonne où il réussissait déjà également, lorsqu'un matin on le trouva mort dans son lit officiel, de la rupture d'un anévrisme.

Entre les deux enfin, se trouvait Arthur, le plus connu, dont les relations avec mon père furent de tout temps très fréquentes. Le vicomte de La Guéronnière n'oublia jamais la part si grande que mon père avait prise à ses débuts à Paris, en le présentant et recommandant sans relâche à Lamartine qui était son modèle et devint son maître.

L'attention du grand homme fut d'ailleurs attirée naturellement sur lui par une campagne très brillante qu'il menait dans l'*Avenir national* de Limoges, où il faisait des articles pleins de promesses. Suivre Lamartine et propager les idées de Lamartine, tel était le but de ces articles. Collaborer à l'œuvre de Lamartine sous la direction de l'illustre maître, tel était l'ardente ambition du jeune littérateur limousin.

Aussi, dès que l'estime et la bienveillance de Lamartine pour mon père se furent manifestées publiquement par la lettre qui patronnait l'ouvrage sur le paupérisme, La Guéronnière sollicita-t-il son ancien camarade de parler de lui à ce nouvel ami déjà si illustre.

Il fut convenu que pour faire mieux apprécier sa valeur littéraire, le jeune journaliste ferait paraître dans son journal un parallèle très étudié entre Lamartine et Chateaubriand.

Le morceau, parfaitement écrit et fortement pensé, fut très goûté. Lamartine accueillit avec plaisir l'idée de faire la connaissance du jeune et déjà très habile écrivain. Mon père le lui présenta, l'impression produite fut excellente, et Lamartine n'attendait plus que l'occasion pour se l'attacher.

Cette occasion se fit assez longtemps attendre; plusieurs années se passèrent ainsi, pendant lesquelles le jeune La Guéronnière ne cessait d'écrire à son ami de ne pas l'oublier auprès de Lamartine et de pousser le grand homme à la fondation d'un journal, indispensable à la vulgarisation de ses idées. Ce journal aurait admirablement créé l'avancement attendu par le journaliste de province, si désireux d'arriver à Paris.

Ce désir se manifeste, dès 1843, dans la lettre·suivante, qui mérite d'être citée en entier :

« Limoges, 26 avril 1843.

« Je vous écrivais hier bien à la hâte, mon cher ami, et seulement pour satisfaire à un besoin de cœur en vous disant combien j'étais heureux de l'espérance que vous présentiez à mon ambition. Aujourd'hui, je veux recueillir mes impressions pour vous répondre avec plus de détails et justifier la confiance que vous placez dans mon concours.

« Avant de connaître M. de Lamartine, j'ai souvent ambitionné pour les idées qu'il porte à la tribune avec tant d'éclat une manifestation aussi imposante dans la presse. Quelque retentissante que soit une parole d'orateur, elle n'exerce toujours qu'une action restreinte. La publicité est l'âme du gouvernement représentatif; c'est par la presse que les partis vivent, c'est par la presse que les gouvernements se fondent et tombent; c'est elle aussi qui prolonge le retentissement des échos étouffés de la tribune jusque dans la conscience du dernier des citoyens; c'est donc par la presse que M. de Lamartine doit établir son règne, ou plutôt le règne des idées nouvelles dont il s'est fait le précurseur.

« Pour ce qui me regarde, s'il m'est permis de placer ma modeste personnalité à côté d'une personnalité si grande et si glorieuse, j'oserai dire que je ne suis plus un étranger dans ce parti nouveau; c'est pour moi une véritable satisfaction d'avoir été jugé digne par celui qui en est le chef, d'être initié à la haute pensée de régénération que son génie a conçue et que son génie seul peut réaliser.

« Humble volontaire, je m'enrôlerai avec orgueil au service de cette belle cause, qui est la mienne, vous le savez bien; car il y a entre nous *entente cordiale,* complète et sincère. Je n'ai donc pas besoin de vous répéter combien j'ai été heureux de la proposition que vous avez été chargé de me transmettre et dont l'initiative a été provoquée sans doute par votre chaleureuse amitié. C'est aussi à vous que je me livre avec toutes mes espérances. Soyez mon intermédiaire et ma caution, je ne saurais en avoir de meilleurs auprès de M. de Lamartine. Dites-lui bien que mon cœur est tout à son œuvre et à la foi nouvelle dont il élève le symbole au-dessus de tous les vieux partis mourants.

« Je ne veux ni ne puis vous parler des conditions de mon concours; il me suffit que M. de Lamartine m'ait élevé à la hauteur de son suffrage; le reste vous regarde, et je vous donne plein pouvoir.

« J'arrive à un point important; je crois qu'un journal

qui sera reconnu l'organe de la pensée politique de M. de Lamartine deviendra bientôt le code des consciences indépendantes et éclairées, et que de vives sympathies se manifesteront pour cette œuvre.

« Adieu, je crains de manquer le courrier, et je suis pressé de faire arriver jusqu'à vous cette nouvelle adhésion et l'expression toujours aussi sincère de mes sentiments les plus dévoués.

« Arthur DE LA GUÉRONNIÈRE. »

Lamartine désirait certainement la fondation du journal; mais cette fondation était retardée par des considérations diverses. Elle ne se faisait pas, et cependant il en était beaucoup question.

En 1844, La Guéronnière écrivait à mon père :

« On m'a assuré que la fondation du journal de M. de Lamartine était résolue, et que des capitaux considérables étaient réunis dans ce but; on parlait, je crois, de quatre cent mille francs. Si cela était, nous grossirions ce budget de l'intelligence de notre modeste tribut. Dites à votre ami d'y compter.

« ..... Vous savez que je suis un soldat dévoué de cette grande cause, et si votre amitié me fait accorder un poste, mon dévouement ne faillira pas. »

Le 11 janvier 1845, La Guéronnière insistait de la sorte :

« M. de Lamartine est à Paris. Vous l'avez vu déjà sans doute, et je me flatte qu'il vous aura été possible de connaître ses intentions. Dites-moi tout ce que vous savez à cet égard. »

Le 8 février suivant, il écrivait :

« Mon cher ami, je vous ai écrit hier pour vous prier de connaître les intentions de M. de Lamartine. Ce matin, je reçois une lettre de notre illustre ami qui rend inutile la demande que j'attendais de votre obligeance. Voici ce qu'il me dit :

« Je ne vous oublie pas une minute. Si quelque œuvre « digne de vous se fonde, je vous prierai d'y apporter « votre admirable main. A présent rien! Tout brûlait cet « été, tout est mort et froid cet hiver. On espère encore, « mais vaguement, avoir, au mois de mars, un organe « puissant. Mais c'est douteux! En attendant, ne négligez « pas la certitude d'une position quelconque; il sera tou- « jours temps de la fondre dans une plus grande! »

« Je suis confus, mon ami, de ce témoignage trop bien-veillant pour mon humble plume. Mais j'ai voulu vous confier toutes mes espérances, afin que votre amitié veille sur elles. Je vois que l'heure n'est pas encore venue! Viendra-t-elle jamais? Je le désire, moins pour moi que pour les idées auxquelles j'ai voué mon âme et qui auraient besoin d'une tribune haute et retentissante. »

Quelques mois après, enfin, La Guéronnière écrivait encore :

« Notre illustre maître a bien voulu se souvenir de moi au fond de sa retraite, où il achève les grands travaux conçus par son génie. Il m'est venu de lui quelques lignes où je retrouve à la fois sa bienveillance et son âme géné-reuse; il me dit qu'il sera à Paris dans un mois, et qu'il y reprendra *nos projets*. Je crains néanmoins que, soit hési-tation, soit insuffisance des ressources nécessaires, cette œuvre ne puisse être longtemps encore qu'un *projet*. Je le

regretterais pour l'avenir du pays, je le regretterais aussi
pour moi, qui perdrai l'occasion de développer honorablement ma position, en défendant mes idées, sous le patronage de celui qui en est le plus digne interprète. Enfin je
m'en remets à la Providence, et je compte aussi beaucoup
sur votre amitié. Je suis un humble ouvrier de la pensée
publique; mais son domaine est immense, et vous pourriez
peut-être trouver un emploi convenable de ma volonté et
de mon travail. »

La révolution de 1848 arriva au milieu de cette attente.
La Guéronnière vint immédiatement à Paris et resta en
communication avec Lamartine.

Après le Gouvernement provisoire, convaincu que l'éclipse
de la popularité n'entraînait pas pour Lamartine la perte
de son influence sur l'esprit public, encouragé d'ailleurs par
celui qu'il appelle le *grand maître,* il fonde lui-même le
journal *le Bien public,* organe sinon officiel, du moins
officieux, des idées du fondateur de la République. Sous
la dictature de Cavaignac, voici ce qu'il écrivait à mon père
en l'engageant à abreuver de quelques capitaux la caisse
du journal :

« Les affaires publiques sont tristes. Paris a l'aspect
d'une ville morte. Cavaignac a beaucoup perdu de sa popularité. Les communistes ne se tiennent pas pour battus. Il
y a toujours de grands périls sur nos têtes. L'insuffisance
si complète des hommes aux affaires grandit naturellement
ceux qu'on a méconnus. Lamartine, sorti irréprochable de
l'enquête, reprend son autorité, sinon sa popularité. Le
jour où il parlera, il sera populaire; mais il veut parler à
propos. Nous allons publier cette semaine sa lettre aux dix

départements qui l'ont élu. C'est magnifique de forme et de pensée. L'impression de cet écrit sera immense. En résumé, l'opinion des hommes politiques est que la République ne peut pas se passer de Lamartine, et que la force des choses le ramènera nécessairement au pouvoir avant trois mois.

« Le *Bien public* a gagné beaucoup d'abonnés; mais j'espère qu'il va pouvoir enfin se décorer de la collaboration officielle du *grand maître*. Alors notre fortune serait faite.

« Lamartine vient de vendre 50,000 francs l'*Histoire du gouvernement provisoire,* dont il réserve la primeur aux abonnés du *Bien public.* »

Hélas! pour les intéressés, le grand maître ne collabora pas officiellement au *Bien public.* Ce journal, loin de faire fortune, aboutit à une liquidation qui ne se fit pas sans difficultés et sans quelques tiraillements intimes. Aucune des prophéties optimistes de La Guéronnière n'était donc réalisée.

Au pouvoir, ce n'était pas Lamartine que l'on trouvait, mais un prince, en apparence taciturne et muet, soleil nouveau, dont on ne pouvait encore mesurer la course lumineuse.

Au *Bien public,* il n'y avait plus que quelques dettes.

III

Les hommes de presse se laissent rarement décourager. Le journalisme n'est pas seulement une carrière ; il devient une passion.

Le *Bien public* est mort à côté de Lamartine ; un autre journal, le *Pays,* va se fonder et prospérer par lui. Lamartine en sera le directeur, et en conduira par conséquent toute la politique, fournissant ses colonnes des magnificences de sa parole, des leçons de sa grande âme et des inspirations de son génie. Mais il ne peut faire un journal à lui seul, et c'est *La Guéronnière* qu'il prend comme rédacteur en chef. Voilà le rêve, formé depuis 1843, enfin réalisé! La Guéronnière est le lieutenant de Lamartine. Il en est digne par son travail, son talent de plume, sa prodigieuse facilité d'assimilation. Le rédacteur en chef interprète et utilise merveilleusement son éminent directeur.

Quand Lamartine n'a pas le temps de faire un article, mais qu'il a une pensée à jeter au public, il fait venir son second, la lui expose rapidement, et, le lendemain, il a la joie mêlée d'admiration de voir cette pensée scrupuleusement rendue dans les colonnes du journal et toujours enveloppée dans les plis richement drapés d'un style merveilleux.

De son côté, quand le rédacteur en chef a besoin d'un article sur un sujet quelconque de politique étrangère et intérieure, ou sur une question sociale, financière même, et qu'il hésite soit sur ce qui doit être dit, soit sur la manière dont il faut le dire, il se rend chez l'illustre directeur, et quelques minutes après ce dernier a donné les grandes lignes, les points de repère indispensables d'un article magnifique, plein de tact, de justesse et du suc des pensées les plus élevées.

Aussi La Guéronnière peut-il écrire à mon père en 1851 :

« Le *Pays* va très bien ! Que ne pouvons-nous en dire autant de la France ! »

Et il ajoute des détails parlementaires qui ont leur intérêt rétrospectif :

« Vous avez vu le grand débat sur la revision. Cela allait bien jusqu'à Hugo, qui a tout gâté. Dupin s'était mis dans la tête d'empêcher Lamartine de parler. Il a réussi.

« Une chose très remarquée, c'est le vote des quatre généraux d'Afrique : BEDEAU, LAMORICIÈRE, CHANGARNIER, CAVAIGNAC, contre la revision. Ce sont quatre épées dont la pointe menace toutes les ambitions inconstitutionnelles. »

C'est à peu près vers la même époque que mon père reçut de Lamartine une lettre où la situation satisfaisante du *Pays* est également constatée. Il n'y a encore aucune trace du conflit qui devait éclater quelques mois plus tard entre le rédacteur en chef, bondissant d'enthousiasme vers l'étoile napoléonienne, et le directeur désirant rester toujours dans la même voie, la seule conforme, du reste, à sa conscience, à son honneur et à sa dignité.

Voici cette lettre :

« Neuilly, 10 juillet 1851.

« Mon cher ami,

« L'énormité du travail et des affaires a retenu ma
« plume, non ma pensée, qui vous suit dans vos solitudes
« heureuses.

« J'ai reçu votre lettre avec un vif intérêt. Tout ce que
« vous me dites du calme autour de vous est partout vrai.
« L'esprit de Dieu, esprit de paix, souffle sur ce peuple.
« Je suis moins content de l'esprit qui paraît souffler à
« l'Élysée. L'attitude est mauvaise. Sans cela, tout irait
« vraiment à souhait pour la République.

« Le *Pays* va bien aussi. Toujours cent abonnés par
« jour, souvent deux cents. Si vous en étiez l'administra-
« teur, et le rédacteur aussi, je répondrais d'un million
« avant un an. Mais, mais...

« Je travaille aussi à l'histoire. De plus, je serai obligé
« d'avoir l'oreille ouverte et l'esprit tendu pendant la dis-
« cussion de revision; cela me dérange.

« Neuilly est comme vous l'avez laissé, calme et soli-
« taire.

« Voici ma *Ferme agricole par association de petits
« capitaux* que je vous envoie; tâchez de m'en répandre
« ces douze ou quinze exemplaires, et de tenter quelques
« souscripteurs. Si je puis avoir là-bas ces 150,000 ou
« 100,000 hectares en culture et troupeau, cela ouvrira
« les yeux et amènera peut-être un résultat plus grand.

« Je n'en ai encore envoyé que cinq, et j'ai reçu trois
« souscriptions de 500 francs.

« Veillez et agissez.

« M. Couturier, de Smyrne, est ici avec sa femme; ils
« dînent avec nous.

« Commémoration de vous.

« Respects à madame de Chamborant et à votre excel-
« lent père.

« LAMARTINE. »

On voit, bien marquée dans cette lettre, la double préoccupation de Lamartine : la politique et ses affaires ; le journal *le Pays* et la recherche des capitaux pour exploiter sa
propriété d'Orient.

Sa satisfaction du côté de son journal ne devait pas être
de longue durée. Pendant son séjour à la campagne, au
moment où son absence laissait une liberté plus grande à
son rédacteur en chef, celui-ci, dont le talent grandissait tous
les jours au contact du génie du maître, voulut percer avec
éclat. Profitant de ce que l'esprit public était tourné curieu-
sement du côté des divers prétendants qui menaçaient la
République, il entreprit de les présenter à tous et fit paraître une série de portraits qui eurent un grand rententis-
sement. Celui du prince Louis-Napoléon et celui du comte
de Chambord furent particulièrement remarqués.

IV

Le premier surtout excita une émotion générale. Soit
calcul inconscient, soit conviction complète, il était tellement élogieux, enthousiaste sans restriction, que le bruit
de la rupture entre Lamartine et La Guéronnière se répan-
dit. Les républicains indignés criaient à la trahison ; les
bonapartistes radieux saluaient en souriant l'évolution d'un

écrivain du plus grand mérite prêt à passer dans leurs rangs.

Pour qu'on puisse apprécier la légitimité du mécontentement de Lamartine et rendre justice au talent de La Guéronnière, je place à l'Annexe de ce volume d'assez longues citations du portrait de Louis-Napoléon (1).

Plus je relis ces pages, plus j'y trouve admirable le talent de l'écrivain. Lamartine a dit le mot : La Guéronnière « a une admirable main ». Plus je les relis, plus je comprends aussi l'émotion du grand homme, en voyant paraître dans son journal des articles empreints d'un véritable fanatisme napoléonien, qui battaient véritablement la charge à l'assaut de la Constitution, contre la République, lignes remplies d'impatiences de coup d'État et destinées à d'autant plus de retentissement qu'elles étaient écrites avec un art plus consommé.

Mon père ne se laissa pas ébranler dans son amitié, et Lamartine lui-même conserva la plus grande mesure dans les formes de son mécontentement. Plus on vit, plus on connaît l'humanité, plus on sent la tolérance avec laquelle, en dehors de certains actes voués par la conscience à une flétrissure sans réserve, on doit juger la conduite de ses semblables. En politique, il ne faut pas que la foi du croyant et la conviction de l'homme de raison deviennent le fanatisme d'un mamelouk ou la passion d'un sectaire.

La Guéronnière cherchait sa voie; il sentait qu'il allait la trouver; il ne voulait pas qu'elle pût, le cas échéant, lui échapper. Il indiquait tous ses désirs, nettement, pour

(1) Voir document C.

le maître de l'avenir; mais il se faisait l'illusion de croire qu'il les avait maintenus dans un vague suffisant pour en atténuer la conséquence auprès de son ancien *grand maître*. Je ne suis pas étonné de l'attitude de mon père, qui chercha toujours à apaiser Lamartine et à modérer La Guéronnière en témoignant la plus complète confiance dans sa gratitude et sa loyauté.

Mais où mon étonnement ne sait plus quelle forme prendre, c'est lorsque, après avoir lu les conclusions du portrait de L. N. Bonaparte, je lis la lettre suivante adressée à mon père, le 4 septembre 1851, par La Guéronnière :

« Je reçois votre lettre aujourd'hui à Angerville, où je suis venu passer deux jours avec M. Berryer. Je profite bien vite du loisir que laisse la vie de château pour vous remercier du signe de bonne amitié que vous me faites, à propos de mon portrait. *Vous avez eu raison de repousser les mauvaises interprétations,* car je ne suis capable que d'un excès d'équité et d'impartialité. Une conscience comme la vôtre doit me comprendre et m'absoudre. Quant aux petits esprits qui ont la passion de dégrader les gouvernements et les hommes d'État, sans doute pour les faire à leur image; quant à ces esprits chagrins qui prennent toute justice pour une servilité, peu m'importe ce qu'ils pensent et ce qu'ils disent.

« Remerciez pour moi votre excellent père d'avoir été mon défenseur. En me voyant ainsi défendu, je ne puis me plaindre d'avoir été attaqué.

« Ne craignez rien de mon pinceau pour le comte de Chambord; je serai vrai : j'ai beaucoup interrogé et beau-

coup appris. Si vous aviez quelques bonnes impressions ou
quelques faits à me fournir, je vous en serais reconnaissant; mais hâtez-vous, car la toile est devant moi, et je
démêle mes couleurs.....

« Quant à la situation, que puis-je vous en dire que
vous ne sachiez? Votre discours me paraît la juger très
bien. Nous sommes d'accord aujourd'hui comme toujours.

« La République, sincèrement, résolument, et si l'expérience manque, si le peuple abdique ou signe : LA VRAIE
MONARCHIE. Tout est dans cette alternative. »

Cette lettre est du 4 septembre; ses conclusions semblent
déjà bien contraires à celles du portrait de Louis-Napoléon
Bonaparte, où le prince est mis en demeure dé sauver la
France, s'il ne veut pas, au lieu de gloire, recueillir la honte
dans l'histoire. En la recevant, en lisant des explications
aussi satisfaisantes, mon père a dû se féliciter de ne pas
s'être fié aux apparences et d'avoir cru son ami incapable
de changer d'opinion. Néanmoins, il a dû attendre avec une
certaine angoisse l'apparition du portrait du comte de
Chambord.

V

L'attente ne fut pas longue, l'œuvre parut à la fin de
septembre. Elle complète admirablement celle de juillet;
mais il me semble que l'amitié la plus robuste, même
l'amitié la plus disposée à recevoir un coin de ce bandeau

qu'une autre affection met, dit-on, sur le jugement, n'a pas pu expliquer, cette fois, d'une manière complètement satisfaisante, tout au moins pour la logique, la contradiction flagrante entre la lettre intime et les deux documents publiés, se corroborant, se complétant l'un l'autre.

Je n'ai pas retrouvé de trace écrite de l'impression de mon père à ce moment; mes souvenirs ne peuvent pas remplacer, sur ce point, les documents absents; mais je suis tenté de croire qu'il a dû, cette fois, se rendre à l'évidence et trouver que son ami, « toujours d'accord avec lui, à son dire », prenait décidément un singulier moyen pour préparer le retour de la *vraie monarchie*.

Qu'on en juge, en lisant les citations à l'Annexe (1).

Le langage est évidemment très beau de forme. La logique est contestable, mais le style est magnifique. Si, après avoir lu les prémisses, on est stupéfait des conclusions, c'est qu'on perd de vue l'état psychologique de l'écrivain et le problème si délicat qu'il s'était donné à résoudre. Par la douceur de sa nature et la bonté de son cœur, La Guéronnière était porté à ne dire du mal de personne; par prudence en face de l'avenir, il se résolut à peindre les deux princes sous les couleurs les plus flatteuses. Seulement, guidé par l'instinct de son ambition, il flatte l'un d'une manière pratique, tandis qu'il n'a pour l'autre que des flatteries platoniques. Le portrait de Louis-Napoléon part du cerveau : c'est un calcul; celui du comte de Chambord vient du cœur : c'est un remords.

Le premier, plein de confiance et d'entrain, est une sorte

(1) Voir document D.

de désignation catégorique du sauveur de la patrie. Le
second a plus de souffle, fait un éloge plus lyrique de
l'homme et respire un respect plus profond de la grandeur
de sa race et de la hauteur de son caractère; seulement,
après avoir donné cette satisfaction aux partisans de la
vraie monarchie, il termine son portrait de Henri V par
des conclusions en parfaite harmonie avec celles du portrait de Louis-Napoléon Bonaparte. Il avait poussé ce
dernier à l'*héroïsme* des grandes entreprises du salut
public, il invite le *Roi légitime* à l'héroïsme de la résignation.

Entre la lettre intime du 4 septembre et les conclusions
des deux portraits, il y a donc contradiction. Il n'entre pas
dans ma manière de faire de nier l'évidence. Je ne le nie
pas. Malgré mon affection et mon dévouement pour le souvenir de l'ami fidèle de ma famille, je ne peux pas même
essayer une explication autre que celle donnée officiellement par La Guéronnière lui-même; elle se trouve dans le
portrait du comte de Morny paru après l'établissement de
l'Empire.

Le voici :

« Le coup d'État n'avait été ni prévu ni désiré par celui
qui écrit ces lignes. Néanmoins, avant le 2 décembre, il
avait compris la destinée du président de la République, et
il n'avait pas craint de rompre avec des solidarités aussi
chères qu'illustres pour obéir à l'impulsion de sa raison.
Pourquoi ne pas l'avouer cependant? il était de ceux qui
regrettaient tristement la chute des libertés politiques que
les glorieux maîtres de la génération à laquelle il appartenait, Chateaubriand, Royer-Collard, Lamartine, Guizot, lui

avaient appris à aimer. Il aurait voulu que cette liberté fût possible. Il aurait été fier de s'en servir et d'en exercer les nobles prérogatives. Le coup d'État renversait la Tribune et la Presse ; un écrivain devait en être ému. Quand une dictature, même légitime, venait de surgir tout à coup et que la censure était établie, il semblait qu'il n'y eût plus rien d'utile et de digne à faire avec une plume. Celui qui avait l'honneur, au 2 décembre, d'être le collaborateur de M. de Lamartine, dont il était déjà séparé par de profonds dissentiments d'opinion, se retira donc de la lutte et reprit son indépendance. Cette grande mesure l'attristait et le rassurait tout à la fois ; il en désirait ardemment le succès, et il en déplorait de bonne foi la douloureuse nécessité. »

Après avoir ainsi expliqué l'état de son esprit, La Guéronnière raconte que M. de Morny, ministre de l'intérieur, l'engagea, dans le langage le plus noble et le plus pressant, à reprendre sa plume pour défendre la société. Pour vaincre définitivement les résistances de l'écrivain qui lui objectait toujours avec réserve, mais avec fermeté, l'existence de la censure comme un obstacle capital au désir manifesté par le ministre, M. de Morny termina ainsi l'entretien :

« La censure n'est qu'une précaution, ce n'est pas un « système. Mais, vis-à-vis d'un écrivain aussi loyal et aussi « modéré que vous, la censure est sans objet. Le prési- « dent de la République se fie à votre patriotisme. Écri- « vez dans toute votre indépendance, vos travaux ne seront « pas censurés. »

« En effet, je repris ma plume, ajoute La Guéronnière, non pour frapper la cause qui tombait, mais pour l'honorer au contraire, pour regretter la liberté compromise par les excès des factions, et pour faire entendre, au milieu de cette grande crise de la patrie, la voix de la conciliation, du patriotisme et de la raison. »

Évidemment, après avoir ainsi présenté les choses, le vicomte de La Guéronnière se considère comme pleinement justifié. Il est certain qu'une bonne partie du public ne lui en voudra guère, mais tous les hommes de sens comprendront le mécontentement de Lamartine compromis dans une évolution dont il paraissait être complice. Tous reconnaîtront qu'en apaisant si vite un pareil grief, Lamartine a donné une preuve éclatante de la hauteur de son esprit, de la générosité de son cœur.

VI

Comme on vient de le voir dans sa lettre du 4 septembre, La Guéronnière félicite mon père d'un discours dont il adopte nettement et chaudement les conclusions. Ce discours fut prononcé au conseil général de la Charente pendant la session d'août 1851, à l'occasion d'un vœu sur la revision.

Avant de résumer sa thèse dans cette alternative : ou la République chrétienne de Lamartine, ou la Monarchie nationale du roi légitime, mon père avait fait un ample exposé de sa pensée. Tout pénétré des sentiments d'admiration et de respect qu'il avait rapportés de Frohsdorff, il ne se contenta pas de rendre hommage à la puissance du principe monarchique, il fit un véritable portrait du prince accompli qui en était le représentant. L'éloge était tellement enthousiaste que les collègues de mon père, même les mieux pensants, furent stupéfaits de son audace.

Lamartine et La Guéronnière avaient reçu un exemplaire de ce discours.

Les félicitations de La Guéronnière furent sans aucune réserve. La lettre suivante, datée du 4 octobre, va faire connaître les félicitations de Lamartine, précieuses pour montrer, au milieu de tant d'analogies de sentiments, quelle était la démarcation politique entre les idées du grand homme et celles de mon père :

« Saint-Point, 4 octobre 1851.

« Mon cher ami,

« J'ignorais vos inquiétudes sur ce beau, bon et cher
« fils. Dieu soit loué qui vous en soulage.

« J'avais lu votre beau, solide et vraiment éloquent
« discours, tout conforme à mes sentiments, sauf un parti
« pris plus personnel et plus convaincu dans la République.

« J'ai été bien tiraillé et bien contrarié par une certaine
« biographie de La Guéronnière, faussant ma ligne jus-
« qu'au fanatisme napoléonien. Je tâche de le remettre
« dans la voie, mais le pied n'est pas encore ferme.

« Je vis seul au fond des fonds, levé à cinq heures, tra-
« vaillant à l'histoire jusqu'à onze, et cavalcadant ensuite
« dans mes tristes vignes; année bien mauvaise pour nos
« récoltes; que deviendrai-je?

« J'ai besoin des éditeurs plus que jamais en 1852.

« Le pays est calme, intelligent, modéré; il ne fera
« aucune folie; et puis, il y a un Dieu le 31 décembre et

6

« un Dieu le 1ᵉʳ janvier; toutes les années sont des dons
« de sa providence. Il n'empoisonnera pas le *pain quoti-*
« *dien* de 1852. Il rend seulement le mien bien dur à
« gagner et bien amer avec tant de cailloux dans mes
« dents.

« Venez donc nous voir si le père, le fils et la femme
« vous donnent congé. En douze heures, on est à Mâcon
« tout d'un somme.

« Je quitte Saint-Point avec regret, demain, pour Mon-
« ceau, terre aux portes de Mâcon. C'est pour vous tenter.
« Dargaud que je n'ai pas vu depuis vous y arrive demain.

« Adieu; respects au patriarche de la famille et à
« Mme de Chamborant.

« Amitié solide et vive à vous!

« Al. DE LAMARTINE. »

VII

Le coup d'État auquel il avait poussé si nettement
interrompit les relations intimes du vicomte de La Guéronnière avec Lamartine. Mais, grâce à l'esprit tolérant du
grand homme, grâce aux inspirations du coupable dont le
cœur était excellent, grâce enfin à l'entremise toujours
aussi affectueuse de mon père, un rapprochement ne tarda
pas à se produire. Lamartine laissa revivre sa sympathie,
son affection et même sa confiance. En 1856, ayant eu
besoin, pour un ami dans l'embarras, du concours de La
Guéronnière devenu un haut fonctionnaire de l'Empire, il
chargea mon père de le solliciter en son nom. Voici une

lettre qui prouve avec quel cordial empressement cette occasion d'être agréable à Lamartine fut saisie par son ancien lieutenant :

« Mon cher ami,

« J'ai fait la commission de M. de Lamartine deux heures après avoir reçu votre lettre. Je vous en rends compte directement; je pense qu'il en sera satisfait. Moi, je suis heureux de tout ce qui me rapproche du souvenir de mes anciens rapports. La politique m'a séparé de lui. Des envieux peut-être ont essayé de faire de cette sépara- tion une rupture de cœur, mais la haute indépendance de son génie et l'inspiration de votre amitié ont prévenu cette injustice, car c'en eût été une. Il m'a prouvé qu'il jugeait bien mes sentiments; quant à moi, j'espère lui prouver que si le patriotisme change de moyen, il ne change pas pour cela de but et de nature.

« Je vous serre tendrement la main.

« La Guéronnière.

« 28 décembre 1856. »

A partir de cette époque, les relations entre le vicomte de La Guéronnière et Lamartine se renouèrent, elles rede- vinrent même de plus en plus fréquentes et retrouvèrent une grande part de leur ancienne cordialité.

Qu'il fût conseiller d'État, sénateur ou chef d'ambassade, le vicomte de La Guéronnière montra toujours, jusqu'à la mort de Lamartine, la plus grande déférence pour lui et ne perdit pas une occasion de lui être utile ou agréable.

En résumé, il a occupé une trop grande place près de Lamartine, et mon père une trop grande entre Lamartine et lui, pour n'avoir pas droit à une large part dans ces *Souvenirs*.

Si j'avais à le juger au nom de l'histoire, aprés avoir signalé ses merveilleuses qualités d'écrivain, la noblesse de sa pensée, l'ampleur de sa phrase, le brillant coloris de son style; aprés avoir constaté qu'il a des pages qu'aurait signées avec orgueil Lamartine lui-même, je serais peut-être obligé d'insister par conscience sur les quelques réserves que j'ai indiquées par sincérité. Dans l'entraînement de sa faveur près d'un prince dont la franchise politique et religieuse laissait tant à désirer, il s'est fait le propagateur de certains sentiments qu'on ne peut partager, il a écrit certaines pages qu'il faut blâmer; mais je ne fais pas ici de la critique historique, et du moment que j'ai indiqué mon respect pour la vérité, je n'ai plus d'autre devoir que d'obéir à cette justice du cœur qui se manifeste par la reconnaissance et l'affection.

D'ailleurs, pour être juste, il ne faudra pas oublier qu'il a profondément regretté sa faiblesse littéraire vis-à-vis de son souverain. Il a regretté qu'à ce moment sa conscience n'ait pas été plus forte que les autres considérations. Des lettres intimes en font foi. Je puis affirmer leur existence, puisque des gens d'honneur m'ont affirmé les avoir lues.

Pour être juste encore, il faudra rappeler le charme de ses relations, sa bonté, sa générosité et une obligeance qui ne se lassait jamais. Ce serait peut-être oublier les grands airs qu'avait si instinctivement pris l'homme de cour, l'orateur et le diplomate, que de dire de lui qu'il avait le

cœur sur la main, mais il suffit de se souvenir pour affirmer
que, dès qu'il avançait la main, son cœur ne demandait
qu'à pouvoir la suivre pour se donner. Son caractère naturellement doux le rendait affable, équitable, même pour
ses ennemis; à la grande école de Lamartine, il avait
appris la tolérance et la modération.

Aussi a-t-il pu dire dans l'introduction de ses Portraits
de septembre 1856 :

« J'ai cherché ma voie, comme tant d'autres, dans
l'obscurité de la lutte, à travers les ruines du passé et les
incertitudes de l'avenir. Mais il y a une boussole qui m'a
toujours guidé, c'est la modération. Mon instinct, ma
nature, mon éducation me l'avaient fait deviner, avant que
ma raison me l'eût apprise, il n'y a pas de force plus grande
dans la vie publique que l'énergie de la modération. Publi-
ciste, lutteur de chaque jour, ouvrier de ma renommée,
j'ai été modéré : c'est mon honneur. »

Ce jugement de La Guéronnière sur lui-même mérite
d'être ratifié. Si son talent plus que les grandeurs doit
compter pour sa gloire, sa modération dans le succès politique restera son honneur. La mansuétude de son caractère
jointe aux innombrables services qu'il a rendus protège et
éclaire sa mémoire. Il est de ceux vis-à-vis desquels la
sévérité menace d'être une injustice, quand elle n'est pas
la plus noire des ingratitudes.

Je suis heureux que son nom se soit trouvé naturellement dans ce récit. Il y a des souvenirs que le cœur ne
saurait oublier. J'en conserve de sa bonté, qui ne s'efface-
ront jamais. En toutes circonstances et dans tous les temps,
il a été, pour mon père et pour moi, un véritable ami. Son

amitié toujours dévouée a été souvent efficace. Une occasion se présentait à moi pour lui dire publiquement : Merci ! On comprendra que je l'aie saisie avec empressement. La mort ne doit dégager ni de l'affection ni de la reconnaissance.

Il avait deux fils, mes contemporains et mes amis. La mort, hélas ! les a entraînés tous deux prématurément après lui dans la tombe, et eux non plus ne peuvent pas m'entendre ici-bas.

Puisse ce cri de mon cœur arriver jusqu'à eux, jusqu'à lui surtout là-haut, au seuil de l'éternité ! Malgré les agitations de l'existence, et sauf une erreur de plume qu'il a commise par faiblesse de courtisan pour traduire une pensée qui n'était pas la sienne, il a non seulement cru en Dieu, mais respecté, honoré, défendu même la foi de sa jeunesse.

La mort, je le sais, l'a surpris en plein dans la vie du monde ; et, dès lors, la conscience chrétienne ne peut s'empêcher de s'émouvoir d'un si terrible inconnu. Dans cette émotion cependant, il y a une place légitime pour autre chose que la crainte.

En face d'une pareille mémoire toute remplie du parfum de la bonté et de la charité, l'amitié n'a pas seulement le devoir de se souvenir, elle a le droit comme le besoin d'espérer !

VIII

Dans des Souvenirs, une digression personnelle est parfois indispensable.

Au mois de septembre 1851, j'avais eu une fièvre typhoïde grave, à laquelle Lamartine fait allusion dans sa lettre du 4 octobre.

Le soin de ma convalescence me valut une année très heureuse. Je suivis les cours du lycée Bonaparte comme externe. Mes allées et venues forcées me firent assister à plusieurs scènes intéressantes de cette époque mouvementée, entre autres aux préambules militaires du coup d'État.

Cette année-là, je commençai aussi à aller plus souvent avec mon père chez Lamartine, La Guéronnière et ses autres amis. Un d'entre eux, en particulier, excitait mon admiration par la verve de sa parole et l'air tout à fait martial de sa figure; c'était le général de Grammont, l'auteur de la loi protectrice des animaux. Quand je retrouve son nom quelque part ou que je pense à lui, je le vois toujours, un certain soir qu'il avait dîné chez mes parents, assis sur le tabouret du piano et pérorant des sujets les plus divers et surtout de ses campagnes. Il était là comme sur un cheval de bataille; j'ai oublié les batailles, mais je ne puis oublier le cheval improvisé.

Ces jours de dîner politique étaient pour moi de véritables jours de fête. Il y en eut un, par exemple, cette année même, qui causa une véritable émotion à ma mère. Je ne raconterais pas ce *drame culinaire* s'il ne prouvait pas, d'une part, l'intimité de mon père avec Lamartine; de l'autre, la bonne grâce et la simplicité charmante du grand homme, enfin la scrupuleuse conscience de celle que Dieu vient de rappeler à lui.

Un jour donc, mon père, en rentrant, annonce tout heureux à ma mère qu'elle va avoir à dîner M. de Lamartine, le général Caillé, le général de Grammont, M. Couturier, ancien consul général à Smyrne, avec lequel mon père s'était lié pendant son récent voyage en Orient, M. Dupont-White, père de Mme Sadi Carnot, et une ou deux personnes de plus destinées à compléter le nombre de dix ou douze convives au-dessus duquel Lamartine prétendait que les dîners n'étaient pas agréables.

Les convives principaux avaient accepté, le jour était convenu; il n'y en avait pas d'autre disponible pour tous, c'était le mercredi suivant. Je vois encore ma mère bondir d'effroi et s'écrier : « Mais c'est impossible; c'est Quatre-Temps, *c'est maigre.* » Mon père, qui ne s'était jamais laissé démonter par aucune difficulté de la vie, n'était pas fait pour se troubler de si peu. Il répliqua qu'il n'y avait qu'une chose impossible, c'était de changer le jour du dîner; que si la conscience ne permettait pas de le donner gras, il y avait un moyen bien simple de s'en tirer, c'était d'en servir un maigre; qu'il ne s'effrayait pas de cette éventualité, qu'il l'annoncerait sans crainte à son illustre ami, qui s'amuserait certainement beaucoup de l'imprévu de la circonstance.

Ma mère désespérée eut beau consulter tous les théo-

logiens, elle se crut daus l'obligation de s'en tenir au
maigre, mais elle fit pour le menu des prodiges d'imagination.

Enfin, le jour fatal arriva, et les célèbres convives aussi,
à l'heure indiquée. Tous avaient fait contenance d'hommes
du monde à l'annonce de la catastrophe dont ils étaient
menacés ; mais, sauf Lamartine qui était ravi, tous aussi, je
crois, en particulier les généraux, n'étaient pas sans inquiétudes sur le sort réservé à leurs estomacs. Ce dîner fut un
véritable triomphe. Avec la verve la plus charmante et cette
haute distinction qu'il conservait en toutes choses, à chaque
plat nouveau, Lamartine poussait des exclamations enthou-
siastes auxquelles les estomacs satisfaits de tous les convives finirent par faire cordialement écho.

La gaieté qui, peu à peu, était devenue universelle, fut
à son comble, lorsqu'au dessert, Lamartine, résumant la
situation, s'écria en se tournant vers ma mère : « Il faut du
génie pour composer un pareil dîner. » Et il fut parlé longtemps dans le cercle de l'illustre ami du dîner maigre de
Mme de Chamborant.

CHAPITRE VI

APRÈS LE COUP D'ÉTAT

Au lendemain du coup d'État, Lamartine, moins surpris en réalité que ses articles de revue ou de journaux le feraient supposer, comprit que la politique active était finie pour lui. Il y renonça définitivement avec une noble résignation, et n'eut plus qu'une pensée, régler ses affaires honorablement au mieux des intérêts de ses créanciers. Il espérait atteindre ce but louable par son travail littéraire auquel viendraient s'ajouter les revenus de sa concession en Orient.

« Je me retirai, dit-il au livre trente-cinquième et dernier de ses *Mémoires politiques,* dans la solitude et dans l'abstention, prêt à l'exil, heureux de n'être point persécuté. Quelles qu'eussent été ma vigueur et ma sagesse contre la démagogie, il ne m'appartenait pas de servir, ni directement, ni indirectement, celui qui à bon droit ou à mauvais droit renversait la République. Je devais mourir citoyen attristé, mais inoffensif; mon rôle était fini. J'acceptai mon destin.

« Je ne pensai plus qu'à sauver de ma ruine mes créanciers qui comptaient sur mon honneur. »

Le *Conseiller du peuple,* organe politique, ne pouvant plus subsister, Lamartine fonda d'abord le *Civilisateur,* publication exclusivement littéraire.

Retenu à Monceau, il chargea mon père d'être son intermédiaire dans ses négociations avec les éditeurs. Tout naturellement, ceux-ci essayaient de l'entraîner le plus possible sur le terrain politique; l'ancienne situation de Lamartine eût rendu très intéressante et très piquante pour les lecteurs son intervention dans la polémique si effacée des événements contemporains. Un immense succès de librairie était assuré.

Lamartine tint bon; son parti était pris irrévocablement; et, dans les grandes circonstances, quand il en était ainsi, c'est en vain qu'on essayait de le faire changer. Il refusa donc toutes les propositions, même les plus tentantes, les plus dorées, ainsi que le témoigne la lettre suivante :

« Monceau, 29 décembre 1851.

« MON CHER AMI,

« Voyez vite ces messieurs; rien n'est acceptable pour « moi du plan proposé.

« Je ne puis sortir du mien : un journal non politique

« une fois par mois. Tout le reste serait une aventure
« et au-dessus de mes forces financières, physiques et
« morales.

« Je ne puis pas même délibérer.

« Reprenez les négociations exclusivement dans les termes
« de Monceau.

« Adieu et remerciements! J'aurai dix mille francs le
« 15 janvier pour tout commencer.

« Je réponds à M. Mirès en refusant toutes les inaccep-
« tables propositions qu'il me fait.

« Tout est fini ; chacun chez nous.

« Adieu, très pressé, vite un mot!

« Amitiés et reconnaissance à M. Pradié, je serais heu-
« reux s'il voulait m'aider en tout genre. L'affaire toute
« seule ira bien, mais lentement et sûrement.

« J'ai passé l'âge des témérités.

                                  « LAMARTINE. »

Mon père s'acquitta de son mieux de la mission qui lui
était ainsi confiée. Mais les négociations n'allaient pas très
vite, et mon père, en ayant signalé les difficultés, reçut
quelques jours après le petit mot suivant, mot absolument
confidentiel, traitant d'un sujet délicat et capable, dans
certain passage, d'éveiller peut-être les susceptibilités de
quelques-uns ; je le livre cependant tel qu'il est, parce que
je ne veux pas, en *triant* la correspondance, détruire moi-
même toute la portée de sa publication. J'espère bien
que, si par hasard quelque journaliste venait à me lire, il
aurait encore plus d'esprit et de justice que de suscep-
tibilité.

« Monceau, 8 janvier 1852.

« MON CHER AMI,

« Ne pensez plus à M***, et ne le regrettez pas pour
« moi.

« Rien n'est acceptable de ce côté ; je vous le dis pour
« vous seul, en confidence absolue. Ne vous fiez non plus
« que tout juste à *tout autre.*

« Je vous tiendrai, à mon arrivée, au courant de tout
« ceci. Il faut agir *seul* et sans *abandon* avec tous les
« hommes de la Presse. Je vous trouve un peu confiant
« pour un homme d'expérience.

« Du reste, MM. X. et Z. sont deux honnêtes gens ; mais
« leur affaire n'est pas mon affaire.

« Sachez-le d'un mot.

« A revoir, vers le 16 ou le 20. Et en attendant, silence
« près d'eux.

« LAMARTINE. »

Néanmoins, après de longs pourparlers, la fondation du
Civilisateur finit par aboutir, et Lamartine envoya à mon
grand-père le premier numéro de sa nouvelle publication,
avec la dédicace suivante :

A M. de Chamborant (Alexis), hommage de l'auteur.

LAMARTINE.

Le *Civilisateur* a duré jusqu'en 1856, époque à laquelle
il a été remplacé par une publication de même genre qui,
sous le nom de *Cours de littérature,* a donné périodi-
quement pendant dix ans des Entretiens littéraires où l'on

trouve nombre de beautés de premier ordre et l'exposition
la plus lumineuse des sentiments ou des vues du grand
homme.

II

Fixé sur la direction à donner à son activité littéraire,
Lamartine s'occupa énergiquement de tirer parti de sa
concession d'Asie Mineure. En affaires, son imagination
restait d'une surprenante fécondité. Elle avait mille ressources : si les espérances qu'elle lui suggérait, hélas !
n'étaient souvent que des illusions, elle l'empêchait du
moins d'être jamais découragé, et, dans ses lettres comme
dans ses discours, il maniait les chiffres avec la plus éton-
nante facilité.

Dans les premiers temps, au lieu de lui rapporter, sa
concession d'Orient ne fit que lui coûter ; l'idée de l'exploiter
par une association de petits capitaux n'ayant pas abouti, il
avait cru devoir emprunter quatre-vingt mille francs qui
tombèrent autant dire en pure perte. Enfin, vers avril 1852,
il fut abouché avec une Société de capitalistes anglais qui
paraissaient disposés à se mettre en son lieu et place, dans
l'exploitation de sa propriété.

La lettre suivante, qui n'est pas adressée à mon père,
mais qui lui avait été confiée comme document d'affaires,
et que j'ai retrouvée dans ses papiers, donnera une idée de
la précision avec laquelle Lamartine traitait les questions
de chiffres. Il s'agit évidemment des négociations avec la
Compagnie anglaise.

« Paris, 13 avril 1852.

« Monsieur,

« 1° Voici tout ce que j'ai en documents ;

« 2° L'emprunt que je cherche pour aller à Smyrne est
« de 30,000 francs seulement.

« Il est exclusivement destiné :

« 1° A payer mon voyage, 4,000 francs ;

« 2° A acheter deux troupeaux de moutons de plus de
« mille moutons, 14,000 francs ;

« 3° A organiser mes pêches de sangsues dans mes
« eaux, pouvant, m'assure-t-on là-bas, donner de 30 à
« 35,000 francs par an, 12,000 francs, total : 30,000 francs.

« Je viens de refuser à Smyrne 4,000 francs de la pêche
« d'un de mes étangs.

« Faute de ces 30,000 francs, je ne puis ni aller, ni
« organiser ces deux produits d'un an ou deux.

« Je rembourserai au besoin :

« 15,000 francs à mon retour, au commencement de
« 1853 ;

« 15,000 francs en novembre 1853.

« Vous en savez, Monsieur, autant que moi.

« Je travaille ici à deux choses :

« 1° A vendre ma principale terre de Monceau, près
« Mâcon, qui, charges payées, me laisserait 2 ou 300,000 fr.
« à employer à Smyrne ;

« 2° A fonder ici une publication non politique d'in-
« struction populaire qui me donnerait d'assez beaux
« produits de mon travail. Elle se fonde assez bien.

« Voici deux prospectus.

« Mille affectueux compliments.

« LAMARTINE. »

Mon père était intimement mêlé aux préoccupations de son illustre ami au sujet de Burgaz-Owa. Ils en causaient chaque jour, et Lamartine, qui avait la plus grande confiance en lui, finit par lui demander de rédiger un projet de traité, dont il avait souvent indiqué devant lui les lignes principales et qui servirait de bases aux négociations avec la Compagnie anglaise.

J'ai retrouvé ce projet de traité dans son enveloppe ; rien ne peut mieux donner l'idée de l'importance de la propriété et des espérances primitives du concessionnaire.

Il est écrit de la main de mon père.

L'enveloppe porte la suscription suivante de la main même de Lamartine :

Bases rédigées par M. de Chamborant,
sur Burgaz-Owa. — 1852 (1).

III

Ce projet de rétrocession n'était pas fait pour complaire à la Porte. En outre, les clauses que Lamartine avait tenu à y voir formulées n'étaient faites pour séduire ni le gouvernement ottoman, ni les capitalistes anglais. Ceux-ci, en outre, ne pouvaient se faire à l'idée de l'emprunt immédiat de 30,000 francs déclaré indispensable par Lamartine.

Les négociations étaient donc très difficiles avec l'Angleterre, et les difficultés ne semblaient pas s'aplanir par

(1) Voir à l'Annexe, document E.

correspondance. Lamartine ne pouvant quitter Paris à ce moment, il fut convenu que Madame de Lamartine, qui était Anglaise et qui avait conservé dans son pays les plus hautes relations de famille et de société, irait à Londres, accompagnée par mon père, à qui elle ferait ouvrir toutes les portes nécessaires pour suivre utilement les affaires de son mari.

Au mois de mai, mon père partit donc pour Londres avec Madame de Lamartine et reçut l'accueil le plus déférent et le plus cordial de tous les parents et amis de l'illustre voyageuse.

Il se mit en rapport avec les représentants de la Société de capitalistes, et négocia avec eux pendant plusieurs semaines.

Les exigences de Lamartine leur paraissaient excessives; ils trouvaient, par exemple, que le fameux prêt de 30,000 francs pour permettre le voyage de Smyrne serait une avance insuffisamment rémunératrice. D'autre part, ils discutaient sans fin sur la manière dont seraient faits les payements qu'ils auraient à verser dès l'origine, et ils voulaient obtenir la faculté de les solder, non pas en numéraire, mais en actions de leur propre Société.

Une correspondance très suivie fut échangée entre Londres et Paris. Mon père transmettait toutes les objections et toutes les propositions subsidiaires. Lamartine lui répondait aussitôt avec la plus grande netteté. J'ai retrouvé trois de ces réponses qui se suivent très rapidement, étant des 20, 23 et 25 mai. Si on les rapproche de la lettre du 13 avril, écrite à un homme d'affaires et que j'ai citée plus haut, elles achèvent de prouver la décision et la persistance de Lamartine dans les mêmes combinaisons financières.

Elles prouvent aussi combien, pour aboutir, il y avait à surmonter de difficultés de toutes sortes, autant dire insurmontables.

Voici la première lettre :

« Paris, 20 mai 1852.

« MON CHER AMI,

« Merci de tant de mandats si bien remplis!

« J'attendrai votre lettre *isolée* pour répondre à ces « messieurs.

« Si on me prête les 30,000 francs, je n'ai aucune « objection à me charger sur cette somme de mener et « ramener M. ***, mais je ne pourrais plus partir que le « 25 août. J'ai pris trop d'engagements de travail ici depuis « vous. Cependant, si l'affaire générale tenait à cela, on « verrait encore.

« Mais le 29 août pour partir de Marseille et arriver le « 7 septembre à Smyrne, me paraît la chose faisable. Je « serai de retour à Mâcon le 29 octobre.

« Je voudrais les 30,000 francs, remboursables par moi :

« 1° 15,000 l'année prochaine;

« 2° 15,000 l'année 1854.

« Souvenez-vous de cela et le plus tard dans l'année « qu'on pourra.

« J'admets les 8,000 pour frais de deux rapporteurs.

« J'envoie votre lettre à l'instant à Mme de Chamborant.

« J'irai la voir demain.

« Prenez bien votre temps, et engagez Madame de Lamar- « tine à prolonger pour sa santé. Si elle a besoin d'argent, « je lui en enverrai.

« Mais tâchez de me rapporter vous-même les 30,000 fr., « le plus *en argent* possible; le reste en crédit sur Smyrne.

« J'ai dîné hier avec Couturier, qui voudrait assez

« fondre sa concession à la mienne; mais je crois cela
« prématuré pour moi.

« La politique est aigre et criarde; mais rien de grave.

« LAMARTINE. »

Mon père ayant répondu qu'on proposait à Lamartine
des actions au lieu d'argent, celui-ci riposta immédiatement :

« Paris, 23 mai 1852.

« MON CHER AMI,

« Je suis bien touché des peines que je vous donne et
« pénétré des bonnes intentions de M. ***; j'aimerais à
« associer ma fortune à la sienne, et je crois qu'avec un
« capital de 5 à 600,000 francs seulement nous arriverions
« à de grands résultats en peu d'années. Mais le présent me
« domine. Je ne puis accepter à aucun prix les propo-
« sitions éventuelles dont vous me parlez ce matin.

« Le *sine qua non* pour que j'aille cet été là-bas est :

« 1° 30,000 francs pour mon voyage. Je ne puis le faire
« utilement à moins; car paraître là-bas et ne pas agir un
« peu sur ma terre, c'est me perdre de considération et de
« crédit à Constantinople. Je consentirais volontiers à
« payer sur les 30,000 francs le voyage de ces messieurs,
« soit environ 6,000 francs.

« 2° Que ferais-je d'*actions* que je ne saurais le lende-
« main comment placer pour les convertir en argent néces-
« saire à ma propre exploitation et à payer les 80,000 fr.
« que j'ai déjà empruntés pour mes frais? De l'argent réel
« ou rien : c'est la condition de bon sens pour moi avant
« d'engager une chose peut-être féconde, et qui sera
« bientôt ma seule fortune.

« Je n'ai que le temps de vous dire cela et vous serrer
« la main. En résumé, si je vais là-bas, et rien ne se peut

« faire si je ne vois pas 30,000 francs, non en crédit
« qu'on me refuserait peut-être une fois arrivé là-bas,
« mais en crédit réel et réalisable *sur Paris.*

« Mon départ le 29 août.

« Plus tôt je ne peux plus. Je viens de me lier par du
« travail.

« Mon voyage, si je ne touche pas 30,000 francs préala-
« blement (comme emprunt), me ruinerait pour plus de
« 80,000 francs. Je vous l'expliquerai.

« Adieu et amitiés.

« LAMARTINE. »

Mais on objecte encore, à Londres, que M. de Lamartine,
entraîné par des difficultés de finances, pourrait bien
dépenser les 30,000 francs ailleurs qu'en Orient, et que
d'ailleurs sa présence là-bas n'est peut-être pas indispensable ; mon père l'en prévient courrier par courrier, et, avec
la même rapidité, Lamartine lui adresse cette troisième
lettre :

« Paris, 25 mai 1852.

« MON CHER AMI,

« 1° Je ne puis pas délibérer sur l'absolue impossibilité
« de faire un voyage sans les 30,000 francs.

« 2° Il est si faux que ce soit pour les employer ici à
« mes affaires que je propose à ces messieurs d'en con-
« trôler l'emploi, jusqu'au dernier centime, dans mes
« affaires agricoles et autres, à Smyrne et en voyage.

« Que répondre à cela ?

« 3° Je crois que, sans moi, on aura bien des difficultés
« à Smyrne et à Constantinople. Néanmoins, si ces mes-
« sieurs le veulent, je vais leur envoyer M. Roland, mon
« fondé de pouvoir, qui a été faire pour moi l'opération de

« la concession et qui connait le grand vizir Reschid
« Pacha. Je payerai d'ici moi-même son voyage de 6,000 fr.
« environ, si ces messieurs ne veulent pas le payer. Qu'ils
« m'écrivent le jour où il devra les rencontrer à Londres
« pour partir. Je suis tellement convaincu que le voyage
« me ruinerait sans les 30,000 francs, que j'en ai parlé
« avant-hier d'avance à Roland.

« Quant à la question d'être payé *en actions,* élucidez-
« la mieux ; ce serait une illusion fatale, si elle était résolue
« comme on paraît vouloir la résoudre. Je recevrais, dit-on,
« des actions de la main gauche et je les remettrais de la
« droite au gérant qui me les convertirait en argent ; bien,
« s'il y avait effectivement de l'argent dans la caisse de la
« Société ; mais s'il n'y en avait pas, je recevrais des mor-
« ceaux de papier sur moi-même ne pouvant me servir à
« aucun usage, et j'aurais néanmoins aliéné ma propriété.
« Cela ne se peut pas.

« Il faut que la Société s'engage à me convertir les
« actions qu'elle me donnerait en argent, sous peine de
« résiliation *ipso facto* du contrat.

« Adieu et amitiés.

« LAMARTINE. »

Post-scriptum de la main du général Callié :

« Mon cher ami, M. de Lamartine m'a prié de passer
« chez vous pour voir votre fils, mais il est au collège ; il
« y a même été hier, il va très bien. Le docteur a dit que
« ce n'était rien. Mme de Chamborant est sortie ; je vous
« écris ce griffonnage avec votre mauvaise plume.

« Mille affections à Madame de Lamartine.

« Tout à vous.

« CALLIÉ. »

Néanmoins, après bien des difficultés et des démarches
infinies, les efforts de mon père aboutirent à ce résultat,
que l'entente avec la société anglaise était devenue *possible*.
Avant d'aller plus loin dans la pratique, on résolut de savoir
si la Porte ratifierait une entente faite dans de pareilles
conditions. Madame de Lamartine et mon père revinrent
donc d'Angleterre. Des pourparlers furent engagés avec le
gouvernement ottoman et durèrent plusieurs mois, pour
aboutir, comme nous le verrons bientôt, à une solution
proposée par la Porte, solution qui n'annulait pas la concession, mais qui en écartait les Anglais et réduisait à une
proportion minime les produits qui devaient en revenir.

Si ce voyage d'Angleterre resta sans résultat d'affaire, il
valut du moins à mon père la lettre suivante :

« MONSIEUR ET AMI,

« Mon voyage a été très fatigant, bien plus qu'il ne devait
« l'être, faute de renseignements exacts sur les différents
« trains de chemin de fer. On dit que mal passé n'est que
« songe. Moi, je ne suis pas de cet avis, je ne connais pas
« de mal qui n'ait une queue sans fin, morale ou physique.
« J'écris encore dans mon lit, comme à Paris, mais j'espère
« être un peu reposée dans quelques jours, quand mes
« devoirs de maîtresse de maison me laisseront un peu de
« loisir. J'attends Mme de Coppens demain à demeure,
« et, lorsque le reste de la famille dîne ici, nous sommes
« toujours quatorze à table. C'est toujours moi qui sers;
« ainsi, il faut bien prendre quelques heures dans mon lit
« pour me reposer.

« Je viens m'adresser à vous aujourd'hui pour quelques
« commissions que je crois que vous aurez la bonté de me
« faire et que je suis sûre que vous ferez plus exactement

« qu'un autre et avec plus d'autorité. D'abord pour le
« *Civilisateur.* »

Là se trouve indiquée dans la lettre une longue série
d'adresses à inscrire ou à rectifier, le tout accompagné
de recommandations de détail qui prouvent tout le soin
avec lequel Madame de Lamartine s'acquittait de son rôle
humble et dévoué dans les affaires de son mari.

La lettre continue ainsi :

« Voilà pour le *Civilisateur,* maintenant pour la civi-
« lité : Je vous demande d'écrire mon nom et celui de mon
« mari avec p. p. c., en ajoutant que Madame de Lamar-
« tine a été gravement malade, et de le donner à *Jules* au
« bureau du *Civilisateur* pour qu'il le porte au prince et à
« la princesse *Czartoriska,* hôtel Lambert, île Saint-Louis.

« Ils sont venus me voir pendant le voyage à Londres,
« et je n'ai pas été assez bien pour leur rendre cette visite.
« Je tiens beaucoup à ne pas leur manquer de politesse.

« Je vous demande pardon de vous donner tant de peine
« et de griffonner si mal dans mon lit; mais je ne suis pas
« fâchée de l'occasion de vous assurer de nouveau de toute
« notre amitié et de vous remercier de tous les soins que
« vous m'avez donnés pendant notre agréable voyage.

« Adieu ; bien des compliments à Mme de Chamborant.

« M. E. DE LAMARTINE. »

Trois jours après, Lamartine écrivait à mon père pour
lui accuser réception d'un envoi d'argent dont il avait été
l'intermédiaire et pour l'en remercier.

Cette lettre est pleine de réflexions tristes au sujet des
affaires, pleine de choses véritablement tendres et délica-

tement dites en fait d'amitié, auxquelles se mêlent, comme
on le verra, quelques mots de politique qui ne sont pas
sans un certain intérêt rétrospectif sous la plume qui les a
écrits.

                                « Monceau, 27 juin 1852.

      « Mon cher ami,

    « Les 6,000 francs sont arrivés; soyez en repos et
« déchargé de toute responsabilité. Mais je vous tiens bon
« pour un million, fussent-ils perdus, car il n'y a pas de
« monceaux de sesterces qui vaillent un homme comme
« vous.

    « Nous partons pour Saint-Point, demain, après avoir
« mis ordre à nos affaires, ici et à Milly. Je veux recom-
« mencer à piocher le 1er juillet.

    « J'ai beaucoup d'ennuis nouveaux pour déficit de trésor
« et énormités à payer. Cela se commence cependant. Je
« vends tout ce que je peux en meubles, livres et bijoux.
« Je sauve les choses animées par les inanimées aux-
« quelles je tiens peu, mais je range les maisons et arbres
« paternels au nombre des choses animées.

    « Mes récoltes s'annoncent splendides.

    « Ma femme va faiblement, mais mieux.

    « Je vous remercie des bonnes nouvelles du *Civilisa-*
« *teur;* je ne lui demande que d'entretenir le feu jusqu'au
« 1er novembre.

    « La politique me paraît cahotante entre le Corps légis-
« latif et le dictateur. Deux principes si opposés ne peu-
« vent vivre face à face. La dictature évidemment sera
« complète ou cessera d'être, mais je ne vois aucune dis-
« position à la contrarier dans le pays rural.

    « Adieu, aimez-nous comme nous vous aimons et venez
« nous voir, quand vous aurez un loisir. En douze heures,
« de Paris vous êtes ici.

« Je ne pense pas vendre aucune terre cette année ; au
« mois d'avril prochain le chemin de fer passera à Mâcon,
« et ajoutera bien des *drachmes* aux propriétés.

« Soyez aussi heureux que je suis triste et fléchissant
« sous l'existence. Votre amitié me console.

« Al. DE LAMARTINE. »

IV

L'année 1852 est l'époque sur laquelle j'ai retrouvé la
plus nombreuse correspondance. En attendant que Lamartine nous apprenne lui-même ici le résultat définitif de ses
négociations avec le Grand Seigneur, l'ordre chronologique,
auquel je me conforme autant que possible dans ces Souvenirs, appelle deux lettres vraiment remarquables.

Ce ne sont plus des lettres d'affaires. Dans la première,
c'est à peine s'il y est fait allusion. On y trouve surtout des
choses aimables et tendres, des réflexions du grand écrivain sur son immense labeur littéraire, de hautes pensées
philosophiques.

Dans la seconde, après avoir jeté, avec sa hauteur habituelle, un regard plein de la plus mélancolique tristesse
sur la marche des événements politiques contemporains,
il est ramené à parler de lui. L'angoisse des affaires repa-
raît, et arrache au lutteur de génie des cris de désespoir
véritablement grands, grands par la forme du langage,
grands surtout par une soumission admirable à la volonté
de Dieu.

Écrites sans aucun apprêt, pour l'intimité la plus absolue, ces lettres, avec les traits de lumière qui les éclairent, les grandes pensées qui les remplissent et les larmes qui les mouillent, suffiraient à elles seules, ce semble, pour faire bien comprendre de quels éléments de toutes les grandeurs était composée l'âme de Lamartine.

Je les cite avec une particulière émotion.

Voilà la première :

« 24 juillet 1852.

« MON CHER AMI,

« J'ai reçu avec bien de l'intérêt la lettre à la fois poli-
« tique, agricole et amicale que vous m'avez écrite. Nous
« en causerons. Éreinté de travail et de santé, je dispute
« mes minutes aux affaires et aux études pour vous dire
« ce que vous savez, c'est-à-dire une vive et tendre amitié
« ici pous vous et pour cet excellent père inséparable de
« vous dans mes souvenirs comme dans les vôtres.

« Je serais trop heureux si votre toit et le sien étaient
« en vue du mien, au fond de ma solitaire vallée. Que
« d'heures nous oublierions en douces et philosophiques
« causeries! J'espère que vous viendrez du moins à la
« saison des oiseaux de passage.

« J'ai écrit un volume de quatre cents pages depuis le
« jour de mon arrivée ici et un de mes moins mauvais
« volumes. Je vais en écrire un autre, et ainsi de suite.

« Je suis comme Cicéron qui écrivait, dit-il, plus que
« ses deux secrétaires ne pouvaient copier.

« Hélas! les hommes ne se ressemblent pas, mais les
« temps se ressemblent. Les Antoine et les Lépide, les
« Lucullus sont éternels, les Cicéron ne le sont pas.

« Je suis seul et je n'attends personne. Le soleil et
« l'ombre me suffisent.

« Madame de Lamartine va beaucoup mieux. Elle veut
« que je vous dise combien elle partage mon goût et mon
« affection pour vous.

« Adieu, ne craignez pas de m'écrire; l'amitié ne lasse
« jamais. Rappelez-moi à votre modèle de père et pensez
« au *Civilisateur* autant que lui.

« Je joins ici deux exemplaires des prospectus pour vos
« alentours.

« Il va à petits pas, mais soutenus.

« LAMARTINE. »

Il n'est pas inutile d'attirer l'attention sur la merveilleuse
fécondité que Lamartine révèle lui-même.

Le 27 juin, il écrivait de Monceau : Je pars pour Saint-
Point et j'y commencerai à piocher le 1ᵉʳ juillet. Le 24 juillet, il écrit de Saint-Point : Depuis mon arrivée ici, j'ai
écrit un volume de quatre cents pages.

La fécondité est incontestable, inépuisable. Nous en
trouverons d'autres preuves non moins frappantes dans la
suite de cette correspondance.

Sans doute, cette facilité de travail entraîne après elle une
rapidité d'exécution qui exclut ces touches et retouches
indispensables chez tous, même chez les plus grands écrivains, pour que la correction du style reste également soutenue; le génie n'en apparaît pas moins sur les sommets,
rayonnant des beautés prime-sautières et montant à coup
d'ailes vers l'infini.

La lettre suivante est datée du 21 septembre :

« Saint-Point, 21 septembre 1852.

« J'avais peur de votre oubli, mon cher ami, me voilà
« rassuré ; merci.

« Soyez le bienvenu si vous venez avant le 15 octobre.
« Plus tard, je serai bien près d'aller à Paris moi-
« même pour quelques mois.

« Je détourne comme vous les yeux de la politique ; le
« monde est un vase trop immonde pour contenir ou des
« idées *idéales* comme les miennes ou des sentiments res-
« pectables et pieux comme ceux de votre parti. N'y tou-
« chons plus jusqu'à ce que des événements inconnus le
« secouent ou le brisent, mais désirons que ce ne soit pas
« de notre jour, car on se brûle les doigts à ce métal en
« fusion.

« Je suis très occupé et très malheureux. Mes récoltes,
« mon dernier refuge, viennent de s'évanouir en huit jours
« sous la maladie des vignes. Je ne ferai pas de quoi
« payer l'impôt sur quinze cent mille francs de terre.

« Le *Civilisateur* est arrêté depuis deux mois ; *huit ou*
« *dix* (abonnements) au plus par jour ! Pas un sou pour
« faire des annonces ; que deviendrai-je dans deux mois,
« assiégé de créanciers, poursuivi, et sans un acheteur d'un
« arpent ? *O rus ! quando ego te linquam ?*

« La terre m'a tué, il est juste qu'elle m'ensevelisse.

« Enfin, enfin, il y a une Providence, à ce qu'on dit.
« J'ai été payé pour y croire, je serais payé pour la mur-
« murer. Mais non ! l'insecte n'a pas le droit de dire
« son avis dans le conseil qui crée et qui gouverne les
« étoiles.

« Ma femme *va de plus en plus mal,* et je commence à
« voir de sinistres avenirs ; j'en détourne les yeux.

« Nous sommes seuls, sauf un peu de famille, bonne,
« belle et tendre.

« Parlez de nous à la vôtre, qui a toutes ces qualités,
« plus la verte vigueur de votre père.

« Et venez nous consoler d'ici au 25 octobre.

« Adieu.

« LAMARTINE.

« P. S. — J'allais vous écrire pour le détail non
« oublié de la bataille du 27 juillet.

« Envoyez vite, vite, tel quel. Car je suis à la fin du hui-
« tième et dernier volume !

« Est-ce avoir bien sué?

« Je commence dans vingt-cinq jours le premier volume
« de la *Révolution de* 1789.

« Je vais garder deux pages en blanc pour votre anec-
« dote.

« L...

Que de tristesses dans ces quelques lignes ! Tristesse
politique ; tristesse d'affaires ; tristesse d'un cœur frappé
d'inquiétudes intimes les plus vives.

Tristesse politique ! Lamartine voit son œuvre gouvernementale définitivement détruite. Il voit l'Empire arriver,
la liberté disparaître, et cette nation, qu'il voulait souveraine, abdiquer sa couronne en échange de quelques jours
de sécurité. Peut-être, avec l'intuition du génie, découvre-
t-il tout ce qu'il y a de trompeur derrière cette sécurité !
Peut-être appréhende-t-il déjà le manque de jugement
et l'absence des saines traditions diplomatiques chez les
hommes du pouvoir nouveau, et pressent-il les fautes qui
vont conduire la France aux catastrophes de l'année terrible ! Peut-être voit-il cette épée des combats, que sa parole
magique avait contenue dans la main des rois, s'agiter au

lendemain de sa mort sous les efforts de tout un peuple et
ruisseler du sang le plus pur arraché au cœur de la patrie !
Et il détourne les yeux d'un avenir qui, en s'écartant de
toutes nos traditions, doit conduire la France à des désastres inconnus dans le passé de la royauté nationale. Peut-
être, enfin, aperçoit-il, planté sur tant de ruines, le bonnet
phrygien d'une nouvelle République ! Mais il ne reconnaît
pas la sienne ; il ne la trouve ni dans l'esprit des nouvelles
couches politiques, ni dans l'âme de la plupart des bénéfi-
ciaires de l'hérédité républicaine ; pour la revoir avec sa
loyale et pieuse auréole, il est obligé d'élever ses regards
dans la région des rêves sublimes, et il proclame lui-même
que c'est bien là, dans l'*idéal,* qu'est sa véritable patrie
politique. Redescendant sur la terre, il a peur du maître
aux pensées ondoyantes, debout sur un trône aux assises
mobiles, et il parle avec une déférence plus convaincue
que jamais des sentiments respectables et pieux d'un parti
dont la force est dans un principe séculaire qui, lorsque
tout semblait perdu, a toujours réussi jusqu'ici à tout
sauver.

La tristesse des affaires devient plus cuisante aussi.
Lamartine doit des sommes considérables ; il le dit tout
haut. L'honneur lui fait un devoir de payer ses dettes, et il
veut les payer. Il prévoit cette lutte qui commence et dont
il ne sortira qu'avec la mort. « La terre m'a tué, s'écrie-
t-il, il est juste qu'elle m'ensevelisse ! » Oui ! lorsqu'il pouvait si largement vivre de ses travaux littéraires, il a trop
cédé à l'esprit de famille dont il était pénétré. Il a voulu
reconstituer le domaine des ancêtres ; il a racheté les parts
de ses nombreuses sœurs, leur donnant l'avantage d'argent

liquide au lieu de l'aléa des propriétés, et il a eu enfin cette *terre* qu'avec trop d'*idéal* aussi, peut-être, il convoitait. Mais il n'avait pas conquis tout cela sans des charges considérables que sa bonté ne fit qu'augmenter encore. Les revenus ont manqué souvent; les charges n'ont jamais cessé, et la *terre* l'a tué. Afin de nourrir, seul, s'il est possible, et de sauver ceux qui avaient eu confiance en lui, il veut combattre sans relâche. Nous verrons ces douloureux combats; les documents dont j'ai les mains toutes pleines montreront une fois de plus la grandeur, la loyauté, le courage de pareils efforts, et les lecteurs impartiaux comprendront pourquoi, malgré l'amertume de ces souvenirs, loin de me laisser arrêter, je considère comme mon plus grand devoir de mettre en lumière les preuves d'une lutte si généreuse.

Enfin, il a, au sujet de la santé de Madame de Lamartine, les plus noirs pressentiments qui, grâce à Dieu, ne devaient se réaliser que dix ans plus tard, mais qui assiègent son cœur et viennent y jeter une tristesse de plus; il s'efforce de ne pas s'y arrêter, car il ne pourrait les considérer de face sans les plus cruels déchirements.

Voilà bien Lamartine dans toute sa vérité.

L'idéal, c'est sa pensée.

La bonté, c'est son cœur.

L'honneur, c'est sa vie.

L'idéal, toujours avec Dieu.

La bonté envers tous ceux qu'il aime et dont il est adoré.

L'honneur, partout, dans les affaires comme dans la politique; dans la vie privée comme dans la vie publique.

V

En fait d'affaires, le moment approche où il va enfin en achever une, sinon très brillamment, du moins avec quelque profit pour ses intérêts. La Porte, voyant que Lamartine était dans l'impossibilité d'exploiter lui-même, craignant, d'autre part, l'immixtion d'une Société anglaise dans une province turque, fit proposer au concessionnaire une transaction. Voici comment elle est expliquée dans les *Mémoires politiques :*

« Le Grand Seigneur comprit que l'immixtion des travailleurs européens au milieu de neuf villages turcs existant déjà dans la vallée donnerait lieu pour son gouvernement à des difficultés avec les consuls, et me pria de le prendre pour mon exploitateur unique. La reconnaissance me défendait de résister ; il me donna la promesse d'une rente viagère de quatre-vingt mille piastres en compensation. J'y consentis... J'ai conservé la respectueuse reconnaissance que je dois au Grand Seigneur, le plus excellent homme de l'Empire. »

Lamartine annonce cette nouvelle à mon père dans la lettre suivante :

« Monceau, 23 octobre 1852.

« Mon bien cher ami,

« C'est avec douleur que nous renonçons au plaisir de
« vous voir, dans un temps où l'amitié seule peut être la
« consolation de tout.

« Votre récit de 1830 m'a fort intéressé; il est une
« page pittoresque et dramatique d'histoire que j'aurais
« bien voulu avoir en temps utile; mais vous avez été
« paresseux et moi diligent, mon siège était fait, l'œuvre
« livrée. A Paris seulement, j'y glisserai un ou deux traits
« avec votre rôle, jeune et noble.

« Ne craignez rien pour le manuscrit, je ne foule aux
« pieds que les feuilles sèches; celle-ci est verte et
« pleine de sève.

« Tâchez donc de nous revenir après l'Empire; il
« m'empêche, comme je le désirais, de me rendre à Paris,
« en ce moment. Les cœurs en deuil ne doivent pas se
« mêler aux habits de fête. L'écho de ces acclamations est
« malséant à des oreilles libres.

« Adieu et tendres amitiés à vous et à votre maison.

« Mme Craigy, de Londres, et ses filles, sont ici; elles
« veulent que je vous les remémore avec tendresse.

« Dargaud et sa femme aussi.

« Mes nièces aussi.

« Roland aussi.

« Le traité avec la Porte pour nos villages turcs est signé
« et ratifié. *Cent mille* piastres par an, payées par le *Tré-*
« *sor,* le 1er mars de chaque année, pendant vingt-
« quatre ans. Cela commence le 1er janvier prochain;

« Réserve de mon habitation en Turquie; et j'ai ratifié.

« Lamartine. »

8

VI

Au commencement de ce chapitre, j'ai cité dans une lettre de Lamartine à mon père un *post-scriptum* écrit par le général Callié. Le nom de cet homme éminent, mêlé à l'intimité de Lamartine, et dont j'ai éprouvé moi-même les bontés, mérite une page spéciale dans ces Souvenirs.

Sorti du corps d'état-major, le général Callié avait été chargé, sous le règne de Louis-Philippe, presque au début de sa carrière, d'une très importante mission en Égypte. Il s'en acquitta avec une grande distinction et un rare bonheur. Ce succès le mit en évidence. Son avancement fut rapide.

Le coup d'État ne le détourna pas de ses sentiments pour Lamartine; il lui resta fidèle. On vient de voir dans quelle simple et affectueuse intimité il vivait auprès de lui. Il demeura ainsi jusqu'au dernier jour du grand homme; et jusqu'à sa mort à lui, qui l'a frappé seulement il y a peu d'années, dans un âge très avancé, il est resté l'ami de Madame Valentine de Lamartine.

Étant déjà général, il avait épousé une jeune fille belle, douce et charmante, qui a été le bon ange de son foyer, où elle a trouvé le bonheur en faisant celui de son mari, pendant les trente dernières années de sa vie. Une fille était née; le bonheur était bien complet, il était presque doublé; mais, hélas! lorsque l'enfant adorée, ravissante comme sa mère, fut devenue jeune femme, Dieu l'a reprise! Alors, par ses vertus et son affection, l'épouse accomplie a donné au père désolé cette seconde forme du bonheur qui s'appelle consolation.

De loin, à ma place discrète, et quand aucune ombre de douleur n'avait encore troublé cette félicité, j'en ai été un instant le témoin reconnaissant. En 1861, étant détaché à Bayonne avec l'escadron du 2ᵉ hussards, où j'étais sous-lieutenant, j'y trouvai le général Callié; après l'établissement de l'Empire, voulant rester étranger à toute politique, il s'était fait nommer représentant de la France pour la délimitation des frontières entre la France et l'Espagne. Le général et sa femme firent le meilleur accueil au jeune sous-lieutenant, fils d'un ami d'autant plus lié à eux qu'il l'était par ce trait d'union : la grande et commune amitié de Lamartine. Le sous-lieutenant n'a jamais oublié la bonté du général, ni l'impressionnante beauté de sa jeune et charmante femme.

Dix ans après, au moment des désastres de la patrie, le général Callié, en retraite à Paris, offrit ses services au gouvernement de la Défense nationale; il fut nommé commandant du 2ᵉ secteur, dont le quartier général était à Belleville. Dans ce poste doublement difficile, d'abord parce qu'il n'avait pas d'autres troupes que de la garde nationale, et ensuite parce qu'il était environné d'une population ouvrière sans cesse surexcitée par les précurseurs de la Commune, le général, en outre de ses qualités militaires, retrouva toutes ses qualités de diplomate; il déploya un tact qui lui permit de tenir jusqu'à la fin du siège sans voir surgir contre son autorité ces scandales d'indiscipline dont le maréchal Vaillant et le général Ambert furent les plus illustres victimes.

S'il eût été nommé vingt-quatre heures plus tôt au 2ᵉ secteur, ma vie pendant le siège eût été complètement changée. Au lieu de servir à l'état-major central, je l'aurais suivi à son état-major particulier, car si je lui avais demandé cette faveur, il ne me l'aurait certainement pas refusée. Mais quand sa nomination fut connue, je venais d'être installé à l'état-major central, dans des fonctions que je ne pouvais plus et ne devais plus quitter.

Je ne sais si j'aurais reçu du général Callié, à Belleville, les témoignages qui m'ont été accordés, d'une manière aussi imprévue que flatteuse, par des chefs absolument étrangers à mon passé, absolument inconnus la veille, absolument hostiles aux idées que je professais alors, comme je les professe aujourd'hui, ouvertement! Certes, mon cœur serait heureux de devoir à lui, plutôt qu'à d'autres, la reconnaissance la plus durable pour un souvenir d'honneur que rien ne doit effacer! Mais l'ami de mon père n'aurait-il pas été un peu suspect de partialité? Peut-être vaut-il mieux pour moi, peut-être même est-il plus consolant au point de vue du patriotisme, qu'un catholique de plus, royaliste avéré, ait été décoré alors sciemment, spontanément, sous l'impulsion seule de l'équité la plus méritoire, par des adversaires politiques, républicains et libres penseurs, comme Clément Thomas et Montagu.

Depuis cette époque néfaste, le général Callié vécut assez retiré. Lamartine était mort! mon père venait passer peu de temps à Paris; les occasions de voir le général devinrent plus rares pour moi. Mais lorsque j'avais la bonne chance

de le rencontrer, j'étais heureux de retrouver sa même
bienveillance et de lui renouveler l'expression de sentiments qui ont toujours été les miens et qui le resteront
toujours.

Toujours son nom me rappellera de chers ou grands
souvenirs :

Le souvenir de la table de mon père où il s'est assis si
souvent et si intimement avec Lamartine;

Le souvenir de sa ravissante villa, près de Bayonne,
belle au soleil, belle aux étoiles, belle surtout au rayonnement de charme et de beauté de celle qui en était la si
gracieuse souveraine;

Le souvenir enfin de cette année terrible où, de loin,
j'admirais son patriotisme intelligent, son active et verte
vieillesse, son sang-froid dans le commandement; où, de
près même, quelques circonstances fortuites m'ont permis
de retrouver en lui le même intérêt pour moi et la même
bonté.

Au moment de la mort du général Callié, j'étais absent
de Paris. L'adieu que je n'ai pu porter à sa tombe, je le
donne ici à sa mémoire. Un éloignement fatal m'a empêché
d'assister à ses obsèques, mais rien ne peut empêcher mon
cœur de lui conserver l'hommage de ses plus sincères
regrets. Puisse cet hommage être agréé en son nom par
celle qui, après avoir été la moitié du meilleur de sa vie,
reste, dans une immuable beauté que le temps ne semble
devoir jamais atteindre, la gardienne honorée de son souvenir; par la compagne fidèle qui, après avoir été le
charme de son existence, sut lui adoucir les souffrances de
la mort en lui prodiguant les soins les plus délicats et en

lui procurant, avec les secours de la religion qui console, l'espoir céleste pour l'éternité !

VII

Les trois dernières lettres de 1852 confirment les impressions suggérées par les précédentes.

Lamartine écrivait à mon père, de Monceau, à la date du 15 novembre 1852 :

« MON CHER AMI,

« Les difficultés de finances me retiennent, je ne sais « combien de jours; mais je pense d'ici au 25 ou 31 être « à Paris.

« C'est vous que je désire le plus vivement y voir. « Votre départ d'outre-mer est une triste nouvelle pour « moi; abrégez-le bien.

« Je suis en plein volume de l'*Histoire de* 1789, magni- « fique sujet, supérieur mille fois à la *Restauration* et « même aux *Girondins*.

« Le 1er avril, j'aurai deux volumes. Je passe mes nuits « à l'ouvrage.

« Il paraît que le public s'abonne et se réabonne au « *Civilisateur;* c'est là mon pain. Aidez-moi à le pétrir.

« Parlez à votre excellent père, à Mme de Chamborant « et à votre fils, de moi.

« Adieu, et bientôt, à revoir.

« J'adresse, par le chemin de fer, votre manuscrit très « intéressant à M. X. Prenez-le chez lui pour plus de « sûreté.

« LAMARTINE. »

Quel labeur! L'écrivain est aussi persévérant et infaligable que l'ami. L'honneur lui commande un travail incessant, et il s'y livre avec une ardeur et une puissance telles, que tout à la fois il écrit de nombreuses pages d'histoire et alimente sa revue mensuelle : *le Civilisateur*.

L'hiver approchait, cependant mon père dut encore attendre quelques semaines avant de revoir son illustre ami. Plusieurs considérations retenaient Lamartine à Monceau; il lui en coûtait surtout d'assister à Paris au triomphe de l'Empire, édifié sur les ruines de son *idéal*.

C'est ce qui ressort de la lettre suivante :

« Monceau, 22 novembre 1852.

« MON CHER AMI,

« Accusez l'infortune et l'excès de labeur, si je ne vous
« ai pas répondu selon *notre cœur*, plus vite et plus à
« loisir.

« Je dispute les minutes aux pendules, les heures à la
« nuit, les matinées et les soirées aux jours, hélas! et je
« ne triomphe pas des difficultés. Elles me submergent
« plus que jamais. J'ai franchi l'année, c'est beaucoup,
« mais voilà tout. L'autre se présente jusqu'ici plus
« sinistre. Monceau et Mâcon sont affichés, bientôt peut-
« être Milly ou Saint-Point. Enfin, n'en parlons plus.

« J'attends, pour aller à Paris, une éclaircie après
« l'Empire. Il se fait ici sans *nombre* et sans chaleur.
« On retire le pied avant de l'avoir dedans. J'en ai été
« étonné hier dans nos villages; mais on n'en saura rien
« à Paris. Les journaux ne diront pas le chiffre rare des
« électeurs. Ce temps est celui des instabilités.

« J'intercalerai une de vos belles scènes dans le hui-

« tième volume, quand les épreuves me reviendront. Votre
« nom, encadré dans mon cœur, le sera avec bonheur dans
« mes annales.

« Le *Civilisateur,* pour lequel je fais les derniers efforts
« et les dernières dépenses, répond bien mollement, mais
« constamment. Il devait me sauver, il n'existera qu'après
« ma perte. Maudite soit l'indifférence du public français
« et bénie soit la Providence, même dans ses fléaux !

« Nous sommes, ici, toujours la légion d'amis qui vous
« regrettent : Mme Craigy, Dargaud, Roland, etc., etc.

« Adieu, et priez pour nous ! .

« LAMARTINE. »

L'heure des angoisses est arrivée ; je le constate avec une
vive émotion. Mais autant il m'est pénible à tant d'égards
de rappeler la phase des longues souffrances et de raviver
ainsi les plus cruels souvenirs dans de nobles cœurs qui
en ont douloureusement saigné, autant je mentirais à ma
conscience, et je manquerais au but le plus élevé de ce
travail intime et sincère, si je passais sous silence les
heures si nobles de l'adversité. Sans les dernières épreuves
de sa vie, Lamartine perdrait à mes yeux la plus sainte des
auréoles, une auréole indispensable.

Comme les autres mortels, les grands hommes traînent
après eux des erreurs, des faiblesses, des fautes, plus reten-
tissantes même, à mesure qu'ils sont plus grands. Ils
seraient incomplets sans le travail et la souffrance, ces
deux réhabilitations de la vie. Leur gloire est un trompe-
l'œil sans leçon morale pour nous, si, derrière leur génie,
leurs chefs-d'œuvre et leurs triomphes, nous n'apercevons
pas ce signe inhérent et fatal de faiblesse, de faillibilité et,

à un moment donné même, d'impuissance absolue, qui fait qu'entre le plus grand parmi les hommes et Dieu, il y a la même différence qu'entre le temps et l'éternité, qu'entre un atome et l'infini.

C'était bien la pensée de Lamartine lorsqu'il terminait sa lettre par ces mots :

« Adieu, et *priez* pour nous. »

Le 29 décembre, enfin, mon père recevait la nouvelle de la rentrée à Paris de son illustre ami, par un mot ainsi conçu :

« MON CHER AMI,

« J'arrive; si j'ai un instant, j'irai vous voir. Sinon, « venez, passé six heures.
« Amitiés.

« LAMARTINE.

« *P. S.* — Mercredi matin au réveil; il faut se réveiller « avec ses amis. »

VIII

Lamartine avait écrit à mon père :

« J'intercalerai une de vos belles scènes dans le huitième volume, quand les épreuves me reviendront. Votre nom, encadré dans mon cœur, le sera avec bonheur dans mes annales. »

Cette promesse a été tenue.

Dans son *Histoire de la Restauration,* livre quarante-neuvième et avant-dernier, Lamartine, racontant les trois fatales journées de Juillet et les combats qui les ont ensanglantées, place les deux épisodes suivants :

« Près du Pout-Royal, un groupe de furieux s'était rué sur trois malheureux soldats suisses que l'on accablait de coups et d'injures, en s'efforçant de les entrainer vers le parapet pour les précipiter dans la Seine. Attiré par ce tumulte, un jeune homme d'une grande force physique et d'une plus grande énergie morale, M. de Chamborant, se jette au-devant des victimes : « Depuis quand, s'écrie-t-il, « des Français massacrent-ils ainsi des ennemis vaincus « et désarmés? Avant de consommer ce crime, vous pas- « serez sur mon corps. »

« Ces mots excitent des bravos sympathiques. Ceux qui laissaient tout à l'heure commettre ce crime, en le déplorant sans doute, retrouvent le courage d'appuyer les reproches de M. de Chamborant. Celui-ci répond des malheureux soldats, plus morts que vifs. Il leur fait crier : « Vive la Charte! » pour désarmer le peuple. Aidé de quelques braves ouvriers, il les guide jusque dans une maison de la rue voisine, et les fait évader sous un déguisement populaire. »

Plus loin, Lamartine s'exprime ainsi :

« L'insurrection était maîtresse des Tuileries, et après les combattants venaient les pillards. M. de Chamborant, mêlé à la foule, parcourait avec elle les appartements royaux. Dans ceux de la Dauphine, il aperçut un homme qui s'emparait insolemment de quelques objets précieux. Indigné, M. de Chamborant s'élance et lui fait lâcher prise ; celui-ci décharge sur son agresseur un coup de pistolet qui ne fait qu'effleurer ses habits. On entoure les deux lutteurs : la mise de M. de Chamborant, son langage, les injures de son adversaire, semblent révéler en lui un ami ou un défenseur du château, et compliquent son danger. Une voix amie l'en tire :

« Vive le fils du général Lafayette ! s'écrie-t-elle, c'est « lui, je le reconnais. Honte et mort aux voleurs ! » La foule répète ces acclamations, et ce nouveau péril est conjuré par l'inspiration d'un homme du peuple. »

Ces épisodes sont tirés d'un manuscrit rédigé par mon père, sur des notes prises pendant les journées de Juillet (1).

Quoique certain de l'authenticité des faits, Lamartine, en les insérant dans son histoire, a donné à son ami une preuve d'estime et d'affection trop manifeste et trop honorable pour qu'il m'ait été possible de la passer sous silence dans ces Souvenirs.

(1) Voir Annexe, document F.

CHAPITRE VII

L'année 1853

I

Pendant l'hiver de 1853, les rapports de mon père avec Lamartine se resserrèrent encore davantage s'il est possible. Tous les jours, plutôt deux fois qu'une, il allait chez son noble ami pour l'aider, soit dans des démarches d'affaires, soit dans la réalisation de ses pensées charitables.

Après des mois d'une intimité si absolue dont j'ai été témoin, il est évident que les rapports ont dû se continuer par correspondance; je n'ai cependant retrouvé qu'une seule lettre de cette année-là.

Mais son importance pour les miens et pour moi n'échappera à personne.

Elle est datée du 9 novembre.

La voici :

« Monceau, 9 novembre 1853.

« Mon cher ami,

« Je pars pour Paris du 25 novembre au 1ᵉʳ décembre, « bien heureux de vous retrouver, car vous êtes mainte-

« nant le *spes altera Romæ*. La mort enlève les hommes,
« les feuilles et les amitiés. *Vous serez pour moi la sève*
« *d'automne*. Votre lettre me console; peu importe à un
« homme qui, comme vous, n'a ni dettes ni embarras,
« plus ou moins de billets dans son portefeuille. Tout ce
« qui a une retraite rurale, inviolable aux huissiers, et
« où il peut dormir dans le lit de son père et· man-
« ger les pommes de terre de son jardin, est heureux.
« Regardez plus bas! et même regardez-moi et remerciez
« Dieu.

« J'ai moi-même, grâce à la Providence et à un travail
« d'araignée qui refait sa toile autant de fois qu'on la lui
« brise, un bien-être de sécurité momentanée. J'en jouis
« en fermant les yeux pour ne pas voir plus loin que
« l'année. C'est une intermittence à la fièvre.

« Les journaux me disent malade, je ne le suis que
« d'affaires. J'ai un peu de grippe, mais elle s'en va. Je
« suis levé à quatre heures du matin.

« Non seulement je n'ai pas fait de récolte avec mes
« soixante-dix vignerons, mais il faut faire vivre cent
« familles un an.

« Résultat : 150,000 francs de différence ! Et cepen-
« dant, je tiendrai bon. Gloire à Dieu et reconnaissance
« aux libraires.

« Amitiés tendres à vous.

« LAMARTINE. »

En face d'une pareille lettre où le langage de l'amitié se
pare d'une si tendre et touchante délicatesse, qui pourrait
s'étonner de l'attachement exceptionnel que Lamartine
excitait chez ses amis et qu'il a inspiré à mon père en particulier?

Qui pourrait s'étonner de la joie, de l'orgueil même que

provoquaient chez ce dernier les témoignages d'une aussi douce et aussi illustre affection? Il ne parlait, disait-on, que de Lamartine, parce qu'il y pensait sans cesse et qu'il considérait comme quelque chose d'un peu à lui ce Lamartine qui avait été pour ainsi dire la seconde atmosphère de sa vie.

Qui pourrait s'étonner enfin de mon émotion en écrivant ces lignes?

Je suis ému sans doute en face d'une pareille amitié, mais je ne le suis pas moins en face du spectacle de tant de grandeur survivant à tant d'infortune.

Quoi de plus touchant que de voir ce grand lutteur du travail contre la ruine détourner les yeux du gouffre et les fermer, comme il le dit lui-même, dans l'espoir de goûter un peu de calme, parce qu'il a devant lui quelques mois d'une sécurité relative? Quelle réponse péremptoire à ces critiques implacables qui n'ont jamais voulu juger Lamartine qu'à travers l'injustice de leurs passions! « Il se pare de son malheur, disaient-ils, il en abuse pour faire parler de lui, pour attirer l'attention et l'argent. Son infortune est surtout dans la mise en scène! » Il n'y avait pas de mise en scène possible vis-à-vis de mon père, au courant de tout, et cet éclair de soulagement, parti vraiment du cœur, ne fait qu'accentuer la vérité des cris de douleur qui l'ont précédé et qui vont le suivre.

II

Dans toutes ou presque toutes ses lettres précédentes, on a pu le remarquer, Lamartine parlait de mon grand-père avec vénération et lui envoyait son souvenir. Dans celle-ci, il n'est question de rien de tout cela. Hélas! mon grand-père était mort au mois de mars pendant un de ses courts séjours à Paris. Il fut enlevé par une attaque d'apoplexie que rien ne faisait prévoir. Le résultat funeste fut très rapide. Néanmoins il conserva quelques heures de pleine lucidité qui lui donnèrent le temps de remplir tous ses devoirs. Du reste, il n'avait pas attendu jusque-là pour baisser son front et frapper sa poitrine.

Cette année-là, moins heureux que la précédente, j'étais interne à Sainte-Barbe où je faisais ma rhétorique et où je devais, l'année suivante, suivre à l'*école préparatoire* les cours pour Saint-Cyr. Mon grand-père avait été frappé la nuit. Dès le matin, au réveil, pendant qu'un prêtre ami lui administrait les derniers sacrements, j'étais demandé à la hâte. J'accourus au plus vite; mais il était trop tard; quand j'arrivai, le malheur était consommé. Je me rappelle ma profonde émotion.

Peu de jours après, nous rapportions mon vénéré grand-père dans sa ville natale, où eurent lieu ses obsèques au milieu d'un concours immense de population. Les honneurs rendus à sa tombe étaient le digne couronnement de tous les témoignages d'estime dont on avait entouré sa vie.

Quant à Lamartine, qui éprouvait pour lui une si réelle
sympathie, il avait donné à mon père, au moment de
notre départ, toutes les consolations qu'un cœur comme le
sien pouvait lui suggérer; il n'avait donc pas à écrire, et il
est tout naturel que je n'aie retrouvé aucune lettre de lui
sur cet événement.

Que mon grand-père ait été estimé dans son pays, à cela
rien de bien étonnant. Dieu merci! il y avait de son temps,
et il y aura dans tous les temps, espérons-le, des gens
estimables et qu'on estime.

Mais que cet homme, tout estimable qu'il fût, ait pu,
après l'enfance que la Révolution lui avait faite et la vie
éteinte qui en avait été la conséquence, exciter chez un
homme comme Lamartine des sentiments aussi vifs et aussi
fréquemment exprimés, c'est une sorte de phénomène qui
demande son explication. Je ne puis la donner qu'en faisant comprendre ce qu'était mon grand-père, en montrant
ce qu'avaient fait de lui les traditions de son origine, la
nature de son caractère et son genre de vie.

III

Né le 19 décembre 1780, il avait à peine l'âge de raison
au moment de la crise révolutionnaire. Par point d'honneur, son père fit comme les gentilshommes les plus
honorables, il émigra. Sa mère fut mise en prison; lui,
confié par la nation à une série successive de maîtres
ouvriers, entre autres à un chapelier. Le chapelier devait

lui apprendre le civisme, un état manuel et la simplicité
des mœurs républicaines. Il se préoccupa surtout de gagner
le plus possible sur la pension payée par la municipalité.
Le pauvre enfant arrosa souvent de ses larmes le morceau
de pain noir qui était le plus clair de sa nourriture.

Et pourtant, à ses yeux, son père n'avait fait que son
devoir en partant, et il ne lui vint jamais à l'esprit de l'en
blâmer; mais il accusa toujours la Révolution, qui avait
imposé à son père un pareil devoir, qui en lui arrachant sa
mère lui avait laissé pour toutes caresses la férule brutale
d'un grossier patron, et qui, pour couronner ses bienfaits,
l'avait aussi bien que ses parents dépouillé de tout.

Il ne faut pas s'en étonner! Sans doute, on peut penser
que les émigrations sont des fautes; moi-même, je suis
très porté à le croire, et si, demain, en face d'une révolution, je partais seul, laissant mes enfants exposés au pétrole
et à la dynamite, je me croirais très coupable. Mais est-ce
que je puis prétendre pour cela que si j'avais été à la place
de mon bisaïeul, j'aurais agi autrement que lui? Certainement non!

C'est à force de confondre leurs intérêts, de se confondre
eux-mêmes avec l'idée de patrie, que nos Rois avaient formé
la France; est-il donc étonnant qu'au milieu d'une si trou-
blante confusion les plus honnêtes gens aient cru trouver la
patrie du côté du Roi, légitime possesseur du sol à leurs
yeux, plutôt que du côté du sol dépossédé de son Roi? Ils
étaient dans l'erreur, je le veux bien; mais leur erreur est
une de celles qu'on respecte tout en les regrettant, de
celles qu'on ne partage pas, mais qu'on conçoit très bien
que dans d'autres temps d'autres aient pu partager.

Il n'y a donc pas à s'émouvoir des déclamations enfiellées et des indignations factices d'une certaine histoire. On peut juger mille choses bien différemment qu'il y a cent ans, on peut désirer que toutes sortes de progrès sortent de ce mouvement perpétuel des idées et des hommes qui est la loi providentielle de l'humanité, que les devoirs sociaux soient mieux compris, que Dieu inspire aux heureux de la terre de penser davantage au peuple et de regarder de plus près les misères du pauvre ; on peut, en face des souffrances des classes ouvrières, sentir son cœur battre d'élans de justice et de nobles indignations que la froide raison arrive seule à tempérer ; on peut enfin croire que la question sociale, niée par un tribun sonore, domine toutes les autres, et ne pas rougir d'être l'arrière-petit-fils d'un émigré.

Pour mon grand-père, la Révolution qui est restée le mal était déjà l'ennemi. En criant qu'elle émancipait tous les hommes, elle l'avait mis hors la loi. Elle lui avait tout pris, et, en échange, ne lui avait rien donné, rien pour son âme, rien pour son esprit, rien pour son corps.

Il n'en avait reçu ni instruction religieuse, ni éducation classique, ni position sociale. Et il entrait ainsi dans une vie qui, forcément, serait manquée. Avec une autre nature que la sienne, il aurait fait comme beaucoup : il serait resté où on l'avait fait descendre ; mais son imagination ardente avait besoin d'être apaisée par la lecture, sa sensibilité excessive de s'égarer dans tous les rêves qu'il ne pourrait jamais réaliser, son légitime ressentiment contre la Révolution d'être rendu plus légitime encore par l'étude de l'histoire. Les livres devinrent ses plus intimes amis, sa distraction favorite. Séparé des hommes nouveaux, il se mit à vivre dans la société des anciens. Seul avec des dictionnaires et des traductions, il se mit à étudier tant bien que mal dans leur langue les auteurs grecs et latins; Virgile et Homère charmaient son imagination; Horace, sa sensibilité et sa mélancolie. Tacite et Plutarque lui présentaient les plus grands enseignements de l'antiquité.

Et c'est ainsi qu'il se refit à lui-même une sorte d'éducation, qui n'était pas conforme à la règle et ne pouvait lui être d'aucune utilité pratique, mais qui lui donna une culture d'esprit supérieure à celle de la plupart de ses malheureux contemporains.

Par une exception presque incroyable, sous Napoléon Ier, ce grand faucheur d'hommes qui allait chercher partout le bétail humain pour le faire servir au triomphe de son inextinguible ambition, mon grand-père, malgré sa grande force physique, son sang et ses traditions militaires, a été laissé à son foyer, reconstitué de quelques épaves sur les ruines de l'émigration.

C'est à une croyance populaire et à l'intervention énergique des croyants eux-mêmes qu'il a dû cette exception. Notre famille possédait un remède contre la rage; je n'entends nullement prétendre qu'il fût infaillible, mais il était réputé très efficace, et mon grand-père en était alors le dispensateur. Ses concitoyens, tout spontanément et en très grand nombre, signèrent une pétition dans le but de conserver au milieu d'eux l'intermédiaire, toujours abordable et absolument désintéressé, d'une pareille guérison.

La pétition fut écoutée; mais ce ne fut pas sans bien des luttes intérieures, des hésitations et des regrets, que mon grand-père se soumit à une pareille inaction. Malgré son peu d'attrait pour Bonaparte, dont le génie ne l'avait pas fasciné, parce qu'il voyait en lui l'ennemi des Rois légitimes, il allait céder à la pensée de la gloire et à la promesse d'un brevet de garde d'honneur. Il était décidé, lui aussi, à servir le *grand hypnotiseur* de toute cette génération, lorsque l'odieuse et injustifiable exécution de Vincennes creusa un abîme définitif entre le cœur honnête du royaliste indigné et l'implacable bourreau du dernier Condé. Mon grand-père laissa ses amis de toutes classes faire de nouvelles démarches, qui furent écoutées, et il demeura dans cet écartement volontaire.

Plus tard, dans la suite de son obscurité généreuse, son jeune frère, généreux d'autre sorte, s'offrait pour verser son sang à l'appel de la gloire. Sorti de Saint-Cyr, il débuta par la campagne de Russie, où il fut blessé et décoré sur le champ de bataille. Il en revint néanmoins, participa aux affaires suivantes, mais fut encore plusieurs fois blessé, et si grièvement qu'il mourut des suites de ses blessures peu de temps après le retour des Bourbons.

La Restauration causa une joie immense à mon grand-père. Il fut un des instigateurs du mouvement royaliste dans son pays. Adjoint au maire de sa ville, le chef-lieu de l'arrondissement, il profita de sa situation pour échauffer le zèle de ses concitoyens. A une époque où les phrases tenaient si peu de place et où l'encre était pour ainsi dire figée dans les encriers, il lança à ses administrés nombre de petites circulaires pleines de bons et loyaux conseils en faveur de la monarchie.

L'une d'elles m'a paru assez curieuse, comme signe du

temps, pour pouvoir être citée à l'Annexe de ce volume. On
n'y trouvera pas seulement la preuve du royalisme de mon
grand-père et, si l'on veut que je le dise, de certains préjugés de son temps, on y sentira la marque de cette éducation refaite et de cette fréquentation des anciens que je
signalais tout à l'heure. Ce sont même deux lignes latines
de Tacite qui sont le *texte* de ce petit prône politique (1).

On y verra enfin cet ancien élève du brutal chapelier,
ce gentilhomme de trente-quatre ans, avec ses erreurs et
ses illusions, mais aussi avec sa bonne foi et sa générosité.

S'il aime tant ses Rois, c'est que pour lui aussi la patrie
se confond avec eux et non avec Bonaparte, génie taché de
sang, du sang des victimes nuitamment égorgées et du
sang de cette génération de soldats héroïques qui s'est
effondrée, pour sa gloire d'aventure, dans de gigantesques
combats à travers le monde. Et, poussant jusqu'à une
naïveté qui a bien quelque chose de sublime, l'imitation de
son prince légitime, il appelle « M. Buonaparte » le grand
Napoléon, ce demi-dieu des batailles, ce soleil de jeune et
souveraine puissance, autour duquel gravitaient naguère
comme d'humbles satellites les souverains des plus antiques
lignées. Faut-il que cet homme, jeune pourtant, soit aveugle,
fanatique, arriéré ! Il croit sans nul doute que les rois sont
d'une essence supérieure, et que le plus grand des hommes
n'est pas fait de la même substance qu'eux !

Mais non ! Ce forcené royaliste est plus libéral que les
hommes de révolution ; il proclame qu'il y a quelque chose
au-dessus de tout ce qui est de la terre, qu'au-dessus des

(1) Voir document G.

rois eux-mêmes il y a Dieu et sa loi. Il proclame que les hommes sont les frères des rois, et que les rois ont, non pas la faculté généreuse, mais l'obligation absolue de protéger leurs frères, plus humbles dans le temps, mais égaux devant l'éternité. En résumé, il a les idées les plus nobles, les plus généreuses, les plus chrétiennes; mais il va chercher trop en arrière ou trop haut leurs moyens d'application.

IV

Mon grand-père, lui aussi, montait à sa manière dans les régions de l'*idéal*. C'est un pays où les habitants ne peuvent que s'estimer et s'honorer les uns les autres, où les géants du génie ne peuvent refuser le salut aux modestes soldats de la bonne volonté. C'est là que Lamartine a dû rencontrer pour la première fois le père de son fidèle ami. Tous deux, avec des forces bien différentes, soutenaient leur idéal particulier : l'un, l'idéal d'une royauté d'âge d'or qu'on ne verra plus; l'autre, l'idéal d'une république surhumaine qu'on ne verra pas. Que l'un ou l'autre eût triomphé, l'humanité aurait progressé; la conscience aurait été libre, la vie protégée, Dieu loué et adoré. Leur but était le même. L'affinité de leurs esprits s'explique et explique tout.

Elle explique que le Lamartine de 1848 n'ait pas effrayé le royaliste de 1814, et qu'après tant d'hésitations, lorsque ce dernier a dû mettre dans l'urne présidentielle son vote

personnel, il y ait placé le nom de Lamartine de préférence
à celui de Bonaparte. C'était du moins rester encore fidèle
à l'idéal !

Elle explique aussi que, sans autre point commun que la
similitude de leur origine noble, royaliste et chrétienne, et
malgré tant de dissemblance dans tout le reste, ces deux
hommes se soient sentis, au premier contact, attirés l'un
vers l'autre par la plus réelle sympathie du cœur.

Le jour est arrivé, en effet, où ils se sont trouvés face à
face : l'un avec ce génie de grandeur et d'honnêteté qui,
malgré toutes les amertumes, l'a fait triompher dans la
gloire de tous les pièges de la destinée ; l'autre avec les
reflets d'intelligence qui illuminaient sa verte vieillesse,
mais vaincu dès l'aurore dans la vie par la Furie fatale qui
avait coupé les ailes de son destin. Ils se sont rencontrés à
la même table, celle de mon père. Quoique bien jeune
alors, je n'oublierai jamais mon émotion d'*enfant* et celle
de mes parents aussi, au moment de cette entrevue où
devait rayonner pour la première fois, aux yeux de mon
grand-père, le génie de l'illustre ami tant aimé. Je vois
encore le vieillard, entrant dans le salon où tout le monde
était déjà réuni, s'arrêter en face de Lamartine, lui lancer
fièrement un premier regard scrutateur, éclairé bien vite par
le charme de la première impression, et lui adresser immédiatement une de ces phrases du cœur qui sont un trait
d'union entre deux hommes.

Lamartine répondit avec un tact, une déférence, une
bonne grâce enfin, qui fascinèrent mon grand-père. La
séduction commençait, irrésistible. Le reste de la soirée
devait l'achever. La conversation fut intarissable ; il fut

question de mille sujets élevés. Sur tous, le vieux gentilhomme fit haute contenance devant le grand homme, auquel
il donna toujours heureusement la réplique, en appuyant
des citations les plus opportunes les idées les plus élevées
et le langage le plus noble. Il acheva de gagner Lamartine
par sa franchise pleine de courtoisie. Aux éloges sur tant
et tant d'œuvres irréprochables, il sut mêler de graves
réserves, de sérieuses critiques même sur certains points
des œuvres historiques. Lamartine se défendit victorieu-
sement, mais en agissant comme il a agi depuis si géné-
reusement devant tout le public, en ne défendant pas ce
qui n'était pas défendable, et en donnant au reste sa véritable signification. Mon grand-père fut ravi. Ces deux
hommes s'étaient compris et conquis. Ils étaient désormais
l'un à l'autre. Leurs nouvelles rencontres ne firent que les
confirmer dans leur mutuelle sympathie.

Depuis, mon grand-père s'intéressait vivement à toutes
les tentatives littéraires de l'illustre ami de son fils.

Quant à Lamartine, il ne cessait de témoigner sous
toutes les formes sa sympathie déférente pour le père de
son ami. Dans ses lettres, il l'appelait tantôt l'excellent
père, tantôt le modèle des pères, tantôt le patriarche, etc.
Il insistait sur le plaisir qu'il aurait à faire avec lui de
longues et philosophiques causeries! Et cela devait durer
ainsi jusqu'à la mort.

CHAPITRE VIII

DE 1854 A 1857

I

Depuis le commencement de ce récit, toutes les fois que
j'ai dit : Lamartine avait tel sentiment, telle opinion, telle
supériorité, telle grandeur, j'ai joïnt la preuve à l'affirmation. J'ai essayé de prouver ce que j'avançais, non seulement par des réminiscences de conversation ou par des
phrases de correspondance intime, mais par des citations
officielles prises dans ses œuvres, particulièrement dans ses
Mémoires.

Mais, m'objectera-t-on peut-être : Vous avez choisi avec
le plus grand soin vos citations, et qui sait même si vous les
interprétez dans le même esprit que le ferait Lamartine
lui-même ? Toute la question est là, cependant, pour
apprécier ses véritables sentiments.

Eh bien ! voici que dans l'année 1854, à laquelle nous
sommes arrivés par l'ordre chronologique de mon récit, il

paraît un recueil de morceaux choisis, de passages plus
spécialement recommandés, des œuvres de Lamartine ; citations rassemblées et publiées par l'auteur lui-même, qui,
pour éviter qu'on ne se trompe sur son intention et sur
l'esprit de sa nouvelle publication, prend le soin de donner
à ce volume, d'abord un *Titre* significatif, ensuite, sous le
nom d'*Explication*, une préface très nette et, en fin de
compte, un épilogue qui, sous prétexte d'*Adieu* au lecteur,
est un admirable résumé de sentiments.

Si donc le *Titre,* l'*Explication* et l'*Adieu* qui enve-
loppent ce recueil prouvent que les morceaux qui le
composent n'ont pas été triés pour plaire à un groupe particulier de lecteurs, mais sont offerts au public tout entier,
au public populaire en particulier, comme la manifestation
la plus éclatante, la plus noble, la plus vraie, des sentiments de l'auteur, comme la leçon la plus instructive et la
plus substantielle qui puisse résulter de ses œuvres, en un
mot comme le suc de sa pensée ; et si cette pensée est
absolument conforme à celle que je lui attribue, voilà un
document irréfutable à l'appui de mon argumentation de
conscience et de cœur.

Or, il en est ainsi. Le titre significatif du petit volume,
c'est *Lecture pour tous.* Ce titre dit nettement ce qu'il veut
dire, il n'a pas besoin d'être interprété. Le format com-
mode, portatif, confirme l'intention du titre ; c'est bien une
édition populaire dans le bon sens du mot, c'est-à-dire à
la portée de tous. De plus, le 15 février 1854, Madame de
Lamartine écrit à M. Alexandre, l'ancien secrétaire de son
mari : « M. de L. travaille toujours à la fin de la Constituante
et au choix de son petit volume *populaire* qui s'intitule

Lecture pour tous. » On trouvera donc là ce que Lamartine, en repassant ses œuvres, considère comme le plus propre à instruire et améliorer tous les lecteurs, en particulier le peuple.

La *Préface* se termine ainsi :

« Faites comme nous, laissez couler l'eau surabondante ou trouble, laissez retomber le sable, et ne recueillez dans votre mémoire que ce peu d'or du cœur qu'on appelle un bon sentiment, un beau vers, une tendresse de famille, une larme d'émotion pour ce qui est bien, une pitié pour ce qui est mal, une contemplation pieuse de la nature, une admiration de son auteur, une résignation à ses décrets, une foi dans sa providence, une évidence de votre immortalité.

« C'est le but de ce livre. Si, après l'avoir lu, vous vous sentez meilleur, ne souhaitez pas d'autre récompense au poète. Sa gloire est dans votre âme, et non dans la renommée.

« LAMARTINE.

« Paris, 25 mars 1854. »

Cette préface, véritablement superbe, est digne des chefs-d'œuvre qu'elle précède. Le choix des morceaux est irréprochable, et ces morceaux méritent tous d'être signalés comme correspondant bien au titre qui les rassemble, comme dignes d'être une lecture pour tous. On y trouve des passages pris dans toutes les œuvres principales et dans tous les genres ; mais il commence et termine par la poésie. Il débute par la *Prière de l'enfant à son réveil,* et finit par

Dieu. C'est un trésor de pensées, de style et d'inspirations qu'on ne saurait trop répandre et qui n'est pas suffisamment connu.

Dans tous les cas, les tendances vraies de l'auteur y sont nettement accusées. Il le dit lui-même : il a réuni ce qu'il aime le mieux et considère comme le meilleur dans ses œuvres. Eh bien! sur quoi ce choix si réfléchi tombe-t-il? Sur ce qui contient le plus de foi en Dieu, le plus de respect de la croyance, le plus de pieux sentiments envers la famille, le plus d'admiration pour les humbles dévouements, le plus de flétrissure contre les crimes, le plus de charité chrétienne vis-à-vis de l'humanité. Et quand on a lu le petit volume et qu'on vient de s'arrêter sur le dernier vers qui en est le dernier mot :

> L'homme cessa de croire ! il cessa d'exister !

on comprend mieux, en tournant la page, cet élan de foi que, sous le nom d'*Adieu au lecteur,* Lamartine, dans un coup d'aile d'une simplicité sublime, envoie aux pieds du Créateur et termine ainsi :

« Mais si, après les sueurs, les labeurs, les agitations et les lassitudes de la journée humaine, la volonté de Dieu me destinait un long soir d'inaction, de repos, de sérénité avant la nuit, je sens que je redeviendrais volontiers à la fin de ma vie ce que je fus au commencement : un poëte, un adorateur, un chantre de sa création. Seulement, au lieu de chanter pour moi-même ou pour les hommes, je chanterais pour lui; mes hymnes ne contiendraient que le nombre éternel et infini, et mes vers, au lieu d'être des

retours sur moi-même, des plaintes ou des délires personnels, seraient une note sacrée de ce cantique incessant et
universel que toute créature doit chanter, du cœur ou de la
voix, en naissant, en vivant, en passant, en mourant, devant
son Créateur. »

II

Pendant l'année 1854, il se passa dans l'intimité du grand
homme un véritable événement. Madame de Lamartine
désirait beaucoup avoir de son mari un nouveau buste, moins
olympien que celui du comte d'Orsay, où l'on pût mieux
retrouver l'homme lui-même. Lamartine promit de poser
suffisamment devant l'artiste choisi. Elle s'adressa à un
sculpteur de mérite, Adam Salomon, avec lequel des relations sympathiques étaient déjà établies et qui, plus tard,
ajoutant une branche à son art, devint fructueusement
célèbre par la photographie.

Les séances de pose chez Adam Salomon devinrent, pour
les étrangers de marque et aussi pour des Français de haut
rang, l'occasion d'entrevoir ou de saluer Lamartine.

Tout naturellement, les intimes s'intéressaient beaucoup
à ce buste, et ils résolurent de faire entre eux une souscription destinée à payer un exemplaire en marbre qui
serait offert au grand homme comme gage de leur affectueuse admiration.

Le buste, terminé dans les derniers jours de décembre
1854, fut apporté, avant le 1er janvier, dans le petit hôtel de

la rue de la Ville-l'Évêque, où Lamartine s'était réfugié en quittant son magnifique appartement de la rue de l'Université. Il fut placé dans la salle à manger qui faisait suite au salon et était toujours ouverte les soirs de réception. J'avais vu l'œuvre chez Adam Salomon, je vins la revoir en place, pendant le congé du jour de l'an.

La préparation du buste, son installation, le témoignage des amis qui l'avaient offert, la curiosité flatteuse, enfin, d'un grand nombre de visiteurs qui sollicitaient la faveur de l'admirer, occasionnèrent autour de M. et de Madame de Lamartine un mouvement de sympathie qui leur apporta quelque consolation.

III

Le buste n'était pas le seul sujet de conversation dans les salons du grand homme. On était au plus fort de la guerre de Crimée ; on en parlait partout, et nulle part sans de vives appréhensions. Les gens indépendants, impartiaux, déclaraient bien que le principe de cette guerre était défendable, mais ils blâmaient la légèreté avec laquelle l'expédition avait été entreprise, l'ignorance dont on avait fait preuve en jetant l'armée sur des plages malsaines où elle avait été décimée, l'imprudence enfin de placer ainsi des troupes en face de murailles qui semblaient inexpugnables n'étant pas investies. En outre, on rapprochait cette guerre des paroles souveraines prononcées moins de trois ans auparavant : *L'Empire, c'est la paix!* et l'on remarquait la contradiction.

L'esprit d'opposition exploitait cette tendance générale au blâme, et avec la clairvoyance de la haine, il semblait prévoir l'ère de véritables folies extérieures qu'allait inaugurer bientôt la guerre d'Italie au nom du principe des nationalités.

Quant à Lamartine, qui n'avait aucune haine contre Napoléon III et qui restait vis-à-vis de l'Empire depuis sa fondation dans une attitude pleine de courtoisie et de modération, il jugeait les événements de Crimée sans autre préoccupation que celle de son propre sentiment. A cause de son affection pour la Turquie, à cause de l'armée française et même de l'armée anglaise, où Madame de Lamartine avait des parents, il était instinctivement sympathique à cette guerre. On doit même reconnaître que, réserve faite du plan militaire, son opinion théorique était absolument approbative de la guerre de Crimée. Voici, du reste, comment il la formule dans le *Premier entretien* du *Cours de littérature :*

« On a vu, à la guerre de Crimée, que l'Europe entière avait l'instinct unanime du danger de livrer l'Empire ottoman aux Russes. La France, sans s'informer si elle servait en cela l'Angleterre, a volé à Sébastopol, a versé le sang chrétien pour préserver le sang ottoman, et la France a bien fait. Il ne s'agissait pas en Crimée de religion, il s'agissait de la liberté et de l'équilibre du monde.

« Puissance civilisée, la France a été là à sa place, à la tête de la civilisation contre la force. »

Il est permis d'ajouter, je crois, que si la guerre de Crimée était légitime, le traité de paix de 1856 a été la première imprudence de l'Empire, imprudence très grave,
en ce sens qu'elle consacrait l'intervention directe du Piémont dans les affaires européennes.

IV

C'est pendant l'année 1855, et à l'occasion du buste
dont il a été parlé, que Lamartine donna à mon père, sous
une forme caractéristique, un nouveau et bien précieux
témoignage de son affection.

J'ai retrouvé par hasard, il y a quelques mois, une enveloppe qui ne m'avait pas été remise en même temps que
les lettres, dont je n'avais jamais connu ni l'existence ni le
contenu, et sur laquelle était écrit de la main du grand
homme :

« *Codicille remis par moi à mon ami M. de Chamborant.*

« A. DE LAMARTINE.

• Paris, 3 avril 1855. »

Dans l'intérieur de l'enveloppe était tracée sur une feuille
de papier à lettres, et toujours de la main de Lamartine,
la disposition qui suit :

« CODICILLE A MON TESTAMENT.

« Je donne et lègue à mon excellent ami Charles-Guil-
« laume de Chamborant, en mémoire de mon estime et

« de mon attachement pour lui, mon buste en marbre
« sculpté par Adam Salomon, et qui m'a été donné par
« une souscription d'amis.

  « Si M. de Chamborant mourait avant moi, je donne
« et lègue ce buste à son fils.

« Al. DE LAMARTINE.

  « Paris, 3 avril 1855. »

Si les circonstances avaient permis que ce codicille reçut
naturellement son exécution, et si le buste fût ainsi venu
entre mes mains, il eût été mis à la place d'honneur dans
la demeure de famille pour y être transmis comme le plus
précieux de tous les souvenirs, de génération en génération ; ma joie serait immense, je le reconnais. Mais ce que
je reconnais comme plus naturel encore, c'est qu'il n'y soit
pas venu. Voici pourquoi :

En 1855, au moment où Lamartine a fait ce codicille et
l'a donné à mon père, sa situation était bien différente de
ce qu'elle a été depuis. Madame de Lamartine, sa femme,
existait ; sa nièce bien-aimée, Valentine, était déjà le
charme et la consolation de son intérieur ; mais elle n'avait
pas encore pu montrer tout ce qu'elle avait d'infinie tendresse, d'infini dévouement dans le cœur ; la place exceptionnelle qu'elle devait occuper plus tard si légitimement
ne lui avait pas encore été complètement faite par les circonstances. En face de l'écroulement de sa fortune, ne
sachant ce qu'il adviendrait après lui, et n'ayant pas encore
aussi nettement déterminé la tête sur laquelle devait reposer l'héritage tout entier de son souvenir, il était bien naturel
que Lamartine léguât son buste à un de ses meilleurs amis.

Dix ans plus tard, cette faveur pour l'ami serait devenue

une restriction vis-à-vis de celle qui n'était plus seulement sa
nièce, mais sa fille chérie, titre qu'elle avait bien mérité par le
don de tout son cœur et de toute sa vie. A cette fille, il devait
et voulait tout donner en même temps que le nom qu'elle
était si digne de continuer ; et elle qui désirait tout conserver
de lui, jusqu'aux moindres objets, comment n'aurait-elle
pas tenu à garder surtout un buste qui devait lui rappeler à
chaque instant les traits de cet oncle si passionnément
aimé, plus encore pour lui-même que pour sa gloire ? La
valeur *matérielle* du codicille a donc naturellement et complètement disparu. Mais sa valeur morale à l'égard de mon
père et de moi subsiste pleine et entière. Le sentiment
d'affection qui l'avait dicté, la bienveillance qui l'avait
étendu jusqu'à moi, tout cela est demeuré. On en trouvera
la prèuve dans la suite de ce récit.

V

L'ordre chronologique m'amène à citer une lettre qui
justifie ma certitude de lacunes dans la correspondance
retrouvée. Cette lettre, en effet, implique nécessairement
d'autres lettres l'ayant précédée ; sans cela le commencement serait incompréhensible et inexplicable.

« Monceau, 21 novembre 1855.

« MON CHER AMI,

« Depuis un mois, nous saluons de votre nom ami
« toutes les voitures qui débouchent dans l'avenue de

« Monceau, et toujours nous sommes déçus. Cela sera-
« t-il enfin vous? Vous êtes le plus et le seul désiré par le
« château et par la chaumière, c'est-à-dire par ma femme
« et moi, ici; par Valentine au bout de l'avenue.

   « Écrivez-nous : Oui ou non. Votre chambre est chaude.

   « Nous restons ici jusqu'au 16 ou 20 décembre.

   « Adieu, ce n'est qu'un mot au milieu d'un million
« d'affaires de fin d'année. Les récoltes ont été pitoyables,
« mais l'année 1856 est assurée. On travaillera d'ici en
« 1857.

   « Tendres amitiés de tous et respectueux souvenirs à
« Mme de Chamborant.

   « Nous avons plein le château d'Anglaises et de Smyr-
« niotes. Couturier et sa femme partent ce matin.

« LAMARTINE. »

On le voit, Lamartine eut, pour 1856, un léger temps
d'arrêt dans ses angoisses d'affaires. Mais malgré les illusions qu'il pouvait avoir, l'avenir était bien noir. Il ne
parle donc pas de se reposer dans la quiétude d'une année.
Il déclare au contraire qu'il n'interrompra pas son travail :
on travaillera, dit-il, d'ici en 1857. Cette volonté persistante du travail est la pensée dominante de Lamartine à
travers toute la crise de ses derniers jours.

Son intelligence supérieure est un capital qu'il ne refusera jamais de mettre en valeur au profit de ses créanciers.

Dans d'autres temps et dans d'autres mains, la plupart
de ses dettes auraient pu être assez légitimement couvertes
ou évitées par l'emploi des fonds secrets dont dispose tout
gouvernement; lui n'avait pas compris ainsi le pouvoir, et
pour ne l'avoir pas compris de la sorte, il était écrasé sous
un fardeau dont il aurait pu jeter une portion en arrière

pour décharger ses épaules. Il ne l'a pas voulu, et il a travaillé jusqu'au dernier moment. Honneur à lui pour son travail !

VI

Encore une digression personnelle. Le lecteur ami, le seul auquel je m'adresse en ce moment, me pardonnera, j'espère ; je m'efforcerai d'être bref. Et puis, il aura toujours une ressource, c'est de sauter ces pages.

Le codicille du 3 avril 1855 a donné la preuve éclatante de la bonté de Lamartine à mon égard. Cette bonté se manifestait sous toutes les formes.

Dans les derniers jours de décembre de cette même année, à la veille de mon congé du jour de l'an, Madame de Lamartine écrivait à mon père :

« Nous voudrions voir votre fils un peu plus longtemps. Voulez-vous venir avec lui dîner chez nous mardi prochain à l'heure ordinaire, sept heures moins un quart ? »

Le moment était venu où je commençais à aller régulièrement dans la maison du grand homme. Je n'étais plus un petit enfant. A dix-huit ans, avec ma haute taille et ma moustache noire bien poussée, je paraissais avoir plus de vingt ans.

Seul, sans frères ni sœurs ; élevé au milieu de personnes mûres ou âgées, ne parlant guère que de choses graves, religieuses et politiques surtout, j'avais évidemment, malgré l'entrain qui couvait au dedans de moi, un sérieux au-dessus de mon âge. De plus, j'envisageais l'avenir avec une certaine mélancolie. La carrière à laquelle je me destinais ne m'attirait pas outre mesure. Je n'y étais porté par aucun goût déterminé, ni par la nature de mon intelligence, ni par ses aptitudes, ni par la tournure philosophique de mon esprit, ni par l'ambition instinctive qui chez moi eût été orientée vers des régions différentes. Si j'allais cependant vers la vie militaire sans aucune hésitation, et si mon père n'en éprouvait pas davantage à m'y conduire, c'était uniquement pour renouer la chaîne des honorables souvenirs attachés à mon nom, c'était pour obéir à la religion de la famille qui est la tradition.

La religion de la patrie n'avait pas encore imposé la flamme militaire à l'âme de chaque bon citoyen. Les catastrophes de l'année terrible n'étaient pas encore tombées sur nous; rien ne devait les faire prévoir, surtout à un adolescent. Le soldat pouvait passer sous ses yeux sans remuer dans son cœur tout cet ensemble de récentes et douloureuses émotions, qui nous fait voir aujourd'hui dans notre armée, ou la martyre future d'une patrie anéantie, ou la libératrice d'une France de nouveau triomphante.

Toujours est-il que 1855 et 1856, les deux années qui ont précédé mon entrée à Saint-Cyr, sont l'époque où j'ai eu la bonne fortune de fréquenter le plus la maison de Lamartine. Les dimanches et autres jours de sortie, j'accompagnais le plus souvent mon père chez son illustre ami. Mon cœur battait en y arrivant; je subissais déjà d'instinct l'influence de ce génie dont j'ai compris depuis toute la noblesse et toute la grandeur.

Quand nous avions sonné à la porte du petit hôtel, au

fond de la cour allongée du n° 43 de la rue de la Ville-
l'Évêque, nous étions immédiatement introduits par un
des fidèles serviteurs. J'ai vu là le grand homme dans la
réception et dans l'intimité. Je l'ai vu dans son salon du
rez-de-chaussée, assez long, mais étroit, donnant de plain-
pied sur un jardin adossé au mur du ministère de l'intérieur et s'agrandissant, dès qu'on le voulait, de la salle à
manger qui était à la suite. Le soir, plus particulièrement,
il y recevait avec ses amis toutes les célébrités cosmopolites
attirées, même dans la retraite, par l'éclat de son grand
nom. Après le dîner, en attendant les visiteurs, il fumait
avec bonheur, à demi étendu sur un canapé de velours
rouge, un tout petit cigare très doux, sorte de cigarette à
l'odeur inoffensive. Puis, après cet instant d'engourdisse-
ment, il se retrouvait prêt à recevoir chacun avec un
charme inexprimable.

Je l'ai vu aussi dans sa chambre à coucher; ou bien à sa
modeste table de travail où tant de grandes pensées étaient
chaque jour si magnifiquement exprimées; ou bien cloué
par le rhumatisme sur son humble lit de fer au-dessus
duquel planait le crucifix qu'il a chanté en vers sublimes;
ou bien enfin, dans la posture qu'il se permettait avec
plaisir devant ses plus intimes, en face de son feu les pieds
plus hauts que la tête, et appuyés sur le manteau de la
cheminée, avec sa levrette favorite étendue sur lui.

Dans l'abandon le plus entier de l'intimité la plus complète, dans l'inconscience même que donne parfois la douleur, Lamartine conservait toujours le plus grand air du
monde et les formes les plus bienveillantes. Jamais ses
angoisses morales ou physiques ne donnaient de rudesse à

son humeur; jamais il n'était maussade. Toujours aussi
éloquent, il était toujours aussi bon. Jamais enfin on n'aurait
pu surprendre la moindre trivialité, je ne dis pas dans sa
pensée, mais dans sa parole, ni même dans aucun de ses
mouvements. Je ne crains pas de dire qu'il avait une
manière à lui, très aristocratique, de fumer ce petit cigare
de la Havane dont je parlais tout à l'heure, et surtout de
priser. Il lançait sa prise avec une élégance singulière et
une prodigalité effrayante, au milieu de laquelle son nez
était certainement la partie de sa personne qui recevait le
moins de tabac.

Quand nous étions depuis un moment avec lui, si le
temps était beau, comme il aimait les longues promenades
à pied, il en proposait une. Nous sortions alors, et j'étais
fier de circuler aux côtés du grand homme. Quand je ren-
contrais quelque ami de ma famille ou quelque camarade,
je tressaillais d'un mouvement d'aise involontaire.

Si, pour un motif quelconque, on devait rester au logis,
la visite se passait en une causerie qu'animait et élevait
toujours la parole si facile, si limpide, si noble de l'incomparable improvisateur. Tout d'abord je me tenais à
l'écart, ouvrant aussi grands que possible les yeux et les
oreilles. Mais bientôt Lamartine me faisait approcher. Avec
sa parfaite bonté, il m'interrogeait sur mes études et sur
mes chances d'avenir, ou bien me demandait mon avis sur
le sujet de la conversation. Ainsi encouragé, provoqué, je
n'hésitais pas à dire franchement mon opinion, et Lamartine trouvait toujours moyen de m'adresser quelque éloge.

Après ces visites rue de la Ville-l'Évêque, je rentrais,
satisfait de ma sortie. On trouvera comme moi, je pense,

qu'elle était mieux employée de la sorte qu'à faire une connaissance un peu anticipée avec les plaisirs faciles de la capitale.

Je ne sais pas si la carrière à laquelle je me destinais paraissait bien choisie à Lamartine; toujours est-il que je ne lui ai jamais entendu dire un mot qui pût paraître un blâme quelconque de la direction qui m'était donnée par mes parents.

Du reste, je puis l'affirmer, pendant plus de vingt ans, soit au cours des nombreuses conversations dont j'ai été l'auditeur, soit dans les longues promenades auxquelles j'ai participé, jamais je n'ai entendu sortir de la bouche de Lamartine, à propos de religion ou de politique, ni critique ni ironie, ni la moindre parole capable de blesser la conscience la plus ombrageuse; jamais je n'ai vu, ni en lui ni près de lui, rien qui fût capable de causer le plus petit étonnement à l'imagination, à la jeune âme la mieux imprégnée de tout cet ensemble de convictions que donne dans une famille chrétienne et monarchique l'éducation la plus vigilante. Les souvenirs contraires affluent à ma mémoire. Je n'en citerai qu'un seul.

Un jour, pendant que je m'y trouvais, on annonça dans le salon de Lamartine une dame d'un nom connu et fille elle-même ou petite-fille d'un savant célèbre. Interrogée avec la meilleure grâce du monde sur tout ce qui l'intéressait, cette dame fut amenée à parler de sa petite fille qui était avec elle et pour laquelle elle paraissait avoir une véritable adoration. Ce qui l'occupait et la préoccupait surtout en ce moment, c'était l'instruction religieuse de cette enfant qui allait bientôt faire sa première communion.

Elle insistait sur ce point avec beaucoup de naturel,
encouragée d'ailleurs par les questions persistantes du
maître de céans, lorsque tout d'un coup, craignant sans
doute de s'être trop étendue sur un pareil sujet, elle s'ex-
cusa en rougissant d'entretenir un homme aussi illustre de
choses si peu intéressantes pour lui et qui n'étaient peut-
être pas dans ses idées. Je ne me rappelle plus les mots,
mais je n'oublierai jamais l'impression que me fit ressentir
la réponse si pleine d'à-propos que lui fit Lamartine. L'assurance du plus profond respect pour la religion s'y mêlait
à des témoignages pleins de délicatesse sur la manière
dont sa charmante visiteuse comprenait son devoir de mère.

VII

Madame de Lamartine s'associait à toutes les bontés de
son mari pour moi. Elle me donna même un appui des plus
efficaces dans un moment décisif de mes tribulations scolaires. Je me préparais à Saint-Cyr ; pour se présenter aux
examens de l'École militaire, il fallait être bachelier ès
sciences. Conformément à la loi universitaire de mon
temps, j'avais bien *bifurqué* du côté desdites sciences ;
mais je n'avais aucun attrait, aucune disposition naturelle
de ce côté. Deux ans d'école préparatoire ne m'avaient pas
rendu savant ; c'était au contraire le goût des lettres qui
s'était développé chez moi au point de me faire trouver des
charmes à l'humble version latine. Qu'allais-je devenir, à la
fin de 1855, devant les examinateurs avec un bagage scien-

tifique aussi restreint? Enfin, le moment terrible arriva. Le hasard du bon Dieu fit que sur trois examinateurs de sciences deux étaient particulièrement connus rue de la Ville-l'Évêque.

Dès que Madame de Lamartine apprit cette bonne chance, elle ne pensa plus qu'à s'en servir à mon profit; elle me recommanda avec une insistance et un intérêt décisifs aux deux savants, mes juges.

Je fus reçu. La joie de Madame de Lamartine d'avoir contribué à cet acte de *justice* fut très grande, presque aussi grande que celle de mes parents et de moi-même.

VIII

L'année suivante, je fus admis à Saint-Cyr.

Aussitôt la liste parue, j'aurais dû me jeter sur ma plume et remercier mes illustres et bienfaisants protecteurs, en leur faisant part de mon succès définitif. Dans mon émotion d'entrer très prochainement dans la fameuse école où, par suite des *célèbres brimades,* les premiers mois d'incarcération étaient particulièrement désagréables, je crois bien que j'ai oublié cet acte de déférence. Mais, à Monceau, où se trouvait alors Lamartine, avec sa femme et sa nièce, on n'oubliait pas d'être bon comme à l'ordinaire. Madame Valentine fut l'intermédiaire des félicitations de son oncle et de sa tante, dans la lettre suivante :

« Monceau, 27 octobre 1856.

« MONSIEUR ET AMI,

« Mon oncle et ma tante veulent bien me céder l'agréa-
« ble mission de complimenter, vous d'abord, puis M. Al-
« bert, de son admission à Saint-Cyr. Quoique nous
« fussions bien certains d'avance, d'après ses brillants exa-
« mens, de le voir reçu, nous avons été très heureux de
« lire son nom parmi ceux des élus. C'est moi qui l'ai
« découvert la première. J'ai eu le plaisir de l'annoncer
« à mon oncle, qui a été ravi de cette bonne nouvelle. Nous
« nous réjouissons de voir M. Albert dans son uniforme,
« qui deviendra, avec les années, brillant d'épaulettes et
« de décorations. Dites, je vous prie, à Mme de Chambo-
« rant combien nous partageons sa joie de ce succès.

« Nous avons quitté hier Saint-Point, après un séjour
« de trois mois, qui a été attristé par le rhumatisme de
« mon oncle ; il a été plus long que douloureux. Nous
« avons vécu dans la plus complète solitude. Nous nous par-
« tagions, ma sœur Mme de Pierreclos et moi, les heures
« de lecture. Notre métier de garde-malade a été très
« doux ; mon oncle sait le rendre aimable ; il est si bon et
« si charmant, même au milieu des souffrances !

« Ma tante a été aussi bien malade ; elle est moins bien
« remise que mon oncle ; les changements de saison
« l'éprouvent toujours.

« Nous voilà maintenant à Monceau.

« Si on pouvait entendre à travers la distance, vous sau-
« riez combien de fois nous avons dit cet été, et maintenant
« nous disons encore : — Pourquoi Confolens est-il si
« loin ? C'est triste de ne jouir de vous que pendant une
« partie de l'année et de vous regretter l'autre. N'aurons-
« nous donc jamais un chemin de fer reliant Mâcon à la
« Charente ? Où en est Villevert ? Vos tours s'élèvent-elles,

« et pourrez-vous bientôt jouir de votre ouvrage ? A quelle
« époque comptez-vous être à Paris ? Je ne sais encore rien
« des projets de mon oncle ; ils dépendent de tant d'évé-
« nements et de choses ! Il travaille énormément et admi-
« rablement.

   « Vous savez le peu de succès de l'ami D... en Amé-
« rique ; il doit être en route pour revenir, mais, hélas !
« les mains vides.

   « Adieu. Venez donc nous voir ; je vous tends la plus
« cordiale et la plus affectueuse des mains.

« VALENTINE. »

Bientôt nous allons retrouver Madame Valentine se faisant encore l'interprète des sentiments de son oncle.

Je n'insiste pas encore sur le charme propre de sa
correspondance.

Ce que je dois souligner de suite, c'est le renseignement
donné sur le voyage de M. D... en Amérique. L'ami devait
profiter de ses nombreuses relations aux États-Unis pour
attirer des abonnés aux œuvres littéraires de Lamartine.
On avait basé ces espérances sur la sympathie naturelle,
probable, des affranchis de Washington pour le fondateur de
la République de 1848. L'attitude de quelques Américains
d'élite semblait les confirmer. Elles se font jour dès 1854
dans la correspondance de Madame de Lamartine. On y
trouve, en effet, à la date du 19 février, à propos du buste
par Adam Salomon :

   « Le buste vient très bien. Un Américain, M. B..., en a
commandé un en marbre, qu'il emportera pour être placé
dans la salle du Congrès. Nous avons été très entourés
d'Américains ces temps-ci ; ils ont une très grande admi-

ration pour M. de L... » Le voyageur aux États-Unis venait
de revenir les mains vides, constatant que chez les pratiques enfants du Nouveau Monde l'admiration était bien
éphémère, ou tout au moins n'allait pas jusqu'à la générosité.

IX

Quelque temps après la lettre de sa nièce, Lamartine
en écrivit à mon père une de sa main. Je n'ai pu citer plus
tôt son texte pour ne pas enfreindre l'ordre chronologique,
mais j'y ai fait allusion à propos du vicomte de La Guéronnière. La voici :

« Monceau, 2 décembre 1856.

« MON CHER AMI,

« Un mot à tout risque. Votre lettre nous a instruits et
« amusés; votre présence vaudrait mieux.

« J'ai eu, et j'ai encore, une sévère et interminable
« rechute de rhumatisme. Pendant ce temps-là j'ai écrit
« 800 pages et payé 250,000 francs. Jugez si je suis à mon
« aise.

« Je ne serai à Paris que le 4 janvier; soyez-y pour nous
« consoler.

« En attendant, soignez mon réabonnement. S'il man-
« que, je suis perdu sans ressource.

« Voici une commission de cœur. Vous seul pouvez la
« faire. Je ne suis pas en mesure de solliciter directement
« M. Magne pour un ami que j'aurais bien à cœur de
« servir.

« Ne pourriez-vous pas prier La Guéronnière, toujours
« bon, quoique distancé de moi, de le voir, de lui remettre

« ce mot et de lui recommander, en mon nom, ce mot et
« ce nom ?

« Adieu et tendresses de tous et à tous.

« LAMARTINE. »

L'esprit large de Lamartine se manifeste. Oubliant les
évolutions un peu rapides de son second au journal *le Pays*
en 1851, il rend hommage à la bonté de l'ami d'autrefois et
lui demande avec confiance de l'aider à faire une bonne
action. On se souvient que La Guéronnière fit immédiatement ce que désirait Lamartine, et répondit à mon père
·à ce sujet la lettre pleine de cœur que j'ai citée.

La tolérance et la justice étaient deux des grandeurs de
l'âme de Lamartine ; l'âme de La Guéronnière était assez
généreuse pour les comprendre, assez élevée pour les
admirer, assez reconnaissante enfin pour y correspondre
par la persistance du plus sincère dévouement.

X

De 1857, je n'ai qu'une lettre à citer, lettre qui est de
la main et du style de l'aimable secrétaire de Lamartine,
sa nièce chérie, Valentine.

« Monceau, 31 octobre 1857.

« MONSIEUR ET AMI,

« Je suis très troublée en pensant que vous avez en
« ouvrant cette lettre une désagréable déception. Par-
« donnez à mon écriture sa ressemblance, et croyez que si

« je n'ai pas la main de mon oncle, j'en ai le cœur pour
« vous. Ce matin, en partant pour une petite course obligée,
« il m'a priée de vous dire combien il était désolé de
« n'avoir pas encore pu répondre à votre lettre, et aussi
« combien il serait heureux et combien nous le serions
« tous avec lui si vous réalisiez enfin votre aimable projet
« de visite à Monceau. Il y a si longtemps que vous nous
« bercez de cet espoir, qu'il serait temps d'en faire une
« réalité. Je regrette seulement que cette bonne pensée ne
« vous soit pas venue pendant que nous étions à Saint-
« Point ; mais, en mettant à part la vanité de vous montrer
« un plus joli pays, sachez que partout et toujours vous
« serez le bienvenu. Je serais si heureuse de prêter à
« M. Albert mon cheval arabe, qui est la plus charmante
« bête du monde : le caractère d'un chien, le pied d'un
« chamois et la légèreté d'un oiseau. Il serait très fier, j'en
« suis certaine, d'avoir sur son dos un charmant militaire
« comme votre fils.

« Mon oncle travaille énormément. Il vient, en trente
« jours, de faire 500 pages de la *Vie d'Alexandre le*
« *Grand.* Avec cela, il parle à soixante paysans par jour,
« fait ses comptes de vin, visite ses vignes et n'a pas une
« minute à lui ni à nous ; il faut le prendre au vol. Cette
« vie si active lui va, il est frais (j'allais dire comme une
« rose, mais c'est la plus juste des comparaisons). Il est,
« comme toujours, bon et divin ; il est impossible de vivre
« avec lui et de ne pas l'adorer ; aussi c'est ce que je fais
« avec bonheur. Vous partagez ce sentiment pour lui avec
« moi, comme je partage les siens pour vous, et ils sont
« bien forts, bien sincères.

« Vous ne savez pas combien votre nom est souvent sur
« nos lèvres ; nous vous faisons vivre ici malgré vous, et il
« faut que le temps manque bien véritablement à mon oncle
« pour qu'il m'ait chargée de vous donner de ses nouvelles,
« au lieu de le faire lui-même.

« De la voiture, il m'a dit : « Dis bien à Chamborant
« qu'il se garde des *Esclavons*. Que va-t-il faire là-bas ?
« C'est un peuple de brigands qu'il ne faut pas confondre
« avec les Turcs ; dis-lui d'aller doucement parmi ces
« voleurs, de se défier d'eux, d'agir avec la plus grande
« prudence. C'est le plus vilain peuple de la terre. » Donc,
« gare aux Esclavons, de sa part, et d'après tout ce qu'il
« m'a dit, je vous le répète de la mienne.

« Vous êtes tellement le Juif errant, que je ne sais où
« vous adresser ma lettre ; je vous l'envoie à tout hasard
« à Confolens ; peut-être ira-t-elle vous chercher au pied de
« vos tours de Villevert ? Où en sont-elles ? et les voit-on
« poindre de loin dans le paysage ?

« Pourquoi la Charente ne touche-t-elle pas au Mâcon-
« nais et ne pouvons-nous pas voisiner ? A Paris, heu-
« reusement, on se retrouve, et c'est son grand charme. Il
« est de certains pas qu'on est si content d'entendre dans
« son escalier !

« Ma tante va bien pour elle ; c'est même étonnant de
« la voir si remise en comparaison de ce printemps. Elle
« peint énormément. Elle me charge de ses plus affectueux
« souvenirs pour vous et de vous répéter encore : Venez !
« venez ! Toute la famille est ici, et tous me chargent de
« vous parler d'eux.

« Pour moi, je vous prie d'offrir à Mme de Chamborant
« mes compliments les plus empressés, et je vous renou-
« velle l'assurance de mes sentiments affectueux en vous
« tendant la main.

« VALENTINE DE CESSIA. »

Si mon père a eu quelque déception en recevant une
pareille lettre, c'est évidemment une déception qui n'a pas
été de longue durée.

Le moment viendra où j'aurai à parler des qualités épistolaires de Madame Valentine. En ce moment, je me contente de signaler deux passages :

Celui où elle parle du travail *énorme* de son oncle qui, malgré quelques instants d'un calme relatif que nous allons bientôt voir disparaître, ne s'arrête jamais dans son effort ;

Celui surtout où elle manifeste, dans un cri du cœur qui est en même temps un appel à l'amitié, les sentiments que Lamartine inspire à tous ceux qui vivent près de lui.

Quand on aura appris à bien connaître le grand homme intime, on comprendra que les autres affections s'unissent à une affection véritablement filiale pour répéter :

« Il était toujours bon et divin ; il était impossible de vivre avec lui et de ne pas l'adorer. »

CHAPITRE IX

LES DETTES

I

Après une tranquillité passagère, l'orage va gronder. L'année 1858 est peut-être celle des plus dures épreuves pour Lamartine. Douze lettres sont entre mes mains. Toutes concernent la crise d'affaires traversée par le grand homme. Avec la franchise de la plus complète intimité, c'est-à-dire dans les conditions les plus concluantes, Lamartine y prouve sa volonté passionnée de payer ses créanciers, et pour cela de ne reculer devant aucun travail d'intelligence et aucune démarche permise; mais il s'y montre inflexible, immobile, à la perspective de franchir jamais les limites bien nettes, bien précises que son honneur lui a imposées.

De tels documents, interprétés comme ils doivent l'être,

éclairent du jour le plus vrai la figure du grand lutteur au milieu du combat de la vie ; ils dégagent un parfum d'honneur qui doit chasser l'âcre odeur de l'injustice, et remplacer chez les âmes droites, par une admiration compatissante, le fiel des anciens préjugés.

Dès lors, est-ce que mon devoir n'est pas tout tracé?

Est-ce qu'il m'est permis de détourner les regards de ce grand homme dans le moment le plus noble peut-être de sa glorieuse vie, sous prétexte que les souffrances, les angoisses et les humiliations d'un des plus illustres martyrs du génie humain rappellent les ironies coupables d'une génération égarée, et réveillent de pénibles souvenirs?

Est-ce que je puis laisser dans l'oubli la lettre de Madame de Lamartine, que j'ai annoncée et que je considère de plus en plus comme un de ces témoignages décisifs qui déterminent la justice au tribunal de la postérité?

Un pareil sujet, je le sais, nécessite bien des délicatesses ; j'en serais terrifié, paralysé, si je ne savais aussi que dans les questions de sentiment, d'équité, les élans d'un cœur aimant et convaincu font souvent mieux vibrer la justice dans les autres cœurs que les réserves les plus étudiées et les calculs les plus habiles.

C'est donc mon cœur, mon cœur seul que j'ai interrogé ! Il m'a répondu sans aucune hésitation. Ma raison a pleinement ratifié mon cœur.

Je crois que cette histoire des *dettes* est un sujet qui doit être élucidé par ceux qui savent, sous peine d'être obscurci davantage encore peut-être, par ceux qui ne savent pas ou ne veulent pas savoir.

Je crois qu'il n'y a aucun voile à jeter sur cette phase douloureuse de la vie qui nous occupe, parce que tant d'amertume ne provient d'aucun vice caché, et ne recèle aucune faiblesse inavouable.

Je crois enfin que la vérité conserve tous ses droits, surtout lorsqu'elle éclaire aussi vivement une des grandes leçons de Dieu terrassant dans la douleur un des plus vastes génies de l'humanité, et lui permettant de se relever, digne toujours de l'estime, du respect et de l'admiration.

Mon devoir est donc de publier ici, au milieu d'un récit intime où l'histoire pourra les trouver, des lettres qui apportent une si grande part de lumière à cette vérité vengeresse.

Une seule crainte pourrait me faire hésiter : la crainte, en remuant toute cette tristesse, d'ajouter une larme de plus à tant de larmes qui auraient déjà fondu le cœur de la noble héritière du nom de Lamartine, si ce cœur n'était pas aussi grand et aussi fort que la mémoire dont il est tout rempli ! Mais elle le sait bien, une des plus grandes joies de ma vie serait, au contraire, de pouvoir lui procurer la douceur d'une consolation ; et, plutôt que de faire tomber de ses yeux ou de son cœur une larme inutile, j'aimerais mieux enfouir à tout jamais dans l'oubli, sous la terre même, tous ces nobles souvenirs écrits qui sont cependant pour moi, dans le présent, les papiers de famille les plus précieux.

J'en suis certain, elle m'adresserait, au contraire, un sévère reproche si, semblant méconnaître aujourd'hui l'esprit de sacrifice dont elle a été perpétuellement animée, et pour lui éviter une émotion, j'oubliais, en face de la grande figure de son oncle bien-aimé, que, ne pouvant rien ajouter au plateau de la gloire qui déborde, je dois chercher du moins à ajouter de ma main qui la possède, ne fût-ce que la plus petite parcelle de ce qui manque au plateau de la justice.

II

Lamartine lui-même a exposé dans ses *Mémoires politiques* ses embarras financiers, ses efforts et ses espérances. Il en est aussi question bien souvent dans la correspondance publiée de Madame de Lamartine. Il ne s'agit donc, pour moi, de divulguer aucun mystère; il s'agit, à propos de choses dites tout haut, mais très mal connues du public, de confirmer, par des preuves intimes et irrécusables qu'on ne connaît pas, ce droit à l'estime de l'histoire que Lamartine même, à propos de ses dettes, revendique avec une si noble hauteur dans ses Mémoires, et que sa sainte femme lui décerne avec une si touchante émotion dans sa correspondance.

Voici ce qu'on lit au livre vingt-deuxième des *Mémoires politiques*, paragraphe VIII :

« Tous mes biens étant hypothéqués pour leur valeur, je fus contraint de m'arracher le cœur de ma propre main, en vendant la terre libre de Milly. Je n'y suis jamais retourné. Depuis cette séparation forcée de la scène de mon berceau et de ma vie, je n'ai plus vécu qu'à demi; je n'ai jamais pardonné à la nécessité qui m'en faisait expulser comme un coupable. Je mourrai je ne sais où, en le reprochant à mon pays. J'empruntai sept cent mille francs au Crédit foncier, et, devant encore deux millions au delà de la valeur de mes biens, je fondai deux ouvrages dont le produit, si je vivais, devait en quelques années me libérer. Le premier de ces ouvrages était les *Entretiens littéraires,* que je pouvais continuer jusqu'à ma mort, et qui a dix mille abonnés à vingt francs, c'est-à-dire environ deux cent mille francs de produit, moins les frais. Le second, c'est la collection, en quarante magnifiques volumes, de mes œuvres complètes, mise en vente à huit francs le volume et payable en quatre ans. C'est sur ces deux entreprises que tout l'avenir de mes créanciers se fonde et que j'ai réussi à les payer, avec les intérêts, année par année. Deux loteries à quelques centimes le billet, pour lesquelles l'autorisation de l'administration me fut accordée en faveur de ces créanciers, allégèrent encore mes fardeaux de quelques centaines de mille francs. Voilà où j'en suis au moment où j'écris ceci.

« Je ne dois pas oublier que Bonaparte, devenu empereur, et entendant parler de mes embarras, m'envoya offrir deux millions de sa cassette pour me libérer. Je refusai à tout risque; l'honneur me l'interdisait. Récemment encore, il m'a envoyé par un de ses ministres faire les offres les plus spontanées et les plus larges pour le même objet. Je remis à son ministre une note commençant ainsi : « M. de Lamartine remercie l'Empereur des offres obligeantes qu'il lui a fait faire par M...; mais l'honneur, qui appartient à toutes les opinions élevées, lui interdit

de l'accepter. Tout ce qu'il désire, c'est que l'administration ne s'interpose pas entre lui et le pays qui désire l'aider dans sa libération par le moyen de la loterie dont il
fait demander l'autorisation légale à l'administration. »

« Quelques jours après, l'autorisation du ministre de
l'intérieur me fut adressée. La subvention individuelle et
volontaire du pays eut la liberté de s'exercer en ma faveur.
Si cette loterie a quelque succés, tous mes créanciers, à
l'exception des sept cent mille francs du Crédit foncier,
seront payés, et mes biens répondront du reste. Je pourrai
mourir, non pas où je suis né, puisque Milly, la terre de
mon cœur, est perdue pour jamais; mais du moins sous
les tuiles qui ont abrité une partie de ma vie.

« Telle est l'exacte vérité. Mais pourvu que mes créanciers soient payés avant ma mort; je ne regretterai rien
en mourant; je commence à l'espérer. »

Telle est l'exacte vérité, dit Lamartine en terminant
cette page de sa propre histoire. Pour nous, toute la question est là! Nous devons examiner si, en réalité, les dettes
effrayantes qui ont pesé sur la fin de sa vie doivent mériter à Lamartine la sévérité ou la compassion.

III

Madame de Lamartine, dans sa correspondance, complète
sur certains points les explications de son mari. Sans
doute elle ne détaille pas ses dettes, mais elle en dit assez

sur leur origine pour détruire tout soupçon mauvais et
tout doute intime chez le lecteur. Elle ne cherche pas à
dissimuler la part que les erreurs de l'imagination et les
illusions de l'esprit ont pu avoir dans la situation dont elle
souffre; mais à un âge et dans des conditions où elle ne
saurait être trompée, elle prend Dieu à témoin qu'à l'origine de tout cela il n'y a rien qui ne soit grand, pur et
honnête.

Dans une lettre écrite en 1855 et qui a été publiée, elle
dit à propos de son mari :

« Il faut payer ses qualités : l'optimisme, l'idéal, le
génie, sont de grands dons entraînant de grandes peines.
La réalité disparaît sous les perspectives idéales, et, lorsque
la vraie situation se révèle, c'est un éclair qui précède à
peine la foudre.

« Le génie comporte un laisser-aller, mais en même
temps une charité, une générosité sans bornes qui sera, je
l'espère, reçue en balance par Dieu et même par les
hommes qui le connaissent et qui l'aiment. »

En 1858, elle écrivait : « Nous sommes dans une crise
bien cruelle; il en souffre bien affreusement...

« ... Je suis un peu soutenue par la certitude que la
trop grande générosité et l'abnégation de sa personne
en 48, et en bien d'autres années et dans bien d'autres
circonstances, ont causé, en grande partie, la douloureuse,
la navrante position où nous sommes. Personne n'en est si
humiliée que moi, ni aussi fière de sa glorieuse conduite
en 48; et sa générosité, sans compter toutes les infortunes
qui se sont adressées à lui.

« Je n'ai contribué en rien aux embarras financiers,

mais j'en connais les sources, et, sauf l'imprudence des terres, elles sont celles que Dieu admet en atténuation de tous les torts. La charité couvre une multitude de péchés, dit l'Évangile, et j'aime cette parole. »

Elle disait, dans une autre de ses lettres publiées :

« Je pourrais supporter la pauvreté réelle, mais je ne puis supporter des dettes! Cela me met au désespoir, et je tremble souvent pour M. de L. Il se contient et se remonte; mais, au fond, il souffre plus qu'on ne peut croire, et il a des *accès de désespoir* qui me mettent hors de moi. »

A côté des affirmations véridiques, incontestables, veut-on des faits matériels prouvant la générosité de Lamartine? J'en cite deux pris encore au hasard, dans la correspondance publiée de sa femme.

En 1857, elle écrit : « M. de L. n'est pas sorti depuis deux jours qu'il était à l'enterrement de ce pauvre M. R., qu'il a fait enterrer convenablement, car il ne vivait que de lui depuis longtemps, et maintenant M. de L. s'inquiète pour sa servante qu'il a laissée sans sou ni maille. Il faudra tâcher de lui trouver une existence. »

En 1858, le 15 février, au moment de la plus forte détresse, elle écrit encore :

« Mon mari est si harcelé de demandes ici, où il a tant payé qu'il ne lui reste plus rien, que je n'ose pas troubler sa demi-convalescence par un nouvel appel à une bourse vide; mais dès qu'il sera à Paris il recevra le prix de quelques abonnements, et il en enverra tout de suite à notre pauvre ami. En attendant, voici 500 francs que je puis lui avancer. Envoyez-les-lui et dites-lui de nous les rendre, lorsqu'il aura reçu son traitement, et vous, gardez-les-moi, car ils me seront indispensables pour Saint-Point, l'été prochain... »

Et ainsi, d'après Madame de Lamartine dont la sincérité ne saurait être mise en doute plus que la sagacité et le bon sens, les dettes du grand homme proviennent : d'abord des sommes considérables qu'il a jetées pendant le gouvernement provisoire au milieu des misères et des lamentations du commerce parisien; secondement, d'une charité qui s'est manifestée tout le temps de sa vie dans les proportions les plus généreuses envers tous les malheureux; troisièmement, enfin de son amour excessif de la terre.

« La terre m'a tué », s'écriait-il lui-même dans une lettre précédemment citée; et cela est vrai. Elle l'a tué, parce que sans compter il la rachetait aux siens dans le but d'améliorer leur situation; parce qu'il en recueillait de trop nombreux débris pour reconstituer, arrondir, agglomérer la propriété des ancêtres; parce qu'entraîné par son imagination enfin, il n'a pas su résister aux offres des vignerons ses voisins qui, ayant pleine confiance, lui vendaient sur sa parole ou sur de simples billets toutes leurs récoltes de vin; récoltes qui lui constituaient une base de crédit, un gage pour ses combinaisons financières, mais qu'il finissait presque toujours par revendre à des prix inférieurs, de telle sorte qu'en perdant ainsi des sommes importantes, loin d'éteindre sa dette, il ne faisait que l'augmenter.

Ce qui ressort encore de l'irrécusable témoignage conjugal, c'est l'angoisse réelle, profonde et perpétuelle de Lamartine sous l'écrasement de ses embarras financiers.

« Il souffre affreusement, dit sa noble femme, il a des accès de désespoir qui me mettent hors de moi. »

Quel est donc l'adversaire assez passionné, l'homme de parti assez égaré, qui osera dire à cette femme : « Vous voulez nous tromper, je ne vous crois pas; toutes ces angoisses n'étaient que de la comédie ! »

Ah! je sais trop ce que la prévention peut faire de la justice dans l'esprit même de très honnêtes gens. Il s'en trouvera peut-être qui ne seront pas convaincus des citations que je viens de faire et qu'ils ont pu lire comme moi dans les livres; il en est qui diront : Les *Mémoires politiques* contiennent des affirmations, mais pas de preuves.

Eh bien, en attendant que Madame de Lamartine nous dise ici, dans la lettre la plus intime et la plus émouvante, le dernier mot du cœur sur les dettes de son mari, voici, dans les lettres que j'ai annoncées, Lamartine lui-même qui va nous montrer l'incroyable persévérance de son effort et l'inflexible délicatesse de son honneur. Ces lettres sont les plus confidentielles qu'il y eut jamais : c'est ce caractère qui leur donne une importance décisive à l'appui de ma thèse de justice et de vérité.

IV

Dans les prémiers jours de 1858, mon père recevait la lettre suivante :

« MON CHER AMI,

« Je vous croyais en Esclavonie, votre lettre me détrompe et me donne un beau premier jour de l'an, car l'amitié

« d'un homme comme vous est l'étrenne de la Providence.

« Que Dieu vous rende à vous, à votre femme et à votre
« fils si prédestiné un bonheur que je n'aurai jamais.

« L'année 1858 commence pour moi par de rudes
« épreuves. J'ai bien de la peine à payer 740,000 au lieu
« de 600,000 dont je suis chargé ce mois-ci. Je succombe.
« Mais si le réabonnement se lève, je me relèverai encore
« avec lui. On m'écrit qu'il se fait bien. Hélas! il me le
« faudrait double.

« J'ai fait véritablement de superbes récoltes, mais
« combien n'en faut-il pas pour payer mon million en
« treize mois! Or c'est *littéralement* ce que j'aurai payé
« dans trois semaines.

« Je ne puis, à cause de cela, aller vous serrer la main
« avant la première semaine de février. Plaignez-moi et
« faites-moi des *abonnés* ou la *mort!*

« Ma femme et Valentine se plaignent de vous, mais
« vous pardonnent. Je comprends que tant d'affaires vous
« refusent huit jours dans nos frimas.

« D'ailleurs, vous me trouveriez bien triste.

« Adieu et vive et éternelle affection

« LAMARTINE. »

Au milieu de ce mouvement de fonds que nécessitent les
tranformations successives de sa dette, Lamartine s'est
épuisé pour payer des sommes considérables. Un million
en treize mois! Quel effort de travail et de combinaisons!
Mais, hélas! tout cela ne suffit pas; l'effort doit continuer.
Cependant le grand lutteur ne désespère jamais, son
intelligence est son capital; il entend l'exploiter par le
travail; et si le goût des lecteurs rend ce travail fructueux,
il se relèvera.

Le 5 février 1858, il écrivait à mon père :

« Mon cher ami,

« Les adversités nous accrochent et nous retardent.
« Trois catastrophes financières viennent de m'écraser à la
« fois. Je lutte comme il faut lutter : vainqueur ou vaincu.
« Je vous conterai *confidentiellement* ces disgrâces de
« fortune.

« En attendant, vous verrez dans le programme ci-joint
« le parti que je prends. Soyez assez bon de le seconder
« de vos efforts, dans la Charente ou ailleurs, et mieux à
« Paris en recueillant tous les abonnés que vous pourrez
« provoquer.

« L'œuvre est purement littéraire, neutre en politique
« comme en religion et en philosophie; il s'agit du *beau*
« et non du *vrai;* aussi cela va à tout le monde.

« J'espère être à Paris dans les derniers jours du mois,
« si je puis sortir du dédale d'impossibilités où je suis
« plongé. Mon bonheur sera de vous voir tous les jours.

« Ma femme et Valentine iraient bien sans ces adver-
« sités qui retentissent dans leurs cœurs. Moi, je ne dors
« plus et je travaille plus la nuit que le jour. Je rapporte
« seize cents pages de travaux, et je commence celui-ci.
« Il faut que ce germe vive ou que je meure!
« Adieu.

« Lamartine. »

L'œuvre dont il s'agit est le *Cours de littérature;* quant
à la neutralité annoncée, bien difficile à tout homme, elle
était impossible à Lamartine. Avec son sens rapide et profond de toutes choses, ayant à sa disposition une tribune
toujours ouverte, il devait fatalement s'en servir pour dire
bien nettement son opinion sur tous les grands sujets et les
grands événements. C'est ce qui est arrivé, et il faut s'en
féliciter. Plusieurs numéros très importants ont été la

conséquence de cette heureuse fatalité. D'ailleurs, j'oserai dire en toute sincérité que les frontières entre le *beau* et le *vrai* me paraissent le plus souvent bien difficiles à démarquer. Dans le domaine de la pensée, peut-il y avoir quelque chose d'absolument beau qui ne soit pas éclairé d'une étincelle de vérité? Mon instinct ne peut pas le comprendre; mon cœur ne comprendrait pas davantage que, quand la vérité resplendit, il n'y ait pas en elle une part, et la part la meilleure, de la beauté.

Enfin l'effort constant se manifeste; la facilité éclate prodigieuse; seize cents pages en quelques mois; la pensée se résume dans ces mots : « Il faut que ce germe vive ou que je meure. » Quelle image et quelle concision!

Ce qui me paraît remarquable au point de vue du style dans ces lettres intimes écrites le plus souvent avec une hâte fébrile, ce n'est pas l'ensemble, c'est la perle qui se rencontre toujours, jetée de-ci de-là au moment inattendu. Quand il a le temps et l'espace, Lamartine, historien, orateur ou poète, développe sa pensée superbement vêtue des plus riches et des plus amples parures; à court même des minutes, quand il correspond pour les affaires et pour l'amitié, en quelques mots martelés comme une sentence il jette la pensée la plus douce ou la plus forte.

Madame de Lamartine, à son tour, écrivait à mon père le 8 février 1858 :

« MONSIEUR ET AMI,

« M. de Lamartine est malade; il a été atteint d'une « grippe très violente la veille du jour fixé pour notre « départ. Il a eu tous les symptômes d'une fluxion de poi-

« trine. Prise à temps, elle ne s'est pas développée, grâce
« à Dieu ; mais il a une très forte fièvre qui a même été
« plus intense hier qu'au début.

« Aujourd'hui, je le trouve moins mal et j'attends notre
« médecin, qui est venu deux fois par jour, pour me dire
« ce qu'il en est.

« Malheureusement, M. de L. est sous le coup des plus
« cruelles préoccupations : la ruine est à la porte ! — Il
« dit : — *Consummatum est !* Mais moi, je dis que Dieu
« peut faire avorter le coup. Enfin, nous sommes bien
« tristes !

« Le *Cours,* avec l'aide des hommes de *bonne volonté,*
« peut encore nous sauver !

« Mais tout semble conspirer contre nous dans ce com-
« mencement fatal de l'année !... M. de L. ne veut pas
« laisser paraître les numéros du *Cours* pendant l'émotion
« publique du procès de l'horrible attentat. — C'est comme
« un respect pour l'émotion publique qui le retient. Mais
« cette suspension peut lui coûter son unique moyen de
« salut pécuniaire, si elle se prolonge trop. Déjà on mur-
« mure, et les abonnements sont suspendus.

« Il voudrait bien savoir confidentiellement à quel
« moment le procès sera jugé.

« Les journaux, après l'avoir annoncé pour le 10 de ce
« mois, n'en parlent plus.

« C'est une grande préoccupation pour lui dans sa
« maladie de n'être pas à Paris, au courant de tout, et fai-
« sant quelques efforts pour ranimer les abonnements. Il
« a pensé que vous pourriez, par M. de M., savoir la
« *vérité* sur l'époque du procès. S'il doit trop tarder, il
« serait mieux de paraître le plus tôt possible. Mais s'il
« doit avoir lieu bientôt, il vaut bien mieux respecter le
« sentiment public.

« Je crains que la convalescence de M. de L. ne nous
« force de rester ici encore presque quinze jours. Mes

« malles sont fermées, tout est prêt pour le départ; et je
« ne dérange rien pour lui laisser l'espoir de bientôt partir.
« Mais, au fond, je pense que ce serait imprudent d'y
« songer avant ce temps là, même en supposant que la
« convalescence puisse commencer bientôt.

   « *Il* vous dit mille choses les plus affectueuses aux-
« quelles je me réunis.

« M. E. DE LAMARTINE. »

Madame de Lamartine fait allusion à l'attentat d'Orsini et
au sentiment de si délicate convenance qui empêchait son
mari de faire paraître les premiers numéros du *Cours de
littérature* au milieu de l'émotion publique et du procès
des assassins. Cette attitude était conforme à celle prise par
Lamartine depuis la proclamation de l'Empire. Tout en
ménageant scrupuleusement sa dignité, non seulement il
voulait éviter toute brutalité contraire à sa nature, mais il
tenait à reconnaître par une certaine déférence de forme
les bons procédés du prince qui avait voulu le faire son
ministre à la fin de sa présidence, et qui, depuis son avènement au trône, lui montrait des sentiments qui n'avaient
rien d'hostile. Il voulait donc bien attendre le moment
opportun pour lancer son œuvre nouvelle; mais cette
attente pouvait lui coûter cher. S'il savait l'époque du
fameux procès, il pourrait prendre ses précautions en conséquence. C'est alors qu'il pense aux relations de mon
père avec M. de M.

M. de M..., je n'ai aucune raison pour le cacher, désigne
M. de Morny, alors président du Corps législatif. Éloigné de
toute politique, sous l'Empire, ce n'est pas sur ce terrain
que mon père connut M. de Morny. Le hasard, ce précur-

seur de la Providence, les mit un jour en présence dans une réunion d'actionnaires. Ce jour-là, mon père montra une telle netteté et une telle énergie dans la revendication des droits de tous, que ses coïntéressés le désignèrent d'acclamation pour une mission de confiance qui devait forcément le mettre en rapports avec M. de Morny. Ces rapports furent d'abord rares et froids. Le roi de l'industrie, sous le second Empire, était un souverain assez autoritaire, peu habitué au contrôle, même dans l'emploi des millions des autres. Tout d'abord il fut surpris, tant il y était peu accoutumé, des allures indépendantes du nouveau venu. Mais, comme au bout du compte il était homme d'esprit, d'intelligence, de bonne compagnie, et mieux que cela même au fond, je l'espère pour lui du moins, il ne tarda pas à comprendre que l'attitude de mon père ne venait pas d'un parti pris d'hostilité personnelle contre lui, et qu'elle tenait tout simplement à un parti pris de franchise et de loyauté. C'étaient des qualités assez rares, dit-on, sous les lambris de son palais, pour exciter son étonnement. L'étonnement devint de la curiosité, la curiosité de l'estime. L'estime se doubla bientôt de sympathie. Morny ne fut pas seulement aimable, mais confiant. Dans la mesure que de pareils rapports comportaient, il fut même affectueux. Il déclara à mon père que sa porte lui serait toujours ouverte, et son dévouement en toutes choses acquis. Sachant que j'étais dans l'armée, il offrit de la manière la plus gracieuse son concours pour moi, et je dois dire que si je n'en ai pas profité, c'est que les circonstances ne l'ont pas rendu nécessaire.

Il était donc très facile à mon père d'obtenir les renseignements désirés par Lamartine, et très naturel à Lamartine de les demander à mon père. C'est ce que je tenais à bien constater.

V

Mon père ayant fait à la lettre du 5 une réponse qui s'était croisée avec la lettre du 8 de Madame de Lamartine, son illustre ami lui écrit l'importante missive datée de Monceau du 11 février. Je ne crains pas de la publier ; elle porte en tête le mot *confidentielle.* La voici :

« MON CHER AMI,

« Je n'ai pas répondu parce que je croyais arriver. Une
« grippe de quinze jours me retient avec fièvre au lit. Je
« ne pense pas pouvoir arriver avant le 25.

« J'arrive achevé, fini, ruiné, anéanti ! *Onze cent
« mille francs* payés cette année, quatre cent mille perdus
« sur les vins, empruntés pour payer le million, trois cent
« mille manquant à Paris, et six cent mille à payer en
« 1858, font une masse en déficit de deux millions et plus,
« sous laquelle je succombe enfin.

« Un Comité de concitoyens et d'amis mâconnais s'oc-
« cupe de vendre pour moi mes terres, même l'inaliénable
« Saint-Point. Nous avons fait tous les sacrifices pour que
« personne ne souffre ni n'attende de cette catastrophe.
« Elle a été soudaine, imprévue, en plein beau ciel, comme
« toutes les catastrophes. C'est le destin, il n'y a qu'à
« plier.

« Voyez confidentiellement M. de Morny qui a toujours

« été bon et amical, à travers les politiques, pour moi,
« comme moi pour lui. Demandez-lui si le Comité mâcon-
« nais, devant solliciter l'autorisation de vendre l'énorme
« terre de Monceau et celle de Saint-Point et dépendances,
« par voie de loterie (seule voie qui soit libératrice), obtien-
« dra ou non cette autorisation pour moi.

« Une seule personne peut donner cette solution. Quand
« vous le saurez, écrivez-le-moi, très confidentiellement,
« pour que j'informe, confidentiellement aussi, le Comité
« mâconnais avant les démarches.

« Si l'autorisation n'est pas admise, il n'y a pas de
« remède, et la ruine s'écroulera peut-être plus loin que
« moi. Je vous demanderai une chambre au grenier de
« Confolens, en attendant les ventes.

« Les abonnements seuls peuvent me soutenir quelques
« mois; mais, quoique bons, ils languissent, faute d'ar-
« gent pour imprimer et pour annoncer.

« Voilà une lugubre page, hélas! Elle est au-dessous du
« vrai! Plaignez-nous et aimez-nous!

« Vous jugez quelle vie nous menons sur cette croix dont
« on ne connaît pas au dehors tous les clous.

« Adieu et amitiés quand même.

« LAMARTINE. »

Trois choses, dans cette lugubre lettre : 1° l'énumération des dettes; 2° l'annonce de la constitution du Comité
mâconnais; 3° la prière de demander à M. de Morny si
l'Empereur autoriserait la loterie.

De ces trois choses, deux, les dettes et le Comité, sont
parfaitement connues.

Une seule était restée confidentielle : c'est la pensée de
savoir par M. de Morny les intentions du souverain vis-à-
vis des projets mâconnais.

Cette dernière pensée était-elle naturelle? Après les explications que j'ai données sur les rapports si faciles de mon père avec l'hôte du Palais-Bourbon, je ne crains pas de répondre : Oui!

Naturelle, était-elle conforme à la dignité politique? Je ne crains pas de répondre encore : Oui! Il était très digne, très prudent, très intelligent, c'était un droit enfin, au moment où le Comité de Mâcon allait tenter une démarche auprès de la juridiction gracieuse du souverain, de tâter le terrain afin de prévoir un peu d'avance la réponse qui serait faite, et d'agir selon ces prévisions.

Le droit existant, le devoir lui-même imposait à Lamartine de s'en servir. Ayant besoin, dans l'intérêt de ses créanciers, d'un moyen exceptionnel de se libérer, on lui avait présenté ce moyen dans une manifestation acceptable et honorable de la reconnaissance nationale; mais pour atteindre ce but, la loi exigeait une autorisation, et il était non seulement légitime, mais obligatoire en conscience de la demander à celui-là seul qui pouvait la donner. Si, au lieu de venir directement des Français, l'argent eût dû sortir de la cassette impériale, comme l'offre en a été plusieurs fois faite, la situation eût été toute différente ; mais c'est ce que Lamartine ne voulait pas et n'a jamais voulu. Les preuves sont nombreuses.

Mon père ayant répondu immédiatement avec toute la chaleur de son affection dévouée, la correspondance se poursuit, et Lamartine lui écrit :

« De mon lit, 13 février 1858.

« Mon bien cher ami,

« On a lu votre lettre, entre ma femme, Valentine et
« moi, seuls, avec l'émotion de cœurs qui trouvent tout ce
« qu'ils attendent dans un autre cœur.

« J'attends votre mot, lundi au plus tard.

« Souvenez-vous seulement qu'excepté une *autorisation*
« *de vendre mes terres par voie de loterie, autorisation*
« *accordée à un Comité de concitoyens mâconnais,* rien
« ne serait acceptable. Pas de salut sans le plus strict hon-
« neur; car de quoi servirait le salut sans l'honneur? J'aime
« mieux périr tout entier.

« Je suis bien touché du cœur de M***. Dites-le-lui.
« Je le lui dirai bientôt moi-même.

« Je vous aime deux fois, pour le passé et pour le pré-
« sent.

« Ces dames ont été émues aux larmes par ces élans de
« votre amitié aux jours difficiles.

« LAMARTINE. »

Est-ce clair? le sentiment de Lamartine est-il assez net :
« Pas de salut sans le plus strict honneur, dit-il; car de
quoi servirait le salut sans l'honneur? J'aime mieux périr
tout entier. » Voilà un cri du cœur qui doit retentir dans la
conscience de la postérité. Quand on a eu un si noble sentiment des choses, qu'on l'a précisé par écrit avec une telle
netteté, et que rien dans l'avenir ne doit le démentir, on
peut sans crainte avouer à ses amis comme à ses ennemis
qu'on a fait demander, par le confident le plus intime de
ses angoisses, à l'homme le plus influent de l'Empire, si une
autorisation, indispensable, pouvait être accordée, et si lui-

même pousserait à user de sa faculté le seul dépositaire légal du droit de la donner. L'équivoque n'est pas possible !

Lamartine aime ses amis, comme il aime son honneur !

VI

Par une coïncidence frappante, c'est deux jours après celui où il vient de pousser ce cri de conscience magnifique, que sa femme, qui l'aime de la passion la plus sainte, arrache, elle aussi, à sa propre conscience, pour le faire entendre à mon père dans tout l'élan de la vérité, un cri sublime d'amour, de compassion et de justice.

Voici cette lettre, dont j'ai déjà fait pressentir maintes fois l'importance décisive :

« Monceau, 16 février 1858.

« Je m'inquiète de ne pas avoir un mot de vous ! Serait-
« il bien possible que vous n'ayez pas trouvé le moyen que
« vous cherchiez ? Ne suffit-il pas d'une députation du
« Comité formé des hommes *les plus respectables* de la ville
« qui iraient à Paris demander cette faveur ? Aurait-on le
« cœur de la refuser à celui qui s'est ruiné pour sauver
« Paris, lorsqu'elle a été accordée pour des choses moins
« importantes à coup sûr ?

« Vous ne pouvez vous figurer l'état où il est. Vous com-
« prenez que la perte de nos biens, même du pauvre Saint-
« Point, mon premier nid et mon dernier asile, n'est *rien*
« pour moi, si je *le* voyais tranquille.

« Mais le voir se miner la santé, se troubler l'esprit, se

Je m'inquiète de n'avoir pas
et de Vous ! Serait-il bien passé
ne vous n'ayez pas trouvé le may
ne vous cherchiez ? ne suffit-il
as d'une députation du comité formé
hommes les plus respectables de la
vicinité à Paris demandé le
cent ? aurait on le cœur de la
a celui qui sera ruiné
ne sauver Paris —? lorsqu'elle
recordée pour des choses moins
intéressantes à beaucoup sert — Vous ne
ney vous figurer l'état ou il est
comprenez que la perte de nos

premier vid & mon dernier as
n'est rien pour moi si je le
tranquille — mais
minera sa Santé — se
le désespérant, sans le pied ?
qu'il s'est donné, d'abord,
Bajy! et ensuite pour les
& les prendre longtemps doit-il a
sa vie et l'honneur depuis
vraiment — il y a de quoi !
& aussi je chancelle — je
répète bien que la Volonté
soit faite ! mais est-ce bien
Volonté ! de laisser
l'homme à qui qu'on ne

...aine — Je défie d'en trouver
ni dignité ni générosité Oui —
as pour lui même —

...tisfaction personnelle —
...Vice — Mais je vends des ...
...déjà — Répondez moi —
...partir — Car je ne veux
...che que je vous ai écrit —
...ne mêle jamais d'affaires —
le Serait-il de le Consoler Si
...vance de Salut Je perds — mais
...serait trop tard —
...vous ne savez peut-être pas
...ris, est empêché de paraître
...fois de...... faute d'
M. de L. n'a pas de quoi payer
...rage —
— — Adieu ami —

« désespérer sous le poids d'une charge qu'il s'est donnée
« d'abord pour son pays, et ensuite pour les malheureux et
« les pauvres honteux dont il a sauvé la vie et l'honneur
« depuis neuf années, vraiment, il y a de quoi succomber,
« et je chancelle !

« Je répète bien : Que la volonté de Dieu soit faite ! Mais
« est-ce bien sa volonté, de laisser périr un homme à
« qui on ne peut pas reprocher un VICE comme cause de
« ruine? Je défie d'en trouver un seul : Prodigalité de
« *générosité!* Oui! mais pas pour lui-même, pas pour une
« satisfaction personnelle, pas pour un VICE.

« Mais je vous dis ce que vous savez déjà.

« Répondez-moi, mais en deux parties, car je ne veux
« pas que mon mari sache que je vous ai écrit. Je ne me
« mêle jamais d'affaires. Mon rôle serait de le consoler si
« toute chance de salut se perd ; mais, hélas ! ce serait
« trop tard.

« Vous ne savez peut-être pas que le *Cours* est empê-
« ché de paraître... faute d'argent.

« M. de Lamartine n'a pas de quoi payer le tirage

« Adieu, ami, et merci de votre sollicitude zélée.

« M. E. DE LAMARTINE. »

Après avoir entendu l'accent d'un témoignage aussi véridique et aussi sacré, quel est celui qui conservera encore des
doutes injurieux pour le souvenir d'un de nos plus grands
hommes ? La cause du cœur, qui est ici celle du bon sens,
n'est-elle pas gagnée chez tous les honnêtes gens ?

Touchés par les accents déchirants d'une femme qui a été
l'ange sans tache du mariage, tous, quelle que soit leur
tendance politique, ne voudront-ils pas monter enfin dans
les régions sereines de la bonne foi et de l'impartialité? Et,
de là, s'ils contemplent Lamartine au milieu du dédale de

ses affaires, ils y trouveront le malheur, jamais le mal ;
l'illusion généreuse, jamais le vice ; la grandeur et la
dignité, toujours ; une auréole de plus, la souffrance soumise à Dieu.

VII

Mon père avait écrit à son illustre ami qu'il avait vu
M. de Morny et l'avait trouvé dans les meilleures dispositions pour appuyer la demande d'autorisation annoncée,
mais que certaines explications complémentaires semblaient utiles. Lamartine réplique par la lettre détaillée que
voici :

                                    « Monceau, 18 février 1858.

    « Merci ; mais il y a longtemps que je ne vous remercie
« plus.
    « J'ai reçu votre lettre.
    « Voici mon opinion :
    « Le gouvernement, s'il est éclairé et bien inspiré,
« accordera au *Comité mâconnais, pour la liquidation des
« dettes et la vente des terres de M. de Lamartine,* l'au-
« torisation que ce pays tout entier désire avec une passion
« impartiale qui l'honore.
    « Le Comité, qui s'est formé tout à fait en dehors de moi
« et *sans aucune acception* d'opinions politiques, légiti-
« mistes, bonapartistes, fonctionnaires publics, simples
« citoyens, noblesse, bourgeoisie, grand commerce, petit
« commerce, cultivateurs, etc., etc., devient d'heure en
« heure plus complet et plus unanime. Je ne croyais pas

« un cœur si sympathique à cette noble mais froide con-
« trée. Tout le monde signe avec enthousiasme et avec
« larmes, même mes ennemis. Il y a des scènes qui atten-
« driraient si on les racontait à loisir ; le préfet le dit sans
« doute au gouvernement, car c'est un grand mouvement
« du sol, un tremblement de cœurs dans cette région jus-
« qu'à Lyon. J'étais bien éloigné de me croire si aimé ;
« cela me convertit et m'attache à cette admirable popu-
« lation.

« Ce Comité, qui compterait, en huit jours, *toute la*
« *ville* et cent mille signatures dans le département, s'ar-
« rêtera à un nombre borné de signataires d'élite de toutes
« les classes et de tous les partis, pour ne pas donner
« d'ombrage par la masse et pour ne pas exercer d'autre
« pression que la pression d'un bon sentiment public.

« Il enverra une petite députation à Paris pour demander
« l'autorisation et la motiver sur deux choses :

« L'exception dans l'homme qu'elle désire sauver d'une
« catastrophe ;

« L'exception dans la participation d'une contrée tout
« entière à la liquidation d'un de ses citoyens aimé du
« pays.

« Selon le Comité et selon moi, ce seront des motifs suf-
« fisants pour que l'autorisation soit non seulement justi-
« fiée, mais, je vous le dis sans exagération, acclamée.

« Vous pouvez lire cette lettre, heureusement véridique,
« à M. de Morny, dont les bons sentiments dans cette
« occurrence ne m'étonnent pas, parce que, toute politique
« à part, j'en ai toujours eu de semblables pour lui. Son
« opinion sera sans doute d'un grand poids dans la résolu-
« tion de l'administration supérieure. Ici, l'administration
« dira ce que je vous écris, le préfet est, dit-on, parfait. Il
« sera à désirer que si l'autorisation est accordée au *Comité*
« *mâconnais,* elle le soit promptement, car le feu s'éteint
« comme il s'allume dans les cœurs.

« Voilà, mon cher ami, où en sont les choses, littérale-
« ment.

« Si l'autorisation est refusée, il y aura une grande *peine*
« dans le pays. Je livrerai tout à la merci des revendeurs
« de biens, *coalisés* par la cupidité qui dissèque les morts.
« Je crois même qu'en ce cas je serai forcé d'aller vous
« demander asile; car, après mes payements de un million
« cent mille francs cette année, et mes pertes, il ne me
« reste pas en ce moment même de quoi faire imprimer
« et paraître mon *Cours littéraire*. Je perdrai ainsi cet
« énorme capital. Ne trouveriez-vous pas un banquier qui
« me prêterait vingt mille francs pour trois mois, à cet
« usage? Malheur aux vaincus!

« Tout ceci est entre nous, car ce n'est plus moi qui
« agis en rien dans tout ceci; c'est le Comité mâconnais.
« Cela est convenable; mais, de plus, cela est vrai. Ne l'ou-
« bliez pas.

« Adieu et tendres amitiés quand même.

« De mon lit, où la grippe obstinée me retient encore.

« LAMARTINE. »

Cette lettre, destinée à être lue en grande partie à M. de
Morny, n'est que le développement de la lettre précédente,
elle la confirme, la complète, elle n'y ajoute et n'y retranche
rien d'essentiel; il serait donc inutile d'y insister, si elle
n'indiquait pas, par la nécessité où Lamartine s'est trouvé
placé d'insister sur l'esprit de mesure et de convenance du
Comité mâconnais, que quelques tiraillements se faisaient
déjà sentir à Paris. Mon père, qui avait rencontré les meilleures dispositions chez M. de Morny, rapporta certainement une impression un peu différente de son entourage.
Là, en effet, on entendait directement toutes les voix

influentes du régime ou on en recevait l'écho. Toutes les critiques se faisaient jour, tous les inconvénients étaient soulignés, toutes les prévisions pessimistes énumérées. Peut-être même était-il possible de pressentir les difficultés de toutes sortes qui devaient, en fin de compte, empêcher la réussite du mouvement national en rendant l'autorisation accordée improductive. Rien n'est plus vraisemblable que cette supposition. En effet, peu de jours après, l'inquiétude devient manifeste dans sa correspondance, puisqu'à la date du 25 février Lamartine écrit à mon père que, trouvant son avis parfaitement sage et raisonné, il va tâcher d'arrêter la loterie.

« Monceau, 25 février 1858.

« MON CHER AMI,

« Je trouve votre avis parfaitement sage et raisonné. Je « vais tâcher d'arrêter le Comité de Mâcon sur l'idée de « la loterie.

« Ne croyez pas que je néglige le *Cours de littérature*. « Si je ne parais pas encore, c'est faute de 20,000 francs « pour trois mois. Cherchez, cherchez, cherchez!

« Dans huit jours, je serai à Paris.

« Merci! merci!

« LAMARTINE. »

Trois jours après, l'idée de loterie avait repris le dessus, mais avec des modifications qui semblaient au Comité de Mâcon être de nature à calmer les susceptibilités et arrêter les objections du gouvernement.

Lamartine joint à l'envoi de ce nouveau plan le petit mot suivant :

« Monceau, 28 février 1858.

« *Urgent.*

      « MON CHER AMI,

    « Le Comité de Mâcon tournerait ainsi la difficulté;
« expliquez-le au *gouvernement* et répondez-moi vite si
« *oui* ou *non* le gouvernement tolérera le mode qui s'ac-
« complira sans journaux et sans bruit, par circulaires sous
« bandes.

    « Le Comité aime ce plan, et moi aussi!

    « Monceau se vendra à une compagnie, si on peut la
« trouver comme on en a l'espoir.

    « Vite, vite, réponse.

                  « LAMARTINE. »

Malgré les nouvelles propositions du Comité mâconnais,
la demande d'autorisation rencontrait tous les jours de
nouvelles difficultés et de nouvelles objections; on dut
même la croire définitivement repoussée; mon père avait
annoncé cette triste nouvelle à son illustre ami en lui communiquant, sans doute pour le consoler un peu, les moyens
de salut indiqués par les uns et par les autres.

Lamartine lui écrivit de Monceau, le 3 mars 1858 :

    « MON CHER AMI,

    « Merci et merci encore. Je n'accepte pas la pensée de
« sauve-qui-peut, et de remise aux créanciers à leurs ris-
« ques et périls. Tout, excepté l'honneur, pour éviter le
« déshonneur improbe d'une banqueroute.

    « En tout cas, je suis de votre avis : puisqu'une autori-
« sation administrative, pure et simple, au Comité de
« Mâcon n'est pas possible, une autorisation personnelle
« par loi ou décret ne me convient pas. Je vous l'ai dit et
« je l'ai dit au Comité le premier jour.

« Ne pensons plus à rien de tout cela. J'espère trouver
« une compagnie qui achètera Monceau et Saint-Point en
« masse pour revendre, et par obligations. M. de D...,
« notre ami, et ami comme vous de M. de Morny, est à
« Paris pour y travailler.

   « Je vais redoubler d'efforts de mon côté pour le *Cours*
« *de littérature* qui reprend déjà.

   « Adieu et inaltérable reconnaissance de tant de bons
« soins et de sentiments encore meilleurs.

   « J'irai à Paris avant le 15.

« LAMARTINE. »

On ne pourra pas dire que les preuves renouvelées et
les confirmations précises manquent dans ce récit.

   Voilà encore une lettre intime, où la délicatesse de conscience et la dignité politique de Lamartine éclatent indis-
cutables : il ne veut pas abandonner des biens insuffisants à
ses créanciers, faire ce qu'on appelle en langage de commerce : un *concordat;* non, il veut payer intégralement
ses dettes. Il peut, en retour des services qu'il a rendus à
ses concitoyens, accepter leur concours financier; il ne veut
pas que les individualités qui ont eu confiance en lui
comme prêteurs perdent un centime par sa faute. Il aspire
ardemment à la liquidation de sa dette, mais à une liquidation complète et réelle.

   De même, il revient sur sa volonté formelle de ne jamais
accepter aucune faveur, dont la forme pourrait porter
atteinte à la dignité d'attitude qu'il lui convient de conserver.

   Enfin, la puissance de son imagination toujours en mouvement se manifeste sans plus tarder. Dès qu'une idée

paraît épuisée, il en surgit une autre ; maintenant il pense à une société pour acheter Monceau, qui serait le gage d'une série d'obligations.

Cependant, le Comité de Mâcon ne se déclarait pas battu ; il voulait poursuivre la campagne, et il fit tout d'abord paraître dans le *Journal de Saône-et-Loire,* à la date du 9 ou 10 mars, une lettre à Lamartine, une première liste d'adhérents, et la réponse de Lamartine. C'est le même jour que Lamartine écrivait à mon père :

« Monceau, 10 mars 1858.

« MON CHER AMI,

« Je reçois, ce matin, le *Journal de Saône-et-Loire*
« contenant la lettre du Comité, les premières signatures
« de tout ce qui a un nom, une propriété, une notoriété
« dans le pays, et ma réponse.

« Je prie Valentine, mon secrétaire, de vous l'adresser.
« Faites lire à votre ami du Palais-Bourbon. Jamais un
« homme en succombant n'eut, parmi les siens, une si
« belle chute.

« Une pure et simple autorisation aux Mâconnais de
« vendre par leurs soins mes terres en loterie pouvait
« seule me convenir. Rien que dans les paysans voisins
« nous placions *cent mille billets* à cinq francs, et presque
« tous ayant l'intention de me rendre, s'ils gagnaient. Le
« cœur humain a du beau et du laid ; mais ici, en ce
« moment, c'est le beau qui se montre.

« Il faudra viser à l'abonnement, ma seule ressource
« subsidiaire pour me libérer, car la dette est énorme ;
« mais je peux m'élever de vingt mille abonnements dans
« neuf ou dix mois. Je suffirai à la peine.

« Je suis encore malade de corps, de cœur et d'esprit.
« Vous avez été bien bon de cœur, et bien éclairé d'es-

« prit dans toute cette crise. Maintenant, ne vous en
« occupez plus que pour envoyer des abonnements.

   « Est-il impossible de trouver 20,000 francs pour trois
« mois, afin de paraître encore en avril? de payer l'impri-
« meur?

   « Dans quatre mois, j'aurai de l'argent par moi-même.
« Voyez des hommes de métal. Sans cela, je péris plate-
.« ment au lieu de périr noblement.

« LAMARTINE. »

Il résulte de cette lettre que Lamartine aurait désiré
l'autorisation d'une loterie, que néanmoins il était assez
résigné à y renoncer, puisque ce mode ne paraissait pas
devoir être admis par le gouvernement, et que le *Cours de
littérature,* dont il espérait développer très largement les
abonnés, lui apparaissait alors comme un moyen possible
de salut.

Les hommes honorables de Mâcon qui voulaient le libérer
avaient déjà manifesté publiquement leurs intentions de
se réunir pour prendre l'initiative d'un moyen nouveau :
une souscription nationale. A la suite de cette réunion qui
eut lieu le 19 mars 1858, l'autorisation administrative fut
accordée.

Mais la souscription ne réussit pas.

D'abord il se manifesta un mouvement favorable, qui fut
enrayé par deux causes, on pourrait dire par deux mauvais
prétextes.

A la suite de la lettre de l'Empereur, publiée le 27 mars
à l'appui de l'autorisation, les adversaires de l'Empire,
royalistes, orléanistes, républicains, déclarèrent qu'ils ne
pouvaient pas envoyer leur offrande à une souscription

patronnée par le chef du pouvoir. Au mois de juillet 1858,
Madame de Lamartine écrit : « L'esprit de parti gouverne
tout, ou du moins chacun y trouve son excuse pour ne *rien*
faire, et pour s'en glorifier encore. »

D'autre part, à la suite de l'offre deux fois faite par
Napoléon III de payer sur sa cassette les dettes de Lamartine, offre deux fois refusée, les amis de l'Empire le mieux
placés pour diriger le mouvement dans les masses crurent
comprendre que la lettre du 27 mars était un acte de pure
convenance, qui n'enlevait rien au regret du souverain de
n'avoir pu conserver pour lui seul la gloire de sauver Lamartine et d'enchaîner ainsi à son char, par la reconnaissance,
le père et le plus grand citoyen de la défunte République.

Ils eurent d'autant moins de peine à comprendre, que
les dépositaires officiels de l'autorité, les préfets, se char-
geaient de paralyser dans l'exécution ce qui était autorisé
en principe à Paris. Ainsi, les conseils généraux étaient
conduits par eux à cette époque, et lorsque, dans chaque
département, ils furent appelés à se prononcer sur l'opportunité de grossir les souscriptions individuelles par une
souscription départementale, ils se prononcèrent presque
tous, même celui de Saône-et-Loire, pour la négative, évidemment dans la pensée d'être agréables au gouvernement.

Il y en eut cependant qui résistèrent à ce courant de
flatterie; en voici la preuve :

« Monceau, 9 septembre 1858.

« Tout bien vient de l'amitié. Voilà pourquoi ces bonnes
« nouvelles me tombent ici à notre arrivée par votre main.
« Dites à M. de Jouvenel que je ne me dissimule pas à qui

« je dois ce vote honorifique de la Corrèze. Les hommes
« courageux et francs comme lui sont toujours indépen-
« dants des influences qui courbent les autres.

« Le conseil général de Saône-et-Loire, qui me doit
« 40 millions de revenus par ses deux chemins de fer, a eu
« la lâcheté de me passer sous silence. Le pays en est
« indigné; ici j'ai été reçu par les paysans en ami mal-
« heureux pour qui le malheur augmente les égards.

« Mes vendanges commencent demain et seront superbes;
« environ 120,000 francs, je pense. D'ici au 1er janvier j'au-
« rai fait d'autre part juste 900,000 francs. Ainsi, voilà
« un million d'amélioration en dix mois. Cela me donne
« l'espoir pour 1859.

« Ma femme et Valentine vont mieux et vous disent un
« autre million de choses tendres. Ah! pourquoi Villevert
« n'est-il pas à l'horizon de Monceau?

« Quant à moi, depuis que je suis arrivé, je ne quitte
« pas la selle de mon cheval, et j'ai déjà, en deux jours,
« inspecté et réglé pour six mois d'absence.

« Je vous quitte pour remonter à cheval et courir (au
« pas) à Milly.

« Adieu, écrivez-nous.

« LAMARTINE. »

La part de l'ingérence officielle dans l'insuccès de la
souscription nationale n'est donc pas douteuse. Pour Lamartine, voilà *les influences qui courbent.*

Elle ne l'est pas davantage pour Madame de Lamartine,
dont la véracité est absolue. Dans une lettre écrite en 1869,
et publiée dans le *Correspondant,* elle en donne une
preuve qui paraît convaincante.

« Il y a une chose que je puis vous dire, écrit-elle, c'est
qu'il y a une circulaire du ministre de l'intérieur aux préfets leur défendant de favoriser la souscription. Quelle

déloyauté, après la lettre! Tous les préfets ne l'ont pas reçue. Ce sont précisément ceux qui ont une tendance à y aller de cœur, à faire des comités, à agir pour L... avec zèle, qui ont demandé ce qu'ils avaient à faire. La circulaire a répondu. Dès ce moment, ils ont été au delà de l'instruction et ont défendu *tout chez eux*. C'est un préfet qui a *montré la circulaire* à un de nos amis. Qu'en dites-vous? »

Le doute ne sera possible pour personne. Les agents du gouvernement impérial ont fait trop de zèle.

Il est rare que cet excès ne soit pas une maladresse.

VIII

Ce chapitre, le plus rempli d'efforts, de déboires et d'angoisses, est fini; j'y ai mis tout ce que j'avais, tout ce que je savais, sans dissimuler une lettre, une phrase, une ligne, un souvenir.

J'ai laissé voir Lamartine, couché par l'adversité, pris, lui si grand, dans les mailles de l'infiniment petit administratif.

Je l'ai laissé voir, malheureux, torturé, malade de corps, de cœur et d'esprit, selon sa propre expression.

Je l'ai laissé voir enfin cherchant par tous les moyens licites à débarrasser un peu ses épaules de l'écrasant fardeau de dettes qui le faisait chanceler.

Est-ce que j'ai eu tort d'être sincère, quand je n'avais rien à cacher et que j'avais au contraire à côté du *malheur* tant de grandeurs à souligner, quand je pouvais montrer son regard d'aigle toujours tourné vers le soleil divin, son âme toujours soumise et résignée, sa conscience toujours jaillissante en cris sublimes de probité, de dignité, d'honneur, la compagne incomparable de sa vie toujours plus déchirante dans ses accents, se faisant caution de son honnêteté sous l'œil de Dieu et à la face du monde, des amis enfin, toujours fidèles, s'attachant de plus en plus à lui dans la douleur ?

Est-ce que j'ai eu tort ?

Est-ce que Lamartine est moins grand, moins noble, moins digne d'être aimé, se redressant ainsi sous l'infortune entre l'amour conjugal et l'amitié, au grand jour de la vérité ?

CHAPITRE X

DE 1859 A 1862

I

Pendant l'année 1859, la correspondance entre Lamartine et mon père n'a certainement pas été interrompue ; je n'ai cependant retrouvé aucune lettre de cette époque.

Cette lacune, regrettable évidemment, parce qu'elle nous fait perdre quelques perles comme il s'en trouve toujours sous la plume de l'incomparable écrivain, ne nous expose cependant pas à ignorer ses impressions véritables au sujet du grand événement de l'année, au sujet de la guerre d'Italie. Elles sont nettement manifestées dans des documents publics, et se retrouveront absolument semblables dans les lettres intimes de 1860.

En face de la guerre d'Italie, Lamartine a eu l'altitude qu'on pouvait attendre de son patriotisme éclairé. Il a compris la faute et l'a immédiatement signalée.

Profitant du *Cours de littérature* et de l'opportunité du sujet, il consacre un numéro à la vie de Machiavel, trouve facilement moyen, à propos de l'histoire du passé, de parler des destinées actuelles de l'Italie, et, dans une digression pleine d'actualité, combat l'unité italienne à grands renforts d'arguments.

Il faut le dire tout de suite pour que personne ne puisse s'y tromper, cette manifestation publique et insistante ne provient nullement chez lui d'une hostilité quelconque contre l'indépendance de l'Italie, ni du désir particulier de sauvegarder l'intérêt personnel de tel ou tel prince italien. La correspondance de Madame de Lamartine, publiée par M. Alexandre, confirme pleinement cette affirmation. En Italie comme en France, Lamartine place l'intérêt général au-dessus de tous les intérêts individuels, même les plus hauts. S'il combat l'aventure tentée, ce n'est pas pour conserver dans son intégrité, contre des vœux répandus et une expérience acquise, l'ancienne organisation gouvernementale de la Péninsule, c'est pour demander que l'indépendance se fasse en établissant l'accord entre l'intérêt de l'Italie qui peut vouloir la *fédération,* mais non l'*unification piémontaise,* et l'intérêt de la France contraire aux grandes unités.

II

C'est en cette même année 1859 que, cherchant un moyen de faire quelque chose pour Lamartine, après

l'avortement de la souscription nationale, ses amis susci-
tèrent au conseil municipal de Paris l'idée de concéder au
grand homme une demeure honorable, bien située pour
être un lieu de repos, et susceptible ainsi de le retenir
dans ce Paris qu'il avait sauvé.

L'idée fut agréée; l'Empereur, qui nommait alors ce
conseil et le tenait dans sa main, embarrassé d'ailleurs de
la responsabilité administrative dans l'insuccès de la *souscription,* s'empressa d'accueillir ce palliatif d'apparat, et
fit annoncer son autorisation, indispensable en pareille
matière.

Mais avant d'arriver à la solution définitive, il fallut
beaucoup de patience et de temps pour surmonter mille
difficultés de forme, de lenteur et de mauvais vouloir. Si
l'on en croit la correspondance publiée de Madame de
Lamartine, toujours si véridique, le Conseil d'État, en particulier, soulevait toutes sortes de difficultés.

Enfin, après de longs mois, en 1860, les difficultés
furent levées, et la ville de Paris fut autorisée à concéder
à M. et Madame de Lamartine, avec réversibilité sur la tête de
leur fille d'adoption, Madame Valentine, une villa située
près de la Muette, sur le boulevard de l'Empereur, à la porte
du bois de Boulogne. Lamartine put en prendre possession, et sa femme, véritable artiste qui, selon l'expression
d'un grand peintre, avait le génie de l'ornementation, ne
pensa plus qu'à l'orner de manière à lui plaire.

En acceptant ainsi l'offre de la Ville, il ne manquait en
rien au principe d'honneur qu'il s'était imposé : tout du
pays, ou directement comme dans la souscription nationale, ou indirectement comme dans la concession faite

par le conseil municipal de Paris, et comme plus tard dans la loi de 1867, promulguée au nom de la France. Rien de l'Empereur en tant qu'homme. De lui seulement, en tant que souverain, l'autorisation indispensable, parce qu'elle découle d'une des prérogatives que la loi confère au seul chef de l'État, et que, en conséquence, elle ne peut enchaîner en rien ni la dignité ni l'indépendance.

Ce qui peut s'accepter hautement, oui! Ce qui est équivoque, jamais!

III

Des lettres retrouvées pour l'année 1860, la première, très curieuse, est datée du 18 juin; la seconde, très courte, datée du 3 juillet, confirme d'un mot la première. Les voici :

« Paris, 18 juin 1860.

« MON CHER CHAMBORANT,

« Votre départ m'a porté malheur; un rhumatisme « inflammatoire, articulaire, aigu, atroce, etc., etc., m'a « saisi inopinément, le lendemain, par les quatre membres. « Depuis ce jour-là, sans rémission de jour et de nuit, je « suis crucifié par des clous de feu enfoncés par des mar- « teaux de fer, par la fièvre, par le désespoir et par tout « ce qui s'ensuit.

« Je suis quelquefois *cent heures* de suite à ne jeter « qu'un seul cri. Pendant ce temps-là, les huissiers, les

« saisies assiègent ma porte à la ville et à la campagne.
« Il m'est impossible de convertir cinq cent mille francs
« de papier excellent en cinq cents francs d'or. Le char de
« l'infortune m'écrase sous ses quatre roues à la fois; qu'y
« faire? Attendre ces quarante ou soixante jours encore,
« et songer au bonheur champêtre d'un ami heureux, gai,
« bien portant comme vous, à l'ombre de ses châtai-
« guiers, dans les jardins de son château, au milieu d'un
« beau pays qui l'estime et qui l'aime. Dieu partage ses
« dons; ma part n'est pas bonne, mais j'ai le plaisir d'as-
« sister, du fond de mon lit de douleur, à la décomposi-
« tion du droit public européen, aux revues triomphales
« de Bonaparte III, devenu le patron de Garibaldi, de
« Mazzini, de Cavour, de Victor-Emmanuel et autres
« héros de la démagogie militaire, futur gouvernement de
« ce petit globe.

« Cela plaît à la France; c'est un pays d'héroïsme sol-
« datesque et de profonde immoralité civique.

« Nous avons eu bien tort de penser à lui donner des
« institutions libres, morales et rationnelles; il ne lui faut
« que des zouaves et des Garibaldi en casquettes ou en
« couronnes. L'ami Dargaud, sur la foi de son prophète
« Pelletan, n'en déclame pas moins son progrès continu
« et indéfini de la race gauloise. Quant à moi, je m'en
« moque; cela regarde Celui qui a fait l'humanité. Tour-
« nez-la, retournez-la; façonnez-la en démocratie, en
« anarchie, en république ou en Empire, ce n'en est pas
« moins un petit morceau de boue très sale, illuminé
« par une étincelle de phosphore qu'on appelle l'esprit de
« l'homme, et que le moindre vent fait vaciller dans notre
« profonde nuit. Je suis arrivé, pour mon compte, à
« l'athéisme politique le plus complet, et je vous en sou-
« haite autant. C'est la sagesse. Il n'y a qu'une chose de
« sacrée et de certaine, c'est la conscience, parce que
« c'est la partie de nous-même que Dieu s'est réservée.

« Quant aux opinions, c'est l'homme, c'est-à-dire le
« Néant.

« Après cette boutade, très sincère et très réfléchie, je
« souhaite que Dieu nous ait en sa sainte et digne garde,
« et qu'il cesse enfin de pleuvoir sur nos blés et sur nos
« vignes.

« Pour mon oncle, le secrétaire intime qui partage
« tous ses sentiments pour vous, ainsi que ma tante.

« VALENTINE.

« *Nota.* — Je ne vous demande pas le secret de mon
« athéisme politique.

« LAMARTINE. »

Le 3 juillet, mon père recevait ces quelques lignes, que
je cite, à cause de la dernière :

« MON CHER AMI,

« Votre lettre m'a bien touché ; votre voyage, si vous le
« faites, encore plus. Je serai ici jusqu'au 23 ou 27 juillet.

« Je ne souffre plus ; mais cette maladie, que je con-
« nais si bien, a autant de jours de décroissance qu'elle
« en a de supplice.

« Quant au monde des gouvernements, je ne vous en
« parle pas ; il est fou.

« LAMARTINE. »

Sur la pensée concernant l'athéisme politique, il n'y a
rien à dire. Lamartine l'a défini mieux qu'on ne pourrait
le faire ; elle a beau être très littérairement tournée, c'est
une *boutade*. Et, comme toute boutade, c'est une impression passagère, qui se manifeste pour bientôt disparaître.

Mais quelle hauteur de vue, et quelle vigueur de style dans les allusions ou les appréciations de la politique contemporaine !

L'allusion ironique aux partisans du progrès indéfini confirme bien la pensée développée sur le même sujet dans le troisième entretien du *Cours de littérature*, à propos de la philosophie de l'Inde, où Lamartine s'exprime ainsi :

« Les philosophes de la perfectibilité indéfinie et continue, à force de vouloir grandir et diviniser l'humanité dans ce qu'ils appellent l'avenir, la dégradent et l'avilissent jusqu'à la brute dans son origine et dans son passé. »

Les appréciations politiques concordent merveilleusement avec tous les sentiments exprimés dans les Entretiens sur Machiavel et sur Talleyrand, entretiens vraiment magnifiques, où il constate que le droit public européen est déchiré par les événements d'Italie, où il proclame que, malgré qu'on rit du mot, l'équilibre européen est la seule base sur laquelle on puisse asseoir la paix du monde ; où il repousse, au nom de l'ordre européen, le principe des nationalités, machine de guerre inventée pour détruire les traités détestés de 1815.

On sent combien Lamartine condamne le patronage accordé par Napoléon III aux révolutionnaires italiens; combien il gémit de l'inconsistance de l'opinion publique française qui paraît soutenir une politique si désastreuse, combien son regard d'aigle voit clairement pour l'avenir les dangers de cette démagogie militaire qui s'est manifestée

contre le trône au Brésil, contre l'autorité légale ailleurs,
et dont on semble vouloir préparer l'avènement dans notre
pays, en infiltrant non seulement dans les armées de seconde
ligne, mais dans l'armée active elle-même, l'élément politique, dissolvant de toute discipline et de toute force.

Oui, au mois de juillet 1860, il pouvait légitimement et
prophétiquement appeler fou un gouvernement qui, malgré
les bases de Villafranca devenues le traité de Zurich et
établissant une Confédération italienne, se laissait peu à
peu forcer la main, approuvait en dessous le coup piémontais
sur Naples et ratifiait d'avance la consommation de ce brigan-
dage, en disant la parole célèbre : « Allez, mais faites vite. »
C'était bien de la folie de négliger tous les avis et de se
laisser duper par les pires ennemis de la France au point
d'écrire soi-même la première des trois dates qui résu-
ment l'histoire de notre décadence politique et militaire :
1860-1867-1870.

IV

Voici maintenant une lettre de Madame de Lamartine,
qui prouve bien non seulement son ardente sollicitude pour
les affaires de son mari, pour sa tranquillité, son repos, mais
la manière si juste dont elle comprenait son rôle, forcément
secondaire dans ces questions, et la réserve si délicate avec
laquelle elle intervenait, lorsqu'elle se permettait d'intervenir.

Cette lettre est du 26 juillet 1860 :

« Vous uous avez bien manqué, ami, pendant la longue
« et douloureuse maladie de mon mari, qui a été *deux*
« *mois* dans son lit et quelques semaines encore à se
« remettre sur pied.

« Maintenant il peut marcher, et s'efforce par des efforts
« de tous genres à réparer le temps perdu ; mais vous
« pensez bien que la maladie a été au grand détriment de
« ses affaires.

« Il est en ce moment tiraillé entre ses affaires à Paris et
« ses affaires dans le vignoble. Deux fois, notre départ a
« été fixé et remis faute de ce *nerf de la guerre* qui est
« pour nous le *nerf de la paix*. Point de paix si nous arri-
« vons sans pouvoir satisfaire, au moins faire attendre les
« créanciers par de forts acomptes. Je ne sais encore si nous
« pourrons partir après-demain. Les banquiers sont si...
« durs, que même en satisfaisant leurs exigences on ne peut
« en tirer de l'argent comptant. — Vous voyez que je vous
« écris confidentiellement et sans en parler autour de moi.

« Ce que je vais ajouter est plus confidentiel encore s'il
« est possible.

« Votre ami fait l'intérim que vous savez ; il a auprès de
« lui je ne sais en quelle qualité quelqu'un qui aime mon
« mari. — Il m'a été suggéré que rien ne serait plus facile
« que de mettre sur le tapis l'affaire des œuvres à donner
« dans les bibliothèques et de la mener à bien. Il est
« certain que c'est une chose inouïe de laisser le premier
« littérateur sans contredit du pays, de laisser, dis-je, ses
« œuvres dans le domaine public sans leur ouvrir la porte
« des bibliothèques nationales, impériales, etc., etc. Un
« jour viendra où personne ne voudra le croire. Si vous
« pouvez, comme ami commun, en parler sérieusement, je
« crois que vous ferez bien dans toute l'acception du mot.

« Mais, pour rien au monde et dans aucun cas, que
« mon mari ne sache *jamais* que je vous en *ai parlé !*

« Nous partons donc pour acheter les tonneaux et faire

« tous les préparatifs des vendanges. Puissent-elles être
« bonnes, et que la nature soit plus miséricordieuse que les
« hommes !

« Si vous pouvez venir nous voir, vous savez quel plaisir
« vous nous ferez.

« J'ai été très souffrante moi-même, ces jours-ci, et
« forcée de garder le lit, la semaine passée. Je me relève
« un peu pour ne pas retarder un départ nécessaire ; mais
« toutes ces rechutes sont des avertissements qu'il faut
« comprendre, et je ne pense pas être bien longtemps de
« ce monde pour solliciter pour lui et lui rendre tous les
« autres services qui me sont possibles.

« Que Dieu dispose de nous ! je ne m'y refuse pas du
« tout, mais, tant que nous vivrons, je voudrais bien un
« peu de paix et de tranquillité d'esprit que nous ne pou-
« vons avoir avec le *poids* qui nous écrase.

« Adieu, vous avez promis de venir à Paris, mais je vois
« qu'il faut partir sans vous revoir.

« Mille amitiés.

« M. E. DE LAMARTINE. »

L'ami dont il est question est évidemment le vicomte de
La Guéronnière. Je ne sais pas quel a été le résultat du
désir manifesté par Madame de Lamartine dans cette
lettre. C'est là un point de détail sans grande importance.
Ce que j'affirme, c'est que mon père aura fait la démarche
qui lui était demandée, et que La Guéronnière l'aura accueilli
avec une double, je devrais dire, une triple bonne grâce, à
cause de Lamartine, à cause de Madame de Lamartine et à
cause de mon père lui-même.

Le caractère si profondément mélancolique et religieux
des réflexions qui terminent la lettre de Madame de Lamartine, est trop frappant pour qu'il soit besoin d'y insister.

V

Quelques semaines après, mon père recevait la lettre suivante :

« Saint-Point, 9 septembre 1860.

« Mon cher ami,

« Excusez mon silence. Je suis si souffrant d'une
« névralgie dans l'estomac et dans le crâne, que je ne
« puis sans douleur tenir une plume. Mais bien, qu'affligé
« de ne pas vous voir, comme Mme G. nous en avait flattés,
« je vous pardonne en considération de *Villevert,* qui a
« besoin de votre présence et de votre énergie pour croître
« et embellir. Nous nous reverrons donc à la fin de
« novembre, si nous sommes sauvés du déluge qui sub-
« merge tout ici.

« Je pars à l'instant pour Monceau où mes vignerons sont
« venus, hier, me sommer de vendanger vert et pourri,
« sous peine de ne pas vendanger du tout. Je vais voir
« cette calamité mortelle, pour juger si tout espoir est
« perdu. J'avais 300,000 francs dans mes vignes il y a
« trois mois, je crains de ne pas avoir de quoi payer seule-
« ment les tonneaux.

« C'est un rude coup porté à ma liquidation qui mar-
« chait si bien. Il faudra suspendre de nouveau ses paye-
« ments. Quant à vendre, c'est un parti pris dans le pays,
« de m'en empêcher. Pas une offre ! Frère, il faut mourir !
« Et de l'inextricable filet politique où nous sommes pris,
« ici par la démagogie, là par les Anglais, plus loin par les
« hommes religieux, plus loin encore par une ombre de

« coalition à l'horizon, qu'en direz-vous ? Avais-je tort de
« dire à La Guéronnière : « Si on entre là, pas d'issue. » Il
« faut compter sur le hasard pour nous en tirer, mais le
« hasard est une mauvaise Providence.

    « Croyez-moi : cela va mal. Je demande seulement que
« cela aille mal ou bien deux ou trois ans. — Adieu, mon
« cheval m'appelle.

    « Respects et amitiés chez vous.

« LAMARTINE. »

On ne sera pas étonné que Lamartine ait fait les pré-
dictions les plus tristes à La Guéronnière au moment où ce
dernier consentait, par faiblesse, à se faire le porte-parole
des projets italiens de Napoléon III. Le hasard, dit-on, aidé
par l'instinct militaire de Mac Mahon, avait changé en victoire la bataille de Magenta qui pouvait être un moment
un désastre. Le hasard, hélas ! qui est, en effet, une mauvaise
Providence, ne devait plus nous favoriser ; et s'il a fallu dix
ans, au lieu de deux ou trois, pour consommer la ruine de
l'Empire au milieu des ruines de la patrie, cette catastrophe
finale n'en avait pas moins été prédite par Lamartine,
comme la conséquence fatale et inévitable de la détestable
politique suivie.

Lamartine était si convaincu des désastres qui devaient
résulter de l'unité italienne, qu'après avoir donné toutes les
raisons qui devaient déterminer la France à s'opposer à
cette unité, il allait, dans la dernière page de son *Talleyrand,* jusqu'à cette énergique et patriotique conclu-
sion :

« ... Si le Piémont et l'Angleterre mettaient l'élévation

de ce trône au prix de la paix ou de la guerre avec le Piémont et avec l'Angleterre, nous dirons franchement : *La guerre !* car si la monarchie unitaire de l'Italie doit être anglaise, nous sommes Français avant d'être Italiens, et nous dirons : Plutôt point de trône qu'un trône anglais en Italie !

« La fédération italienne ou le trône piémontais unique en Italie, ce n'est qu'une opinion, mais le salut de la France est un devoir. Qu'est-ce qu'une opinion devant la patrie ? Soyons prodigues de notre sang, mais ne soyons pas dupes de nos victoires ; donnons sa place à l'Italie, mais gardons la nôtre en Europe. »

Ah ! combien mieux eût valu pour notre malheureux pays cette guerre-là, que celle où notre prépondérance a été engloutie dix ans après !

Le 3 décembre, mon père recevait une lettre bien touchante :

« Château de Monceau, 3 décembre 1860.

« Cher ami,

« Nous étions navrés de votre silence. Mais vous ne
« saviez rien, parce que je n'écrivais plus moi-même. A
« l'agonie du cœur, la main n'écrit plus ; j'y étais. J'ai
« offert vingt fois ma vie pour des vies si chères. Je tiens
« peu à la mienne, mais immensément à celle de ma
« femme et à celle de Valentine, l'âme et l'ange de la
« maison ; sans elle notre demeure ne serait déjà que
« sépulcre anticipé. Je viens de traverser *un Styx.*
« Ma femme à l'extrémité, vingt-huit jours ;
« Valentine à l'agonie, vingt-trois jours.

« Mon ami Pascal, venu au château pour les veiller,
« mort en neuf jours près de ses malades, et les soignant
« encore pendant sa propre agonie.

« Une femme de service morte de ses fatigues.

« Une autre, devenue folle de chagrin à la mort de son
« maître.

« Moi, passant, sans sommeil, d'un lit à un cercueil
« pendant plus d'un mois.

« Pendant ce temps-là, les huissiers assiégeant mes
« portes et le public attendant mon travail qui ne lui suffit
« pas.

« Voilà ma vie. Tout paraît depuis hier tendre à une
« convalescence.

« Venez, quand vous serez libre, nous donner quelques
« heures d'amitié, jamais plus nécessaire et avec vous plus
« douce.

« A chaque instant, on me disait : Avez-vous des nou-
« velles de Chamborant ?

« Adieu. Je n'irai pas à Paris avant le 10 janvier. J'ai
« fait une belle récolte de trois mille pièces de vin pour
« ma part. Cela va m'aider.

« LAMARTINE. »

Ah! dans cette lettre, il n'y a pas un mot de politique;
il n'y a prétexte à aucune citation; et cependant, c'est, ce
me semble, un document plus précieux encore que les pré-
cédents. L'émotion est différente, mais elle est plus grande.
Sans doute, jusqu'ici l'intelligence du grand homme nous
apparaissait véritablement merveilleuse, par l'occasion qui
nous était offerte de bien constater la manière dont tant de
graves problèmes ont été abordés, exposés et résolus par
lui; mais c'est l'âme maintenant, c'est l'âme sans laquelle
le reste n'est rien pour la conscience, c'est l'âme bonne,

tendre, dévouée, qui nous apparaît avec ses beautés aussi hautes que celles de l'intelligence.

Tout à l'heure j'aimais à signaler ces vérités politiques fondamentales, déroulées avec une sagacité si complète et sous une forme si magnifique par Lamartine dans ses *Entretiens,* non seulement parce que la grandeur de son esprit s'y manifeste, mais parce que dans la noblesse constante d'une politique qui ne sacrifie jamais la morale à l'intérêt, et dans l'élévation des idées auxquelles s'échauffe son patriotisme, on découvre déjà la grandeur de son caractère. Cependant, on peut dire encore, je suis obligé de le reconnaître : « Quoique les *Entretiens littéraires* soient une œuvre moins solennelle que les autres, une œuvre où la pensée de l'auteur s'épanche plus librement, plus confidentiellement, ils n'en restent pas moins une œuvre destinée à la publicité, une œuvre préparée, une œuvre officielle » ; tandis que la lettre que je viens de citer est une page indiscutablement intime, où tout part de l'âme sans aucune arrière-pensée, sans aucune préoccupation étrangère. Voilà pourquoi, dans l'intérêt du but que je poursuis, j'aime encore mieux pouvoir citer cette lettre toute seule dans son émotion, que les précédentes avec tous les commentaires que les ouvrages publiés m'ont fournis. Comme l'a dit Lamartine, c'est seulement dans une lettre intime qu'on peut bien pénétrer le cœur de l'homme.

Je le demande à tous les esprits de bonne foi, est-ce que le cœur de Lamartine se montre ici tel que ses détracteurs l'ont dépeint depuis quarante ans ? On a voulu en faire un égoïste prêt à sacrifier tout à lui-même, qui s'ennuyait et qui a fait une révolution pour se distraire. Ah ! que d'odieuses calomnies l'histoire enregistre quand elle se fait l'écho des passions de la politique et de l'injustice des partis! C'est faire acte d'honnête homme que de protester contre elles quand on possède des arguments pour les réfuter. Est-ce que le langage de Lamartine dans la lettre qui nous occupe ne réfute pas l'iniquité de ceux qui le prétendent blasé sur l'affection, sur le dévouement?

Chaque ligne respire la tendresse pour sa femme et sa nièce, et fait ressortir les angoisses qu'il a éprouvées. Non! on n'écrit pas de pareilles lettres quand on est un égoïste. Non! quand on a l'âme sèche, quelque charmeur que l'on puisse se faire, on n'inspire pas l'affection qu'il a inspirée; on n'a pas la femme et la nièce qu'il a eues, on n'a pas les serviteurs ni les amis qu'il a eus, dont le cœur, plus fort que tous les mensonges et toutes les haines, fera retentir les protestations de la vérité jusqu'à ce que la postérité les ait entendues et ratifiées.

VI

Un mois environ après cette lettre, Lamartine écrivait :

« Monceau, 9 janvier 1861.

« Cher ami! enfin voilà la table déblayée de 500 lettres « et de 500 comptes, arriérés depuis deux mois d'angoisses. « Il me reste une journée pour répondre à mes amis; le « cœur vous présente le premier à la mémoire.

« Ma femme et Valentine vont mieux, sans que la con-

« valescence soit bien caractérisée. La première est aujour-
« d'hui à Lyon entre les mains des médecins. Quant à moi,
« j'ai une névralgie d'estomac et de tête, suite de dix ans
« de surexcitations, de chagrins et de travaux. Mais le ciel
« m'est témoin que ce qui m'inquiète le moins en moi,
« c'est moi. Je serais, je pense, ravi d'être endormi sous
« une touffe d'herbe quelconque, pourvu que ce ne soit
« pas de l'herbe du *Père-Lachaise* à l'odieux murmure
« des articles nécrologiques, des discours funéraires et des
« éloges académiques que le diable emporte! J'en ai assez
« de la vie!

« Mes affaires futures sont en bonne perspective, mais
« en triste présent; pas le sol, comptant mille mains
« tendues à ma porte, une arrière-garde d'huissiers toutes
« les fins de mois, et des *millions* à distance : voilà le bul-
« letin! quelques rares amis que la mort élague, voilà la
« consolation.

« Je déménage, ces jours-ci, le pauvre Milly vendu
« pauvre prix, pour faire face aux expropriations mena-
« çantes. Mon berceau, celui de ma sœur, le lit de ma
« mère viennent d'arriver ici, dans la cour. Dieu veuille
« qu'ils n'en sortent pas pour l'encan! Sauvez donc des
« patries de l'anarchie et de la guerre étrangère, voilà la
« récompense : un foyer vendu et perdu, juste retour de
« tant de foyers défendus! J'ai l'âme navrée, mais il faut
« travailler, comme si de rien était, pour sauver ceux de
« mes braves et pauvres créanciers et de leurs familles.

« Je ne vous dis rien de la politique étrangère, que ce
« que je vous ai dit le 29 novembre 1858 : Nous allons
« doucement à la cataracte du *Niagara*. Dans deux ans :
« *Sauve qui peut.* Le carbonarisme extérieur mène inévi-
« tablement l'intérieur à la démagogie socialiste. Je ferme
« les yeux pour ne pas voir, faites-en autant. Comment
« l'Empereur ne prend-il pas enfin un généreux repentir,
« et ne secoue-t-il pas sa crinière de lion, par laquelle les

« Anglais et les Piémontais le conduisent à sa perte? La
« bombe d'Orsini est-elle devenue la boussole du monde?

« Adieu, à revoir, dès que les santés nous permettront
« de quitter le nid pour la branche.

« LAMARTINE. »

Plusieurs pensées importantes sont manifestées. C'est
d'abord une lassitude de la vie qui se comprend bien, quand
on compare la vie de Lamartine à ce moment avec ce
qu'elle avait été autrefois. Mais jamais cette lassitude n'avait
porté le philosophe chrétien à se tromper sur la manière
dont l'homme doit accepter et supporter l'existence, lors
même qu'elle est d'un poids accablant.

On trouve son opinion sur ce point nettement formulée
dès le premier entretien du *Cours de littérature*. Il y a là,
à propos de la vie et à propos de la mort, trois ou quatre
pages d'une magnificence telle à mes yeux, que l'occasion
s'en présentant, je ne puis m'empêcher de les signaler.

Je leur emprunte une seule phrase :

« Quant à moi, je serais mort déjà mille fois de la mort
de Caton, si j'étais de la religion de Caton; mais je n'en
suis pas; j'adore Dieu dans ses desseins; je crois que la
mort patiente du dernier des mendiants sur sa paille est
plus sublime que la mort impatiente de Caton sur le tron-
çon de son épée! Mourir, c'est fuir! On ne fuit pas.

« Caton se révolte, le mendiant obéit : obéir à Dieu,
voilà la vraie gloire !

« Si la vie est un don, il faut la savourer jusqu'à la fin
comme un bienfait quelquefois amer, mais enfin comme un

bienfait; et si elle est un supplice, il faut la subir comme une mystérieuse et méritoire expiation de nos fautes. »

Je crois que cette citation n'a de critique à essuyer d'aucun théologien; je suis sûr qu'elle fera vibrer l'âme de tout homme de foi, le cœur de tout honnête homme.

Mais, dans la lettre dont il s'agit, Lamartine jetait une pensée nouvelle pour ainsi dire à chaque ligne. En parlant de sa lassitude de la vie, il formule indirectement ses dernières volontés de ne point être enterré à Paris et de ne pas avoir à subir dans son cercueil de discours, même académiques. Mon père avait été frappé de ce désir formel, souvent manifesté ailleurs par le grand homme, mais dont cette lettre restait la preuve écrite et irrécusable. Il s'en est souvenu en 1869, au bord de la tombe de son illustre ami.

Plus loin, se trouve une réflexion qui n'est pas sans amertume, sur l'abandon dans lequel la France le laisse. Ce n'est qu'un cri de douleur intime jeté dans le cœur du plus intime ami. Là, il n'y a aucune mise en scène à préparer, aucun écho public à faire retentir; c'est la conviction seule, la conscience qui parle et qui fait dire au vainqueur du drapeau rouge qu'il a sauvé la patrie de l'anarchie et de la guerre étrangère. La postérité, quand elle aura été de plus en plus éclairée, lui rendra cette justice.

Enfin, Lamartine termine sa lettre par une nouvelle allusion à la politique du second Empire et répète des prophéties, hélas! si tristement réalisées. Sans doute le *sauve-qui-peut* a duré plus de deux ans; mais n'était-il pas commencé, quand l'unité italienne a été un fait définitivement accompli? n'était-il pas bien avancé, quand la puis-

sance unitaire de la Prusse s'élevait sur le démembrement
du Danemark, quand la défaite de l'Autriche s'accom-
plissait dans les champs de *Sadowa,* dont le nom est resté
presque aussi sinistre aux oreilles françaises que le nom
de nos propres défaites, parce qu'il a été la cause dernière
et décisive de cette journée à jamais néfaste de Sedan, où la
France est tombée dans le *Niagara* extérieur prophétisé
par Lamartine? Est-ce que la Commune, enfin, qui a manqué
porter le dernier coup à la patrie, n'est pas le triomphe
particl de cette démagogie triomphante prophétisée par
Lamartine?

Tout cela, tous ces malheurs qu'une intuition de génie
faisait pressentir, c'est bien au Piémont et aux Anglais
qu'on les doit, parce qu'ils ont déterminé la volonté hésitante de Napoléon III. Mais, à eux seuls, auraient-ils suffi? Il
est permis d'en douter. La bombe d'Orsini est-elle devenue
la boussole du monde? s'écria Lamartine, trouvant une
phrase qui a été dite ou répétée plusieurs fois par d'autres
à cette époque. Pour le savoir, il faudrait descendre jusqu'au fond du cœur du second Empereur.

Livré à son propre instinct, sans doute, Napoléon III
aurait fait la guerre pour libérer l'Italie, il aurait peut-
être bien fait le traité de Villafranca et celui de Zurich;
mais est-il permis de croire que sans une pression étrangère à la question, pression terriblement puissante, quoique inconsciente peut-être, il n'eut pas quitté le seul terrain
encorc français? Mais une pression constante est venue assié-
ger sa pensée de bombes italiennes ou de poignards italiens
prêts à menacer sans cesse, dans sa personne et dans celle
d'un fils chéri, sa dynastie et la France qu'il devait natu-

rellement confondre dans une même sollicitude. Un esprit ainsi travaillé d'incessantes et maladives tortures et d'inquiétudes fondamentales n'était-il pas bien préparé pour accepter tous les prétextes plausibles qui, même au prix d'un avenir inconnu, devaient faire disparaître les tortures morales du présent et ses plus immédiates inquiétudes?

C'est ce qui a dû arriver, lorsque la finesse de Cavour, l'audace de Victor-Emmanuel et l'astuce des Anglais déployèrent le drapeau des nationalités pour monter à l'assaut des raisons françaises dans l'âme hésitante de Napoléon III. Ce dernier a fait inconsciemment, de concessions en concessions, l'unité de l'Italie, et selon toute probabilité raisonnable, voilà ce qu'il n'aurait jamais pu avoir l'idée de faire et ce qu'il n'aurait jamais fait sans la bombe d'Orsini. Sans elle la face du monde n'était pas changée; le triomphe de la force sur le droit ne planait pas comme une ignominie sur notre civilisation orgueilleuse. Le principe d'équilibre défendait encore le faible en Europe; les nations chrétiennes du vieux monde enfin n'en étaient pas réduites à concentrer pour ainsi dire le patriotisme dans l'art de détruire le plus vite possible une portion de l'humanité, afin de se ruer ensuite les unes contre les autres pour s'arracher des lambeaux de patrie dans des combats de peuple à peuple, où il ne manquera que les femmes et les enfants pour les faire ressembler à ceux des hordes barbares.

Sans l'unité italienne, l'unité allemande ne se faisait pas aux dépens de l'unité française.

Sans elle, la *paix armée* qui épuise l'Europe ne ferait

peut-être pas aussi bien l'affaire d'une autre unité qui
point dangereuse à l'horizon : *l'unité américaine.*

La lettre suivante est de juillet 1861 :

« CHER ET INGRAT AMI,

« Vous êtes devenu paresseux de cœur et de main dans
« le pays. de la mollesse. C'est mal ! On peut aimer ses
« amis, en manches de chemise, étendu sur un divan ou
« sous les pins maritimes de Cintra ! Que n'y suis-je ?

« Si vous avez échoué, qu'importe ! Vous avez fait un
« beau pèlerinage au soleil ! Il vous en récompense aujour-
« d'hui, vous ferez des affaires l'hiver prochain ; Paris en
« fourmille.

« Moi, j'en ai trop et je n'en ai qu'une : payer mes
« malheureux et bons paysans. Je continue à faire deux ou
« trois mille francs tous les jours, mais tout en papier,
« rien comptant ; je suis par conséquent à sec au milieu
« des eaux !

« Je pars dans huit jours, sans rien porter à mon pays
« qui m'attend les mains tendues et la bouche ouverte.

« Ma situation est affreuse, et mon humiliation dépasse
« celle de Job. Mais j'ai de bonnes femmes et de bons amis.

« Il faut gémir, et cependant bénir ! Les cœurs sont les
« vraies richesses, que la rouille n'atteint pas, ni les
« voleurs, comme dit l'Évangile.

« On vous aime ici comme si vous n'étiez pas un ingrat ;
« on vous pardonnera à Saint-Point.

« Nous n'y serons que deux mois et demi en tout.

« Je travaille *triple* de ce que vous n'avez jamais vu
« faire, et je ne suffis pas.

« Ma femme va bien, Valentine, faiblement ; moi, ni mal
« ni bien. Paris n'a plus personne : un ou deux amis par
« soirée.

« Adieu, et faites-moi des abonnés dans tous les Villevert
« et dans tous les Confolens.

« In hoc signo vinces. »

« Adieu.

« Al. DE LAMARTINE. »

Dans la première partie de cette lettre, Lamartine fait
allusion à un voyage de mon père en Portugal, voyage
dans lequel j'eus la bonne fortune de l'accompagner.

L'affaire gigantesque qu'il allait étudier comme délégué
d'un groupe français n'aboutit pas, mais valut à mon père
les plus flatteuses marques d'estime de la part du gouvernement portugais, et à moi, le souvenir du plus agréable
et du plus instructif séjour à l'étranger. Ma satisfaction fut
encore accrue par mon retour. Je revins par l'Angleterre.
Lisbonne, Cintra : le Versailles portugais, Londres enfin
charment encore ma pensée à trente ans de distance.

A la fin de sa lettre, Lamartine parle de sa situation
affreuse, mais « j'ai de bonnes femmes et de bons amis »,
s'écrie-t-il. Ce n'est pas là le cri d'un ingrat. Malgré cette
consolation, il se compare à Job; et si, comme lui, il ne
peut s'empêcher de gémir, comme lui aussi il veut bénir.
Cette pensée est la même qui se trouve dans l'entretien du
Cours de littérature sur Job. Cet entretien est une véritable perle littéraire et philosophique qui mérite d'être
sortie comme tant d'autres de l'obscurité où on la laisse
enfouie. Il faut lire ces pages admirables de foi où l'écrivain se maintient constamment à la hauteur d'un sujet plein
de grandeur et d'émotion. Il faut les lire pour bien juger
la philosophie de Lamartine.

VII

Dans l'année 1862, je n'ai retrouvé qu'une lettre; la voici :

« Monceau, 19 octobre 1862.

« CHER AMI,

« J'étais fatigué de votre silence négligent, et j'allais
« vous gronder quand ce malheur m'a coupé la voix. Votre
« lettre à Valentine sera seule répondue, hélas! et non par
« elle-même. Elle est assez gravement malade pour me
« jeter dans les préoccupations les plus sombres. Que
« deviendrions-nous, juste ciel! si elles s'aggravaient?

« Elle ne peut, à la lettre, vous répondre de sa main.

« Ce n'est donc pas une lettre, c'est un bulletin d'hôpi-
« tal que je vous écris.

« Nous sommes vingt-huit personnes, enfants, petits-
« enfants, frères et sœurs, réunis ici comme dans un hos-
« pice; tous pleurant, presque tous malades. Jugez de
« l'affreuse situation des choses!

« Pendant ce temps-là je paye cinq cent mille francs ici
« et de toute part; et je ne puis pas payer tout ce qu'on
« voudrait. Mais, cependant, on est édifié et reconnaissant,
« en grande majorité et quasi unanimement.

« Dès que nous pourrons sortir de ces abîmes de dou-
« leurs et d'affaires, nous nous sauverons à Paris où
« d'autres douleurs et d'autres affaires m'attendent.

« Notre consolation unique sera de vous voir toujours et
« souvent. L'amitié est bonne jusqu'à la mort.

« LAMARTINE. »

Cette lettre, où Lamartine manifeste une si grande émotion à la suite d'un malheur de famille, fut écrite par lui douze jours après la mort de sa sœur aînée, Madame de Cessia, mère de sa nièce bien-aimée : Valentine. Mon père avait écrit une lettre de condoléance à cette dernière ; mais elle était malade, et son oncle se chargea d'y répondre.

La mort de Madame de Cessia causa une profonde douleur dans toute sa famille, où elle était véritablement chérie. Elle succomba à Mâcon, le 7 octobre 1862, aux suites d'une congestion pulmonaire.

Dans une des lettres publiées par M. Alexandre, Madame de Lamartine s'exprime ainsi au sujet de sa belle-sœur : « Je suis comme une âme en peine, je vais de l'une à l'autre, non pour les consoler, ce qui n'est pas possible, mais pour m'occuper de ce qu'elles peuvent avoir à demander, et pour parler avec elles au milieu de leurs larmes.

« ...Je ne parle pas de ma propre peine, cependant elle est poignante. Je l'aimais, cette mère, qu'elles ont bien le droit de pleurer. Je l'apprécie ce qu'elle valait : bonté, abnégation, tout pour les autres. Et cela avec un si aimable sourire qu'il semblait qu'elle faisait tout pour son propre plaisir. Et c'était vrai, elle trouvait son bonheur dans celui des autres, et compatissait tendrement à leurs peines.

« Ah! quelle perte! Chaque jour dévoilera sa profondeur! »

Quant à Lamartine lui-même, il laisse bien voir toute sa douleur ; mais il n'avait besoin que de l'indiquer en en parlant à mon père, qui connaissait son attachement pour cette sœur bien-aimée.

La lettre du 7 octobre 1862 est la dernière que mon père ait reçue de son illustre ami jusqu'au triste événement qui va nous occuper maintenant ; quelques semaines après, en novembre, M. et Madame de Lamartine rentraient à Paris, et mon père ne tardait pas à les y rejoindre. Madame de Lamartine ne devait plus le quitter que dans son cercueil. Cette femme éminemment dévouée et chrétienne mérite le chapitre spécial que nous allons lui consacrer.

CHAPITRE XI

MADAME DE LAMARTINE

L'année 1863, à laquelle nous sommes arrivés, fut particulièrement douloureuse pour Lamartine. La mort le frappa dans ses plus chères affections, et, pour être prévu, ce coup n'en fut pas moins cruel. La femme accomplie qui pendant plus de quarante ans avait partagé non seulement sa vie, mais toutes ses pensées, lui fut enlevée. Depuis plusieurs années la santé de Madame de Lamartine était profondément altérée.

Je dois donner ici à sa mémoire un hommage spécial, et cela pour trois motifs : d'abord parce qu'elle a été l'épouse parfaite du héros de mon récit; ensuite parce que sa valeur personnelle était assez grande pour que sa noble figure retienne l'attention de tous ceux qui la rencontrent; enfin, parce qu'elle aussi a eu dans mon père la confiance la plus affectueuse et pour moi des bontés que je ne puis oublier.

Mais l'opportunité d'un pareil hommage ne saurait m'autoriser à faire l'historique complet de sa vie. Il n'y a qu'une part de son existence qui soit dans mon sujet et qui par conséquent m'appartienne; hélas! ce n'est pas la plus heureuse! ce n'est pas l'heure première de cet amour conjugal, si réciproque, préparé par la volonté de deux cœurs déterminés, et trouvé enfin avec une entière plénitude dans l'union la plus intime, éclairée de ce rayon exceptionnel de lumière qui s'appelle le génie.

Ce n'est pas non plus l'heure radieuse de ces maternités, pleines d'espérances trop tôt ravies, à propos desquelles elle écrivait en 1862 : « J'ai senti tressaillir deux fois mes entrailles de la plénitude du bonheur maternel. Dieu ne m'a pas jugée digne de jouir longtemps de ce bonheur, mais jamais rien ne le remplacera. Je vois toujours mes anges tels qu'ils m'ont laissée, *orba madre*, au ciel comme sur la terre, avec leur tendresse infinie, leurs caresses innocentes, leurs paroles gravées au fond du cœur comme s'ils étaient présents! »

Non! quelque triste qu'il soit de ne jamais quitter les sentiers lugubres, je dois poursuivre mon but sans dévier aucunement. La partie de l'existence de Madame de Lamartine dont je puis parler ici, est celle dont j'ai été témoin, c'est-à-dire celle de la douleur, celle de l'angoisse, celle de l'effort incessant pour seconder le travail gigantesque de son mari, celle où son attachement conjugal, tout en conservant sa même et sainte passion, se sanctifiait cependant encore chaque jour davantage, dans le dévouement, dans la prière, dans le sacrifice même de sa vie qu'elle sentait disparaître peu à peu et où lui seul la retenait encore par quelque lien, car sans lui elle aurait maudit ces souffrances d'ici-bas qui retardaient l'instant des béatitudes de là-haut, en Dieu !

II

Pour que ces dernières années de la noble femme soient bien comprises, pour que le spectacle de cette âme meurtrie apparaisse dans sa réalité, pour que la leçon morale et philosophique qui se dégage de cette étude ressorte pleine et entière et rejaillisse lumineuse dans les esprits, de manière à leur faire mieux comprendre Lamartine lui-même, il est cependant nécessaire, sinon de repasser la partie heureuse de la vie qui vient de s'éteindre, du moins d'évoquer un instant quelques-uns des éblouissements de bonheur qui l'ont éclairée. Le contraste entre l'incomparable félicité des premières années de cette union et l'amertume singulièrement douloureuse des dernières, l'observation des changements successifs amenant ces deux grandes âmes de l'idéal du rêve heureux à l'excès de toutes les douleurs ; malgré tant d'épreuves faites pour aigrir, cette affection conjugale restant toujours la même sous des formes diverses, et planant comme la suprême consolation sur la vie tout entière : voilà le tableau.

L'enseignement, le voici : Quel que puisse être l'étonnement de ceux qui ne connaissent que le Lamartine de leurs préjugés et de ceux qui ne peuvent pas s'imaginer qu'un des plus grands poètes de l'humanité, en tout cas le plus grand de notre siècle, ait été, comme un simple honnête homme, bon et tendre jusqu'à la fin dans son ménage, il faut que les uns et les autres se résignent : Lamartine a été ce qu'on appelle un bon mari. Il n'a pas eu l'ingratitude impardonnable de dédaigner celle qui, depuis le jour où elle l'avait connu, lui avait donné tout son amour.

Cet amour profond, si bien justifié par le charme particulier, presque divin, de l'être aimé, a duré jusqu'à la mort. Il est l'origine de cet admirable dévouement conjugal qui ne s'est jamais démenti, et que le sentiment chrétien du devoir n'a fait que confirmer et consacrer.

Sans aller trop loin dans des investigations intimes que la délicatesse empêche de pousser à l'excès, on peut dire que l'amour de Madame de Lamartine pour son mari, amour né du plus pur enthousiasme, s'est complété par la reconnaissance. Il y a certains battements de cœur qui sont le bonheur suprême dans la vie d'ici-bas ; ceux qui se les sont donnés se sont procuré le suprême bienfait de la terre. Parmi les humains, tous ne les connaissent pas, mais ceux qui les ont sentis dans leur véritable plénitude ne voudraient pas, en échange du temps, en échange même de la mort, s'en voir ôter du souvenir l'ineffaçable félicité. Ce n'est pas manquer à la mémoire la plus pure, la plus chrétienne, la plus sainte, de dire que Madame de Lamartine les a certainement connus !

Lorsqu'elle est partie pour Naples, avec son époux de la veille, beau de la beauté physique, beau des rayonnements du génie, beau déjà de la plus noble gloire poétique ;

lorsque cet époux bien-aimé, couché à ses pieds sur le bord
de la mer azurée, traçait sous son regard et au murmure
des flots les vers immortels où son nom à elle s'enlaçait au
sien pour toute la durée des temps; lorsque tous deux enfin
couvaient du même cœur et du même souffle cette enfant
délicieuse que Dieu ne leur a pas laissée toujours, mais qu'il
leur a conservée assez pour qu'ils aient goûté ensemble
tous les bonheurs de l'amour ici-bas, est-il possible de
croire que la jeune et sensible épouse du poète divin n'ait
pas trouvé plus complètement, plus idéalement que la
plupart des autres femmes, les courtes et longues minutes
d'ivresse sans lesquelles on n'a pas vécu, et avec lesquelles,
quoi qu'il arrive ensuite de douleur et de souffrance, on a
déjà reçu du ciel sa terrestre compensation?

Non! sans aucun doute!

Et, s'il en est ainsi, on comprend que Madame de Lamartine ait conservé le ressouvenir incessant de l'idéal amour
qu'elle avait savouré pendant de longues heures de jeunesse et de maturité. C'est ce sentiment que ceux qui l'ont
le plus connue ont constaté en elle. En 1850, mon père,
dans les notes de son voyage d'Orient, notes que j'ai déjà
citées, s'exprime ainsi à son sujet : « Il n'y a point de sacrifices qu'elle n'ait faits à son mari. Elle vit exclusivement de
son air, de sa vie; on sent qu'elle l'aime du même amour
que quand elle était jeune femme, amour doublé de celui
des enfants qu'elle a perdus, et excité encore par l'injustice
publique et l'ingratitude des contemporains. »

Oui! on peut aimer d'amour même avec des cheveux
blancs, n'en déplaise à tant de romanciers, historiens
pleins de contradiction d'une humanité factice.

Ils disent : aimer comme à vingt ans, et cependant ils sont obligés de reconnaître qu'à vingt ans l'être humain n'est pas encore sorti de l'enfance, que rien en lui n'est encore formé, ni son âme, ni sa raison, ni son corps lui-même.

Ah! s'il est vrai que l'histoire générale est bien souvent loin de la vérité, comme cela est plus vrai encore de cette histoire d'un genre particulier qui est celle du cœur humain!

Lamartine va nous dire son mot sur ce point de l'histoire intime de l'homme. Il a écrit dans *Graziella* cette phrase si profondément philosophique :

« Ah! l'homme trop jeune est incapable d'aimer! Il ne sait le prix de rien! Il ne connaît le vrai bonheur qu'après l'avoir perdu. Il y a plus de sève folle et d'ombres flottantes dans les jeunes plants de la forêt, il y a plus de feu dans le vieux cœur du chêne. L'amour vrai est le fruit mûr de la vie. »

A l'appui de cette thèse générale, Lamartine, seize ans après son mariage, en 1836, s'est chargé de nous dire comment il aimait sa femme, dans cette dédicace en vers délicieux où il apporte *Jocelyn,* son œuvre nouvelle et la plus suave, aux pieds ou mieux au cœur de son épouse bien-aimée.

Il l'a bien montré aussi dans des lettres intimes que j'ai citées, et, en particulier, dans la lettre si déchirante du 3 décembre 1860. Il y a donc eu entre ces deux époux l'heure radieuse du bonheur, d'un bonheur réciproque.

Puis sont venues les douleurs de toutes sortes.

III

Mon rôle est de rappeler comment Madame de Lamartine a compris son devoir à l'heure du sacrifice.

Partout et toujours, elle a puissamment secondé son mari, qui comprenait du reste et aimait sa continuelle coopération. Elle ne l'a jamais quitté. Deux fois, elle l'a suivi en Orient, la seconde fois, malgré les affreux souvenirs que ce pays, où elle avait perdu sa seule enfant, devait fatalement raviver dans son cœur de mère.

Elle l'a soutenu de sa présence durant les luttes de sa vie publique. Pendant le gouvernement provisoire, au milieu du péril social et des dangers particuliers de son mari, elle était en plein Paris, sans autre appui intime que sa foi ardente dans le Dieu maître du destin, qu'elle priait sans cesse. Elle attendait dans une muette et, en apparence, impassible angoisse, que celui que la France lui avait pris presque tout entier revînt un instant au foyer pour lui raconter comment, au milieu des masses en délire, ou bien dans l'Assemblée nationale en tumulte, ou bien dans les conseils d'un gouvernement suspect à l'Europe, il avait vingt fois dans un jour, souvent même au péril de sa vie, réussi à sauver l'âme et le corps lui-même de notre nation des griffes de la bête humaine aux mille formes. Si elle ne disputait pas l'objet de son amour à une rivale à laquelle il donnait sa renommée, sa fortune, son sang, c'est que cette rivale était la *patrie,* c'est qu'elle aimait son mari

en aimant son honneur, sa gloire et la France devenue
à elle-même son pays.

IV

Femme d'intérieur avant tout, Madame de Lamartine a
constamment aidé son mari dans ses labeurs. Lorsque
l'heure du travail était venue, pendant que le génie du
grand homme, poète, historien, orateur, philosophe, politique expérimenté, éclatait dans des vers admirables, des
pages au souffle le plus puissant, des élans sublimes d'éloquence, des pensées toujours pleines du Dieu des chrétiens,
ou des conseils marqués au coin du patriotisme le plus
éclairé, elle, l'épouse selon Dieu, partageait la peine,
copiait les manuscrits, corrigeait les épreuves, relisant
avec soin et scrupule ce qui était sorti parfois trop rapide
et trop brûlant de la fournaise de la pensée, et préparant
ainsi des corrections plus importantes que les corrections
purement matérielles; enfin, elle s'occupait des détails et
prévoyait les difficultés pour les aplanir.

Et si les nécessités du jour lui permettaient quelques dis-
tractions, elle se distrayait d'un travail par un autre. Elle
quittait la plume pour le pinceau; mais le pinceau, comme
la plume, devait servir le même sentiment de son cœur;
elle employait son talent d'ornementation à faire des sur-
prises à son mari, en préparant sur des porcelaines, des
fresques ou des médaillons, des compositions d'histoire ou
de genre le plus capables de lui plaire.

Enfin, quand la journée était finie, le dîner terminé, dîner dans lequel les convives peu nombreux étaient toujours servis par la maîtresse de la maison elle-même, Madame de Lamartine trouvait assez de force pour recevoir avec la meilleure grâce du monde les visiteurs de toutes sortes qui venaient dans ses salons ouverts tous les soirs.

Son attitude y a toujours été appropriée aux circonstances.

A l'heure des triomphes oratoires de la Chambre des députés, sous la monarchie de Juillet, et au moment de la royauté morale de Lamartine, après février 48, lorsque ses salons sont remplis de flatteurs tournés vers le soleil à son levant ou à son zénith, elle apparaît avec une dignité pleine de réserve, qui passerait certainement pour de la froideur à côté des allures de *bons garçons* des femmes aimables de notre époque, mais qui, chez elle, était, en même temps que de la tenue, de la prudence et de la perspicacité.

Plus tard, lorsqu'au vent de l'injustice la nuée des adulateurs s'est envolée, lorsque les salons sont plus petits, mais mieux remplis, parce qu'ils le sont d'amis plus sûrs, la maîtresse de maison se sent plus à l'aise et s'adonne plus cordialement à son rôle. Son affabilité, sa bienveillance, sa bonne grâce augmentent en proportion de sa confiance.

Dans toutes les réunions où une conversation générale s'engageait, elle se gardait bien d'exciter la controverse, en face de son mari et des esprits si divers qui se succédaient autour de lui ; elle restait volontairement effacée, ne contredisant nettement personne, quoique, bien souvent, ses sentiments fussent blessés par les paroles sorties de la bouche des visiteurs de passage, voire de quelques habitués.

En résumé, Madame de Lamartine a toujours exercé la plus grande et la plus heureuse influence au foyer de son mari, mais en se maintenant au second plan, en restant dans un rôle secondaire.

Cette attitude, que l'orgueil peut trouver insuffisante, est cependant pour la femme l'occasion du plus complet triomphe. Sa physionomie brille d'un rayonnement particulier et d'un charme auquel la modestie ne fait qu'ajouter un parfum de plus. Son auréole, sans éclipser celle du génie, l'accompagne et la complète délicieusement. De même que pour le visage, pour l'esprit et pour le cœur, l'aspect de la femme ne saurait être le même que celui de l'homme. Le génie de l'homme, c'est la force supérieure de la raison, c'est la pensée grande et juste faite pour éclairer et conduire l'humanité. Le génie de la femme, c'est la tendre et douce passion du cœur, c'est d'aimer.

Madame de Lamartine a eu ce génie; elle doit rester immortelle avec son auréole particulière, à côté de la grande figure de son époux.

V

A Saint-Point aussi, son action se fit sentir dans les choses de la commune. Elle ne se désintéressait de rien d'utile, de rien où son action pouvait servir la cause de Dieu.

Les preuves de toutes sortes abondent sur ce point, mais il est naturel que je présente ici celles qui me sont particulières.

J'ai retrouvé dans les papiers de mon père des lettres qui remontent à l'année 1863, l'année même de la mort de Madame de Lamartine, et qui vont montrer son énergique intervention lorsqu'elle la croit opportune.

A cette époque déjà, les instituteurs s'établissaient en adversaires des curés, cherchant à combattre leur influence et à la détourner pour en profiter à leur place. Ces conflits ne subsistaient pas aussi fréquents et aussi aigres, mais il y en avait trace dans bon nombre de communes. Celle de Saint-Point se trouvait dans ce cas. L'autorité préfectorale, seule compétente pour trancher les difficultés, était au courant ; or, le préfet de Mâcon était alors le plus jeune frère du vicomte de La Guéronnière, dont nous avons parlé avec émotion dans ce récit. Le baron Charles de La Guéronnière, quoique sensiblement plus jeune que mon père, s'était associé à l'affection de ses frères pour leur ami d'enfance. Madame de Lamartine le savait, et voulant protéger le curé contre l'instituteur, elle pria mon père d'intervenir auprès de son ami le préfet. Le baron de La Guéronnière, qui, du reste, était un homme fort intelligent et un administrateur de premier ordre, répondit par une lettre datée du 6 février 1863, et ainsi conçue :

« MON CHER AMI,

« La commune de Saint-Point est, en effet, dans un désordre moral complet. Le maire et l'instituteur d'un côté, le curé et quelques habitants de l'autre, se dénoncent, s'accusent de mille horreurs, et au milieu de toutes ces récriminations, il est assez difficile de voir la vérité. Le témoignage de Madame de Lamartine est une sauvegarde pour les intérêts du curé ; dites-lui bien que je serai trop heureux de pouvoir lui être agréable, en cela comme en toute autre occasion.

« J'ai prescrit, il y a quelques jours, une enquête, à la suite de faits qui m'ont été révélés par le curé du chef-lieu de canton.

« Je prendrai très prochainement des mesures pour rendre la paix à la pauvre, mais illustre commune, et j'aurai soin de vous en aviser pour que vous puissiez rassurer rue de la Ville-l'Évêque sur le sort du curé de Saint-Point.

« Je vous serre bien cordialement la main.

« Ch. DE LA GUÉRONNIÈRE. »

Le corollaire de la lettre qui précède se trouve dans celle-ci :

« Mâcon, 29 avril 1863.

« MON CHER AMI,

« Je viens de signer la nomination d'un nouvel instituteur à Saint-Point. L'ancien est envoyé dans l'arrondissement de Louhans, et le nouveau vient de X...

« Je n'avais pas oublié le désir exprimé par Madame de Lamartine, et je suis fort heureux d'avoir pu le réaliser.

« Votre fils est à Lyon ; j'espère que vous viendrez le voir, et que vous nous ferez le plaisir de vous arrêter à Mâcon, où Mme de La Guéronnière et moi serions très heureux de vous recevoir.

« Croyez à mes meilleurs sentiments.

« Ch. DE LA GUÉRONNIÈRE. »

En effet, j'étais en ce moment en garnison à Lyon ; mais ce ne fut pas mon père que M. et Mme de La Guéronnière reçurent bientôt, ce fut moi, dans les tristes circonstances que je vais avoir à raconter.

VI

Le 21 mai 1863, trois semaines après le changement de l'instituteur de Saint-Point, c'est-à-dire après la satisfaction donnée au curé, soutenu par Madame de Lamartine, cette noble femme mourait.

Depuis longtemps sa vie n'était qu'un lent martyre, son pauvre corps ne palpitait que de souffrances dans ce combat solennel de la vie et de la mort. L'abbé Deguerry, la future victime de la Commune, vint lui apporter les divins secours.

Sa fin toute chrétienne et résignée fut entourée des plus douloureuses circonstances. Son mari était cloué dans son lit par le rhumatisme ; Madame Valentine était également retenue dans le sien par la maladie.

Madame de Lamartine partit donc dans son cercueil sans aucun adieu des siens.

Ce fut pour les survivants une suprême épreuve ; pour elle, un mérite de plus en entrant dans l'éternité.

Si Dieu lui imposa un pareil sacrifice, c'est, sans aucun doute, qu'il voulait que sa couronne céleste fût plus belle, plus radieuse. Ce dernier déchirement renfermait une promesse : celle de retrouver là-haut et pour toujours l'époux bien-aimé à qui elle avait consacré sa vie. Avec sa foi profonde et sa confiance dans la suprême miséricorde, elle sentait qu'elle n'avait pas à lui faire un long adieu ; elle s'est certainement éteinte en prononçant ces mots : Au revoir, à bientôt, là-haut !

Deux des amis, MM. d'Esgrigny et de Ronchaud, avaient été désignés pour accompagner la précieuse dépouille dans le long voyage.

Mon père dut rester auprès de son ami, accablé de souffrance et de douleur.

Mais cette privation forcée de participer au dernier hommage public rendu aux restes mortels de la noble femme lui coûtait beaucoup.

Il voulut du moins être remplacé par son fils.

En conséquence, il écrivit à mon colonel pour lui expliquer son désir et à M. de La Guéronnière, préfet de Saône-et-Loire, pour lui demander de me faciliter le voyage de Mâcon à Saint-Point.

VII

Le soir du 22, j'arrivai en effet à Mâcon, et le lendemain je partis pour Saint-Point avec le baron de La Guéronnière.

Il y a vingt-huit ans de cela ; je mentirais si je prétendais me souvenir de toutes les émotions que j'ai éprouvées, de toutes les remarques que j'ai faites alors, de tous les détails enfin dont j'ai été témoin.

Ce que j'ai conservé surtout, c'est une impression générale vive et profonde.

L'illustration de la dépouille, la simplicité d'un hommage auquel le recueillement et la douleur des populations donnaient surtout son véritable caractère de grandeur ; le porche gothique du château de Saint-Point avec ses plantes grimpantes qui l'entouraient, ne laissant voir qu'un cercueil ; et, planant sur tout cela, une mélancolie instructive que j'étais déjà capable de comprendre, de partager : voilà la grande leçon qui m'a remué alors, et dont la trace est toujours restée dans mon esprit ; leçon qui m'a montré là, mieux que partout ailleurs, ce que c'est que la gloire, le bonheur, les triomphes les plus inouïs de l'intelligence humaine, à côté des lois établies par Dieu qui nous conduisent tous, tôt ou tard, les plus grands et les plus fortunés comme les plus humbles et les plus pauvres, par le chemin de la souffrance, jusqu'à la mort.

Dans cet état d'esprit et de souvenir, je ne veux pas

entreprendre une narration à moi des obsèques de Madame de Lamartine ; mais je comprends que certains lecteurs puissent être désireux de s'arrêter un peu plus longtemps sur cette douce et sainte figure. Je comprends qu'ils désirent mieux connaître ses vertus, sa foi profonde, les œuvres même de son esprit et de son cœur ; je comprends qu'ils veuillent de plus amples détails sur ses derniers moments et sur le jour de ses obsèques. Je ne puis mieux faire que de les renvoyer aux dernières pages du livre de M. Alexandre sur Madame de Lamartine.

L'émotion profonde et l'attachement si sincère qui les ont dictées leur méritent d'être citées quand on veut louer cordialement Madame de Lamartine. Ces qualités de premier ordre m'empêchent de me souvenir des réserves que j'aurais à faire sur la manière dont M. Alexandre a parfois compris son rôle d'intime historien, et aussi sur les brumes dont son style me semble souvent enveloppé.

VIII

Après un récit funèbre plein de cœur et de vie, M. Alexandre porte un jugement plein de justice et de vérité, que je cite :

« Lamartine perdait une providence dans cette femme qui ne l'avait quitté que par la mort. Toute sa vie, à elle, avait été un long amour du génie, un dévouement toujours grandi par l'infortune. Au milieu des ruines, son cœur vaillant était resté debout. Elle était un caractère, un

cœur profond et sûr. Aux heures de ténèbres, elle l'avait
éclairé, étoile fidèle, de sa douce clarté.

« Elle lui avait tout donné : amour, fortune, sauf sa
personnalité et sa conscience. Elle avait prodigué sa vie à
ses amis, aux pauvres, à la famille; cette vie avait été une
incessante charité, une ascension à Dieu. On pouvait consacrer à cette noble femme le beau vers lyrique de Lamartine sur la duchesse de Broglie, une autre sainte aussi :

> Un élan naturel l'emportait vers les cimes ! »

Dans ce jugement, tout est vrai ; il est impossible de ne
pas tout ratifier, non seulement la pensée, mais la forme
même, si nette et si précise, donnée cette fois à la pensée.
Seulement, pour que l'impression communiquée au lecteur
sur la situation du grand homme après la mort de son
admirable femme fût complètement exacte; pour échapper
au reproche qu'il mérite parfois de poursuivre son hommage si vrai, si sincère, d'une façon trop exclusive en passant près de vérités bonnes à dire sans qu'elles soient
dites, et près d'actes de justice convenables à accomplir,
sans qu'ils soient accomplis, M. Alexandre aurait dû tout
au moins ajouter :

« Mais si Lamartine perdait une providence dans sa
femme, la Providence lui restait encore sous une autre
forme. Dieu lui laissait sa nièce, véritable fille, qui a trop
bien remplacé près de lui celle dont je viens d'évoquer la
sainte mémoire, pour que je n'aie pas le devoir de lui donner une part si méritée d'admiration. Plus tard aussi,
viendra pour elle l'heure de la justice et de la postérité. »

Il le devait d'autant plus, pour ne pas être accusé d'un

injuste oubli, que nulle part dans son œuvre pareil sentiment d'équité n'est suffisamment indiqué. Et, s'il eût accompli ce devoir, je lui emprunterais avec encore plus de plaisir le dernier passage suivant, où, dans un élan vraiment beau d'honnête homme, et un cri du cœur profondément ému, il place Lamartine sous son véritable jour et à sa véritable place, c'est-à-dire aux cimes les plus élevées du grand parti des honnêtes gens :

« Quel vide affreux creuse la mort ! Je ne puis me résigner à cette peine de l'absence, à la disparition de ces deux grandes âmes de ma vie.

« Je pleure dans mon ciel tant d'étoiles éteintes !

« L'une eut le génie, l'autre l'amour ; toutes deux eurent la bonté, supérieure au génie, la bonté, ce génie du cœur.

« Dans ces jours de ténèbres, où les esprits errent comme Dante dans la forêt obscure, sans lueurs, sans idéal, sans foi, sans Dieu, où les grands hommes sont morts, où la poésie est ensevelie comme Juliette au tombeau, où les justes et les saints sont lapidés dans les cercles fangeux des âmes basses, où la patrie est traînée dans une république de boue, je me réfugie au fond du passé, j'évoque les figures couchées au cercueil dans leur sérénité paisible, je vis avec les morts pour me consoler des vivants ! »

Si Madame de Lamartine pouvait nous dire du haut du ciel son jugement à elle sur son historien, certainement la noble pensée que je viens de citer serait un des hommages dont elle le remercierait le plus. Sans doute elle mérite d'être louée pour son intelligence, pour sa vertu, et on peut le faire sans aucune crainte que l'éclat particulier de sa renommée n'affaiblisse en rien l'éclat dont rayonne le génie de son époux ; mais, cela est certain, ce qui peut lui être le plus agréable et pénétrer le plus doucement dans son âme immortelle, c'est la justice envers son mari. L'ingratitude des contemporains a été son plus grand chagrin ! Pendant les quinze dernières années de sa vie, ce qui l'a fait le plus souffrir, c'est l'acharnement avec lequel la rancune passionnée des partis a faussé l'opinion publique au sujet de son illustre époux. L'encens le plus agréable à sa mémoire, comme il l'était à son cœur vivant, c'est l'encens de la vérité jeté sur le caractère et l'âme de celui qu'elle aime encore dans l'éternité.

En pleurant sur la tombe de Madame de Lamartine avec l'émotion la plus sincère, M. Alexandre l'a honorée, mais il l'a honorée plus encore peut-être en pleurant sur la tombe de son mari, en les unissant tous deux dans une évocation magnifique, en proclamant enfin, lui, un libéral, homme de progrès et de république, qu'il faut vivre avec des morts tels que Lamartine pour se consoler des vivants d'aujourd'hui !

Lamartine, en effet, n'a rien de commun avec eux. L'abime qui les sépare est profond de toute la différence qu'il y a entre le respect et l'outrage, entre la liberté et la persécution, entre l'idéal en Dieu et les appétits rampants de la terre.

C'est ce Lamartine des chrétiens, avec son double génie de l'intelligence et du cœur, aussi bon qu'il était grand, que Madame de Lamartine a aimé. Si tant d'œuvres sublimes témoignent des splendeurs de son esprit, les affections non moins sublimes qu'il a inspirées, et l'amour de sa femme en particulier, témoignent de la suprême bonté de son cœur. Plus Madame de Lamartine nous apparaît comme une femme supérieure, noble, bonne, dévouée, sainte, plus son témoignage est irrécusable en faveur de son mari.

Et réciproquement, plus Lamartine, en dehors même de la gloire, fruit du génie, aura mérité cette autre gloire, celle du caractère et de la grandeur d'âme, qui lui est due à l'égal de l'autre au nom de la vérité, plus la mémoire de son épouse admirable sera honorée, mieux son cœur à elle-même sera expliqué, justifié, glorifié!

CHAPITRE XII

1863-1864

I

Après la mort de sa femme, Lamartine resta encore quelque temps à Paris, abîmé dans la souffrance et dans la douleur. Comme il l'indique d'un mot dans la lettre que je vais reproduire, sans sa nièce, c'est-à-dire sans les soins véritablement filiaux dont elle l'entourait, sans la grâce, la douceur, l'affection discrète et délicate dont elle le charmait, sa vie eût été un supplice intolérable.

Lorsque l'époque habituelle de son départ pour la campagne fut arrivée, il put, grâce à une amélioration passagère de sa santé, regagner le triste Saint-Point, en deuil comme lui de celle qu'ils avaient perdue.

Mais là aussi, là surtout, sans la créature admirable dont la tendresse infinie devait le suivre jusqu'au dernier jour comme un rayon de soleil permanent dans les glaces de ses derniers hivers, que serait-il devenu ? Il avait beau traverser

la chambre de sa compagne de quarante années, il avait
beau regarder sur ce lit où elle avait souffert tant de douleurs physiques et morales, il avait beau la chercher agenouillée devant ce crucifix où elle avait lancé pour lui tant
de prières à Dieu, tout était vide, et pour retrouver un
reste de celle qui avait été la moitié de son existence, il lui
fallait aller dans un caveau souterrain, pénétrer par la
pensée sous la froide pierre d'un sépulcre ! Il est vrai que
la foi de Lamartine en l'immortalité divine était sans res-
trictions et sans limites, et pouvait lui représenter l'âme qui
s'était confondue dans la sienne priant encore, adorant,
chantant dans la langue des élus au pied du trône de
Dieu. Mais si la foi la rend tolérable, elle n'enlève pas la
douleur.

Du reste, comme pour donner une distraction amère à
cette douleur, la souffrance ne tarda pas à reparaître; son
rhumatisme revint à son état aigu et s'empara surtout de
son bras. C'est ainsi qu'au mois d'août il était encore dans
l'impossibilité d'écrire, et que pour répondre à mon père
il se servit de la main de sa nièce à laquelle il dicta la
lettre suivante :

« Saint-Point, 12 août 1863.

« MON CHER CHAMBORANT,

« Si je n'ai pas répondu à votre aimable interrogation,
« ce n'est point par ingratitude, mais par l'impuissance
« obstinée de mon rhumatisme universel qui s'acharne
« surtout à mon bras. J'emprunte donc aujourd'hui, de
« guerre lasse, la main de Valentine, qui ne vous sera point
« désagréable.

« 1° Pour vous dire que je jouis vivement de vous savoir

« au repos, entouré de votre charmante famille et de vos
« nombreux amis, dans le charmant édifice que vous leur
« construisez. N'achevez jamais et construisez toujours, car
« vous savez que la jouissance trompe et que l'espérance
« fait toujours marcher en avant.

« Quant à moi, ma situation à la campagne est bien
« triste. Sans Valentine qui me désattriste tout, elle serait
« presque insoutenable. Le rhumatisme s'en va, dit-on,
« mais à pas de tortue, et je ne puis marcher libre-
« ment, ni écrire amicalement. Il y a certainement un
« mieux, mais bien faible et bien insensible.

« Mes affaires financières, pour lesquelles j'ai obtenu
« l'autorisation d'une loterie à continuer, et quatre ou
« cinq cent mille francs que j'ai réussi à retrouver au
« Comptoir national avant de quitter Paris, plus deux ou
« trois cent mille que je retrouverai ici avant la fin de
« l'année, me font croire que je pourrai me tirer d'em-
« barras. J'éprouve les plus grands égards de la part de
« mes quatre cents créanciers du pays.

« Je recommence à travailler à force, quoique très
« difficilement, pour achever mes *OEuvres complètes* aux-
« quelles il ne manque plus déjà qu'un volume. J'ai fait
« un arrangement, la veille de mon départ, avec mon
« excellent ami D***, à qui j'ai remis cent quarante mille
« francs de valeurs, et qui s'est chargé, pour trois ans,
« d'alimenter mon libraire-imprimeur. Je suis donc un
« peu plus tranquille de tous ces côtés-là, mais du côté du
« cœur et de la santé, très mal !

« Voilà, mon cher Chamborant, mon bulletin d'aujour-
« d'hui. Renvoyez-moi le vôtre ; vous êtes dans l'âge où
« l'on ne perd rien et où l'on acquiert toujours.

« Je n'ai pas besoin de vous dire que mes bonnes espé-
« rances, extrêmement isolées, sur le Mexique, triom-
« phent, quoique isolées, du coup terrible que nous
« portons aux Américains du Nord, de la nomination de

« l'archiduc Maximilien et du milliard de revenus que nous
« découvrirons avant peu dans les mines de la Sonora. Il
« n'y a pas de régime parlementaire qui eût ouvert et
« exécuté cette audacieuse entreprise.

 « Mille amitiés pour vous, nos respects à Mme de Cham-
« borant.

« A. DE LAMARTINE.

 « *P. S.* — Mille bonnes espérances pour votre fils,
« dites-lui de prier pour ma santé, car il perdrait en moi
« le plus convaincu et le plus chaud de ses amis.

 « Valentine vous envoie mille souvenirs. »

Au point de vue intime, voilà d'abord la preuve de la
reconnaissance de Lamartine pour sa nièce : « Valentine
me désattriste tout. » Les preuves ensuite de sa foi : « Que
votre fils prie pour moi » ; la preuve enfin pour celui qui
écrit ces lignes d'une indulgente bonté de cœur qui appelle
et justifie mon témoignage : « Il perdrait en moi le plus
chaud et le plus convaincu de ses amis. »

 Au point de vue général, on trouve des allusions très
intéressantes aux sentiments de Lamartine sur les Américains et sur l'expédition du Mexique.

II

 Ceux qui veulent bien connaître les véritables sentiments
de Lamartine sur l'Amérique doivent lire le *cent dix-sep-*

tième Entretien du *Cours de littérature,* intitulé : *Une page unique d'histoire naturelle par* Audubon.

On y trouve sur les Américains des jugements sévères qui, mettant en dehors bon nombre d'exceptions honnêtes et illustres, stigmatisent dans la masse les triomphes de l'orgueil, de l'égoïsme, des calculs ambitieux et de l'improbité commerciale.

Lamartine réprouve chez eux l'esprit politique étroit dont le règne aboutit à l'ostracisme des grandes intelligences et des grands caractères, pour faire éclore dans des luttes jalouses contre le vrai mérite la race des esprits médiocres et corrompus qu'on appelle les politiciens.

Il les menace d'être un jour donnés par Dieu en « leçon aux peuples trop démocratiques pour leur apprendre qu'*il n'y a point d'avenir pour les nations qui croient à .la* SEULE FORCE DU NOMBRE et à la brutalité de la conquête ».

Il les signale enfin comme un danger pour la vieille Europe, déclare que Louis XVI a eu tort de soutenir leur insurrection et proclame le droit pour l'ancien monde de se défendre contre les menaces du nouveau.

En conséquence, il approuve la pensée d'un trône européen au Mexique.

III

Seul peut-être des hommes indépendants de l'époque, Lamartine n'a pas maudit l'expédition du Mexique. Dans la liberté pleine et entière de son jugement, sans aucun

intérêt personnel dans la question, il a répété avec
M. Rouher que cette aventure était la grande pensée du
règne. Je l'avoue avec une entière sincérité, je connaissais
cette opinion, et j'ai cru pendant longtemps qu'elle était une
erreur. Je ne m'étonnais pas d'en découvrir une au milieu
de tant de jugements politiques d'une si grande justesse ;
je n'avais pas, je n'ai jamais eu la pensée folle et antichrétienne que mon héros fût infaillible ; il s'est trompé sur ce
point, voilà tout, me disais-je en moi-même ; il n'en est pas
moins grand, moins bon, moins supérieur pour cela. Quand
j'ai jeté les premières bases de ce travail, rien n'ayant
modifié cette impression, je me demandais même comment
je pourrais commenter la lettre qui nous occupe sans laisser éclater ma franchise et accuser mon dissentiment ;
comment je ferais pour unir la convenance à la sincérité.

La dernière révolution du Brésil m'a ouvert les yeux.
Les motifs qui ont déterminé le jugement de Lamartine sur
l'expédition du Mexique ont sauté à mon esprit. La lecture
de l'entretien sur l'Amérique a achevé de me montrer la
lumière.

Après avoir démontré avec sa hauteur de vues propre
et l'élévation de sa grande doctrine d'honnête politique
antirévolutionnaire, qu'il était contraire au droit d'intervenir en faveur de l'indépendance insurrectionnelle des États-
Unis, et qu'il a été malheureux pour l'Europe, en particulier
pour la France, que cette insurrection ait triomphé, la
France ayant moins à craindre de l'Angleterre même avec
ses colonies, surtout l'Espagne conservant les siennes, que
de toutes ces colonies indépendantes, développées, agglo-

mérées, prêtes à former l'immense unité fédérative que
nous voyons poindre à l'horizon, Lamartine approuve l'expédition du Mexique. Il montre que cette expédition, préparée de concert avec l'Europe, pouvait être la pensée la
plus juste, la plus féconde, qui, bien exécutée par la France,
eût été la gloire du règne de Napoléon III et, probablement,
le salut du vieux monde ; mais que, conduite comme elle
l'a été, sans qu'on ait su convaincre l'opinion publique française, ni entrainer celle des gouvernements européens, la
grande pensée a tourné en aventure et est devenue une
catastrophe.

La France, isolée, aurait eu besoin d'utiliser une portion
importante de son armée pour obtenir une victoire décisive ;
la fatale politique extérieure du gouvernement d'alors a
rendu impossible cet effort indispensable. L'unité de l'Italie
venait de se faire, et la Prusse préparait de longue main celle
de l'Allemagne ; malgré son aveugle confiance, le gouvernement ne pouvait ignorer ce danger, puisque des rapports
exacts lui étaient faits sur ce point, puisque le ministre de
Belgique et autres personnalités considérables qui avaient
été témoins du mouvement de Berlin ne se cachaient pas
pour en prévenir à Paris. De là pour le cabinet des Tuileries
une inquiétude secrète, dissimulée, qu'il chassait comme
on chasse un mauvais rêve, mais qui, lui enlevant l'audace
des grandes décisions, le maintint toujours dans les demi-
mesures, insuffisantes pour terminer heureusement l'expédition ; suffisantes, hélas ! pour paralyser l'armée française
en 1867 et l'empêcher de détourner de l'Autriche l'écrasement de Sadowa.

Le Nouveau Monde, marchant de plus en plus sous

l'influence des États-Unis et sous leur direction, n'apparaît pas seulement comme le rival redoutable, mais comme le conquérant possible du vieux continent. L'Amérique présente tous les éléments propres à la rendre conquérante. Elle a déjà et aura de plus en plus le nombre. Sa civilisation est la même que la nôtre, son sang est le même aussi ; seulement, ce sang, en coulant sur cette terre neuve, sous le grand air des plaines sauvages et des forêts vierges, a retrouvé les qualités de force, de jeunesse et de vitalité qui tendent à disparaître du vieux sang européen, et qui se sont manifestées d'une manière si énergique pendant la terrible guerre de la sécession. A moins que le *règne du nombre* ne l'entraîne à la folie et à la désagrégation, si l'Amérique continue à croire en Dieu, malgré tant de maux intimes qui la rongent, gare aux pays sceptiques de l'Europe décrépite !

Dans tous les cas, gare aux démocraties où la force du nombre est plus brutale encore, et officiellement impie ! Gare à la France !

La France de ce siècle a été surtout grisée par deux passions révolutionnaires :

Elle a eu d'abord la passion de créer d'un seul coup de sa volonté ce qu'il y a de plus haut, de plus grand dans ce monde, ce qu'il faut des siècles pour former, c'est-à-dire le *droit national,* d'où doit jaillir le pouvoir, l'autorité, le monarque. En 1814, après des éblouissements de gloire, le trône césarien est tombé ; en 1848, malgré dix-huit ans de prospérité, un trône hors du droit s'est effondré.

Elle a eu ensuite la passion égalitaire, la folie de vouloir créer un *droit nouveau,* modifiable par chaque génération,

crime ou folie hier, vérité et justice aujourd'hui, sous prétexte que le droit n'ayant qu'une source, la majorité des
votes égalitaires, telle était bien la conséquence du mode
de suffrage implanté sur notre sol par la raison révolutionnaire.

L'inventeur du suffrage universel, Lamartine, proteste
contre une pareille déduction ; il proclame qu'il n'y a pas
d'avenir certain, grand, digne et véritablement fécond pour
les nations qui croient à la seule force du nombre. Cela veut
dire que dans tout pays qu'on veut conserver libre et fort,
après avoir donné au nombre une part de droits qui lui
revient légitimement, il faut, soit par des mœurs assez
puissantes, soit par des précautions et des correctifs suffi-
sants, soit par l'organisation du pouvoir exécutif, sauver la
vie nationale des aberrations souvent probables, toujours
possibles, d'une majorité de surprise, de fraude ou de
hasard.

En pensant et en parlant ainsi, Lamartine donnait cours
à son expérience et à son grand bon sens, sans se préoc-
cuper si sa bonne foi et sa franchise habituelles étaient
absolument d'accord cette fois avec ses idées, *idéales* comme
il les appelle lui-même, de la souveraineté du peuple.

Si le grand homme vivait aujourd'hui et voyait ce qu'a
fait le nombre, je ne sais pas comment, avec nos mœurs
républicaines actuelles, il pourrait concevoir quelque
correctif ou exécutif républicain susceptible de corriger le
mal. Dans tous les cas, son opinion si nettement formulée achève de me confirmer, moi, dans la conviction que
le seul remède aux inconvénients du suffrage universel, ce
n'est pas sa suppression, mais le rétablissement à côté de

lui d'un pouvoir indiscutable et indiscuté, ayant une autorité assez grande pour influencer heureusement et sans
pression éhontée le peuple dans le choix de ses représentants, et ses représentants dans le choix de leur politique ;
un pouvoir ayant un *veto* légal assez puissant pour paralyser jusqu'à son retour à la raison les décisions folles
prises dans une heure d'oubli ou de passion par un Parlement ; un pouvoir enfin ayant assez de prestige pour être
l'axe immuable de notre armée, assez d'initiative intelligente, de désintéressement et de rayonnement traditionnel,
pour être l'inspirateur éclairé de notre patriotisme, la sauvegarde de nos intérêts, la parure' enfin et l'orgueil de
l'honneur français à la face du monde.

Ce pouvoir existe : la France n'a qu'à vouloir pour le
posséder ; c'est la monarchie héréditaire, traditionnelle et
nationale ; elle seule !

IV

Dans cette lettre du 12 août 1863, Lamartine écrivait
aussi à mon père qu'il n'avait plus qu'un volume de ses
OEuvres complètes à faire paraître. Ce dernier volume vit,
en effet, le jour avant la fin de l'année, et ainsi fut ter-
minée cette importante publication.

La préface avait paru le 16 avril 1860. Elle est admirable. On y lit, exprimé avec une grandeur merveilleuse,
le sentiment de justice anticipée, de sévérité même pour
certaines de ses œuvres, que Lamartine avait déjà indiqué

dans la préface des *Lectures pour tous,* et qu'il allait bientôt montrer dans l'appréciation de certains de ses actes politiques et, en particulier, dans la critique de l'*Histoire des Girondins.*

Il est impossible de parler en plus beau style un plus noble langage, impossible d'exprimer avec plus de grandeur des sentiments plus justes et plus chrétiens.

Qu'on lise ces pages, indispensables pour apprécier l'âme de Lamartine.

Mais, pour le juger définitivement, il est intéressant de savoir quelle a été la suite donnée à ces prémisses, s'il a su se critiquer lui-même avec la sévérité qu'il annonce, si enfin l'esprit qui règne dans le commentaire de ses œuvres est bien celui que je proclame sans cesse comme étant le sien.

Jetons donc sur ces œuvres le coup d'œil le plus rapide.

Dans le premier volume, les *Méditations,* au commentaire de la quatrième, intitulée *la Sagesse,* le grand poète explique que cette sagesse purement humaine est trop molle, et qu'elle lui était inspirée par le bonheur conjugal dont il jouissait à ce moment.

« Je fis comme Salomon, je m'enivrai de mon bonheur, et je dis : Il n'y a pas d'autre sagesse.

« Je n'ai pas besoin de dire au lecteur que c'est là un paradoxe en vers, dont Horace ou Anacréon auraient pu faire des strophes bien plus assoupissantes que les miennes, mais dont Platon aurait rougi. Il y a plus de philosophie dans une larme ou dans une goutte de sang versée sur le Calvaire que dans tous les proverbes de Salomon. »

Voilà une pensée assez chrétienne.

La septième Méditation est l'ode sur Bonaparte, inspirée
à Lamartine en 1821 par la mort du prisonnier de Sainte-
Hélène. Entre autres beautés inoubliables, elle contient les
strophes qui ne . sont que justes, mais furent trouvées
sévères par quelques-uns.

. . . .

Voici quelle était la dernière dans les premières éditions :

> Son cercueil est fermé : Dieu l'a jugé ! Silence !
> Son crime et ses exploits pèsent dans la balance ;
> Que des faibles mortels la main n'y touche plus !
> -Qui peut sonder, Seigneur, ta clémence infinie ?
> Et vous, fléaux de Dieu, qui sait si le génie
> N'est pas une de vos vertus !

Lamartine, dans le commentaire, s'exprime ainsi :

« En écrivant cette ode, qu'on a trouvée quelquefois trop
sévère, je me trouvais moi-même trop indulgent, je me
reprochais quelque complaisance pour la popularité pos-
thume de ce grand nom. La dernière strophe surtout est
un sacrifice immoral à ce qu'on appelle la gloire. Le génie,
par lui-même, n'est rien moins qu'une vertu ; ce n'est
qu'un don, une faculté, un instrument : il n'expie rien, il
aggrave tout. Le génie mal employé est un crime plus
illustre ; voilà la vérité en prose. J'ai corrigé ici ces deux
vers, qui pesaient comme un remords sur ma conscience.

« Voici cette correction :

> Et vous, peuples, sachez le vain prix du génie
> Qui ne fonde pas des vertus ! »

La réflexion sur le génie est profonde et absolument vraie. En saine morale, le génie n'est pas une excuse, mais une aggravation.

Les deuxième et troisième volumes sont les *Harmonies*, les *Recueillements;* rien d'indispensable à signaler.

Le quatrième contient *Jocelyn.*

Ce poème, admirable sous tant de rapports, a soulevé des critiques dont quelques-unes ne sauraient être dédaiguées. Le sujet est extrêmement délicat, à cause du prêtre qui est en jeu.

Si donc l'Église, gardienne de toutes les vérités imposées à notre foi et de toutes les croyances qui s'y rattachent, les défend, comme c'est son droit, avec vigilance et même ombrage, aucun croyant ne peut y contredire; il a le devoir de s'incliner.

Mais quand le public s'en mêle, pour formuler avec sa passion ordinaire des griefs de toute sorte , fussent-ils même de nature religieuse, ce n'est pas là qu'il faut aller chercher la pensée de l'auteur, mais dans l'auteur lui-même.

Cette pensée se trouve dans un *post-scriptum* ajouté à la préface de la première édition de *Jocelyn,* pour les suivantes. Il est daté de 1836, c'est-à-dire d'une époque où la gloire de Lamartine commençait à atteindre son apogée, où, par la nature de ses préoccupations, de ses succès et de ses triomphes, il devait déjà avoir atteint cette confiance en soi qui a toujours été le piège des grands hommes et les a si souvent entraînés non seulement dans l'indépendance, mais dans la folie de l'orgueil et de la révolte. Les affirmations si pleinement respectueuses qui y sont contenues

n'ont donc que plus de force. Elles montrent sous un jour
décisif les véritables sentiments de Lamartine, protestant
hautement qu'il n'a voulu ni attaquer le catholicisme qui a
son amour et son respect, ni louer le panthéisme qu'il
réprouve presque à l'égal de l'athéisme.

Ne faudrait-il pas être tout à fait intolérant et avoir
l'âme glacée d'un sectaire pour condamner ce grand génie,
malgré son honnêteté, à cause des quelques points noirs de
doute mal définis qui paraissent à l'horizon, lorsque tant
de foi et tant d'amour éclatent en manifestations lumi-
neuses à chaque rayon du jour et à chaque pas de sa vie,
dans la louange, la prière et l'adoration?

Un argument de plus vient confirmer la sincérité des
affirmations de l'auteur de *Jocelyn* : c'est la dédicace
même de cet ouvrage, faite par lui à sa jeune, pieuse et
sainte femme. Aujourd'hui, en effet, on peut connaître ce
que valaient l'âme, le cœur, l'esprit de cette femme supérieure, catholique par choix et par conviction ; on sait qu'elle
a accepté avec une joie pleine d'orgueil la dédicace de son
époux et qu'elle aimait d'un double amour cette œuvre de
son mari ; on sait encore que, malgré la partialité naturelle
de son cœur, jamais elle n'aurait eu cette joie et cette prédilection si elle avait découvert, dissimulée derrière tant
de séduction poétique, une attaque quelconque contre
sa foi.

J'ai lu et relu *Jocelyn* pour y chercher en toute bonne
foi et sincérité la raison des critiques faites. J'ai toujours
éprouvé le même attendrissement, le même enthousiasme ;
sans doute, la situation si délicate du héros du poème provient de son habit sacerdotal ; mais son caractère sacré est

si bien ménagé, si bien accentué dans son rôle d'admirable abnégation, que rien ne m'a choqué.

En fermant le livre, j'en ai toujours emporté une émotion plus douce, plus élevée, plus pieuse; jamais un autre sentiment. Peut-être l'impression est-elle différente sur certaines âmes mal préparées, et de là des réserves autorisées!

En dehors de ces réserves sacrées qu'on ne discutera jamais ici, il n'y a qu'une interprétation vraie des sentiments de Lamartine, dans *Jocelyn* comme ailleurs, celle de Lamartine lui-même, celle de la sainte compagne de sa vie, celle de ceux enfin qui, l'ayant le plus connu, sont à même de mieux le reconnaître.

Jusqu'au quinzième volume, pas d'arrêt à faire; c'est le premier *Voyage d'Orient,* en trois volumes; puis les six des *Girondins;* mais le quinzième est consacré à l'importante Critique de cette histoire fameuse. Ne pouvant la reproduire ici en entier, je dois me borner à une courte citation. Mais, comme je cherche toujours à m'appuyer d'une autre force que la mienne, je ne vais même pas choisir moi-même cette citation. Je l'emprunte textuelle, avec le paragraphe qui la précède et celui qui la suit, au discours remarquable qu'avait préparé pour sa réception à l'Académie française le successeur de Lamartine (1), discours qui, par suite des circonstances politiques, n'a pas été prononcé, mais qui a été imprimé avec la réponse que devait lui faire Émile Augier.

« On a reproché au livre des *Girondins* d'avoir doré la

(1) M. Émile Ollivier.

guillotine ; en réalité, il l'a déshonorée. Si les principes honnêtes de la Révolution y sont loués, les crimes sont inexorablement flétris, les victimes idéalisées, les supplices décrits avec un pathétique réprobateur, et, à la fin du récit, loin d'être converti à 93, le lecteur trouve que Brumaire se fait bien attendre. Quant aux erreurs ou aux sophismes qui déparent quelques parties de cette entraînante composition, aucun critique ne les a blâmés aussi fermement que l'auteur lui-même. Écoutez-le :

« J'ai été téméraire et malheureux dans le regard jeté
« sur l'intérieur de la jeune Reine. Rien n'autorise à lui
« imputer un tort de conduite dans ses devoirs d'épouse,
« de mère, d'amie. »

« Tout est juste dans mon jugement sur le crime de la
« République à l'égard de Louis XVI. Une seule phrase
« m'y blesse (il y eut une puissance sinistre dans cet
« échafaud), concession menteuse à cette école historique
« de la Révolution qui a attribué un bon effet à une détes-
« table cause, et qui prétend que la Terreur a sauvé la
« patrie. Honte sur moi pour cette complaisance! »

« J'ai été indigné contre moi-même en relisant ce matin
« la dernière page lyrique des *Girondins* (sur l'ensemble
« de la Révolution), et je conjure les lecteurs de la déchi-
« rer eux-mêmes, comme je la déchire devant Dieu et
« devant la postérité. »

« En présence de ces magnanimes aveux, comment insister, si ce n'est pour admirer le caractère à la hauteur de l'esprit? C'est, en effet, un des traits distinctifs de Lamartine : en lui, l'homme proprement dit est égal au poète, au chef d'État, à l'orateur, à l'historien. »

Ce dernier paragraphe résume admirablement ma pensée; je demande à son auteur la permission de l'adopter complètement,

Quant à celui qui précède la citation, tout en le louant dans son sens général, puisque je le cite, j'y fais une humble mais expresse réserve personnelle au sujet de l'expression : les principes honnêtes de la Révolution. Je dois à la franchise, à l'honnêteté même, de ne tromper personne sur celui qui écrit ces lignes. A propos du mouvement dont l'origine est en 1789, mouvement où un double courant de *bien* et de *mal* n'a cessé de se produire, les définitions claires sont indispensables. Appeler révolution le bien et le mal me paraît destiné à embrouiller les esprits et à fausser les idées. Ce qu'il y a de bon, d'honnête, de vraiment progressif, de désirable en un mot, ne vient pas de la Révolution, puisqu'il se serait accompli sans elle plus heureusement pour la patrie et pour chaque citoyen; je l'appelle les réformes. C'est le reste : la persécution, l'anarchie, le sang, que j'appelle la Révolution, et je n'y trouve, par conséquent, rien de bon ni d'honnête.

Je ne sais ce que Lamartine aurait dit de cette définition bien nette dans mon esprit; ce que je sais, c'est qu'il l'aurait accueillie avec sa tolérance accoutumée; je demande au lecteur de faire de même et de ne retenir de ma franchise en ce moment qu'une chose : la preuve de ma sincérité, toujours.

Le seizième volume contient la *Chute d'un ange,* poème très controversé, auquel on a adressé de très vives critiques, surtout au point de vue religieux. Sans entrer dans aucun détail, je tiens seulement à rappeler que Lamartine a protesté avec la dernière énergie contre les intentions panthéistes ou autres qu'on lui a prêtées. Madame de Lamartine, si pieuse, si pure, ne l'a pas repoussé, parce qu'elle connaissait la pensée de son mari ; elle a travaillé seulement à rendre moins « effrayant » , selon sa propre expression, ce « *beau* poème ». Il est en effet, malgré ses incorrections, d'une beauté particulièrement saisissante dans sa mâle hardiesse ; ceux qui le lisent en connaissance de cause n'y trouvent aucune pensée mauvaise et n'en conservent aucune impression immorale ou antireligieuse. C'est une des œuvres qui, aujourd'hui, se vendent le mieux.

Des douze volumes suivants, six contiennent l'*Histoire de la Restauration* et six l'*Histoire de la Turquie ;* les vingt-neuvième et trentième renferment les *Confidences, Graziella* et *Geneviève ;* le trente et unième, l'*Histoire de la Russie ;* le trente-deuxième, *Raphaël ;* aucun commentaire important. Le trente-troisième raconte le *Nouveau Voyage en Orient ;* rien à dire de plus. Les trente-quatrième et trente-cinquième sont intitulés : *les Hommes illustres ;* c'est un choix dans les vies des grands hommes, parues dans le *Civilisateur,* c'est-à-dire écrites avant 1856. Parmi les morceaux littéraires non cités dans les Œuvres complètes, beaucoup auraient mérité d'y figurer.

Les quatre derniers volumes sont consacrés aux *Mémoires politiques,* si intéressants et trop peu connus.

Fior d'Aliza et les *Mémoires intimes* parurent plus tard, en dehors de l'édition dite des Œuvres complètes.

V

Même après avoir lu toutes les autres œuvres et les commentaires qui les accompagnent, on ne peut se faire qu'une opinion incomplète sur Lamartine si on ne connaît pas les ENTRETIENS LITTÉRAIRES, qui forment vingt-huit volumes.

On peut juger le poète, l'historien, l'orateur, par les innombrables productions où son génie éclate dans une merveilleuse fécondité. On peut juger l'homme d'État par ses mémoires écrits avec autant d'élévation que de sincérité; on peut même, si l'on médite avec bonne foi les critiques que Lamartine lui-même a portées sur certains actes de sa vie politique et sur certaines de ses œuvres, se faire une idée de l'exceptionnelle grandeur du caractère de l'homme; mais, pour trouver exposées d'une manière nette et décisive ses opinions vraies, définitives, sur les grandes idées du siècle ou les grands événements de son époque, commé sur le beau et le vrai de tous les temps, il faut lire le *Cours de littérature.*

Là, dans des entretiens d'un intérêt inégal, je l'accorde, mais tous très intéressants et très instructifs, au milieu de citations peut-être trop fréquentes, trop longues et tenant trop de place, mais fort belles néanmoins, Lamartine aborde les plus hauts sujets religieux, philosophiques, politiques, et, à ce propos, ouvrant les trésors de son âme et de son esprit, il laisse tomber de sa conscience et de sa

raison des enseignements merveilleux. Le plus grand
nombre donnent un éclatant démenti aux accusations passionnées de l'esprit de parti ; accusations anciennes, nées
dans des jours d'implacable ressentiment politique, mais
qui, malgré les tendances salutaires de l'esprit public vers
plus de justice, agissent encore sur les jugements de l'élite
des citoyens, parce que cette élite même ne sait pas. Un des
phénomènes singuliers, quoique bien fréquents, de notre
pauvre humanité, c'est l'ignorance si grande dans laquelle
nous sommes généralement et nous restons, à propos des
choses dont nous parlons le plus, sur lesquelles nous
jugeons et nous tranchons avec le plus d'assurance. Au lieu
d'étudier pour se faire une opinion sérieuse, on répète, du
journal au salon, du salon au cercle, du cercle à l'histoire,
et cela de générations en générations, d'iniques faussetés
qui demeurent la chose la plus difficile à déraciner, c'est-à-
dire un préjugé. Comme la vérité religieuse derrière la
superstition, la vérité historique disparaît derrière le préjugé. C'est ce qui est arrivé pour Lamartine.

En relisant le *Cours de littérature,* j'ai été frappé d'admiration et d'étonnement : d'admiration pour les trésors
de saine philosophie, de moralité chrétienne et de bon
sens politique qui s'y trouvent accumulés ; d'étonnement
que de pareils trésors demeurent dans un pareil oubli.

Hommes de foi et de bon sens, avez-vous lu le *Cours de
littérature ?* Vous croyez aux vérités du catéchisme, avez-
vous lu le troisième *Entretien,* où, avant de prouver que la
perfectibilité humaine n'est pas indéfinie, Lamartine
appelle l'homme le prêtre de la création, c'est-à-dire
un être qui pour fonctions principales, — tout le reste

étant secondaire, — a celles de croire, d'adorer et de prier ?

Vous pratiquez la doctrine de la soumission à Dieu, avez-vous lu l'*Entretien* sur Job, où Lamartine termine des pages admirables en proclamant que la philosophie du monde tient dans trois mots qui ont été la philosophie du désert, mots que Job a dits avant nous et que nous devons redire après lui parce que nous ne pouvons pas trouver mieux : « Je m'humilie, je me repens et j'espère » ?

Vous voulez enfin le triomphe de la morale et des droits de Dieu dans l'humanité, avez-vous lu les *Entretiens* sur J. J. Rousseau, où, après avoir rendu hommage au style incomparable des *Confessions,* il en flétrit avec dégoût les turpitudes, où, en réfutant les absurdités de l'*Émile* et les sophismes du *Contrat social,* il oppose à ce faux contrat appuyé sur les droits de l'homme le vrai *Contrat social* basé sur les droits de Dieu ?

En politique extérieure, évidemment vous êtes pour que notre diplomatie soit conduite selon les traditions françaises dans l'intérêt français, par des hommes ne se laissant pas duper par le premier venu et ayant quelque prévision de l'avenir, et vous reprochez à Lamartine à ce propos de n'être qu'un rêveur et un poète.

Mais avez-vous lu l'*Entretien* où il raconte ses conversations politiques de 1848 avec les ambassadeurs des puissances étrangères paralysées par son admirable manifeste à l'Europe ?

Avez-vous lu ceux dont nous avons parlé sur Machiavel et sur Talleyrand, sur l'Amérique ?

Vous vous préoccupez enfin à juste titre de résoudre pacifiquement et religieusement cette question sociale qui existe si bien qu'elle est la question capitale du présent et de l'avenir, et cette préoccupation sera votre justification, votre gloire dans ce siècle.

Avez-vous lu plus fréquemment peut-être dans les *Entretiens* que partout ailleurs cette pensée constante de Dieu, non pas seulement comme un nom qu'il prononce pour ainsi dire malgré lui à chaque parole et à chaque ligne, mais comme une explication à tous les mystères et une solution à tous les problèmes, de telle sorte que comme nous et avant vous, non seulement il a reconnu les droits du peuple, du travail, de la misère et de l'ignorance, et le devoir pour nous de les satisfaire dans la mesure du possible, selon la loi de Dieu, mais que sans employer les mêmes formules et proposer les mêmes systèmes d'application que tels ou tels chefs de nos écoles sociales les plus généreuses, il a le même principe, le même but, et proclame le même moyen théorique, qui est de càlmer dans la justice les haines antisociales, en opposant à la doctrine fatale des droits antagonistes la doctrine chrétienne des devoirs réciproques?

Avez-vous lu tout cela?

Si vous ne l'avez pas lu, je déclare en âme et conscience que vous ne pouvez pas bien connaître Lamartine, et que vous n'êtes pas en mesure de le juger.

VI

Le cours chronologique de ce récit m'amène aux plus grands souvenirs de ma vie. Lamartine y est mêlé !

A la fin de 1863, j'étais en garnison à Lyon. Mes parents, qui déjà depuis quelque temps m'avaient parlé mariage quoique je n'eusse que vingt-six ans, m'en proposèrent un qui paraissait réunir toutes les conditions désirables.

Au mois de janvier 1864, étant venu à Paris avec un congé de trois mois, la bonne impression que j'avais ressentie se confirma pleinement.

Toutes les questions de convenance personnelle ayant été tranchées sans hésitation, et toutes les formalités d'affaires rapidement remplies, le mariage fut décidé pour le 1er mars suivant.

Mon père alla trouver son illustre ami et lui demanda s'il voudrait bien être mon témoin.

Lamartine, avec sa bonté accoutumée, répondit qu'il en serait très heureux ; mais Madame de Lamartine étant morte moins d'un an auparavant, à cause de son deuil, et aussi à cause de l'état de sa santé qui se délabrait de plus en plus, il demanda la permission de n'assister à aucune autre réunion qu'au mariage civil et au mariage religieux.

Ce dernier mariage devait être bénit, et le fut en effet, dans l'église de Saint-Philippe du Roule par un éminent évêque qui avait été un des professeurs de mon père, qui était resté son ami et qui trente ans auparavant avait béni

son mariage dans la même église. Mgr Berteaud, évêque de
Tulle, était certainement une des figures les plus curieuses
de l'épiscopat français ; il était doué d'une éloquence particulière, et possédait le don de l'improvisation à un tel point
qu'il lui était impossible de donner un sermon tel qu'il
l'avait préparé ; toujours il partait sur des pensées nouvelles,
et c'était au moment des digressions que sa parole était le
plus saisissante. Ses conversations étaient donc aussi élo-
quentes que ses sermons, et ses discours aussi nourris de
tous les arguments que pouvait lui apporter une mémoire
vraiment prodigieuse, mise au service d'une érudition con-
sommée. Lamartine avait dîné avec lui plusieurs fois chez
mon père et ne se lassait pas de provoquer sa parole, afin
d'avoir l'occasion d'admirer davantage cette éloquence surprenante dans laquelle l'originalité des plus hautes pensées
était traduite dans la forme la plus inattendue en même
temps que la plus entraînante. Mgr Berteaud, de son côté,
s'était senti tout de suite à son aise dans la grande et noble
compagnie intellectuelle de Lamartine. Il fut ravi à la pensée
de rencontrer le grand homme qu'il n'avait pas vu depuis
longtemps, comme témoin du mariage qu'il allait bénir.
Dans les derniers jours de février il arriva donc de son
diocèse tout exprès pour donner à ma famille cette grande
marque d'affection. Mon mariage eut lieu le 1er mars,
comme il avait été convenu. La présence de Lamartine
accompagné comme témoin du vicomte de La Guéronnière,
futur ambassadeur à Constantinople, et du général de
Ladmirault, futur gouverneur de Paris, l'originalité grandiose du discours de Mgr Berteaud, la rencontre enfin du
grand poète et du grand évêque en furent, au point de vue

des invités, les épisodes principaux. Ils laissèrent aussi aux plus intéressés, aux mariés et à leur famille, une impression qui ne s'est jamais effacée.

Voici comment je retrouve, fixée dans un document de famille, la portion des souvenirs de mon mariage qui concerne Lamartine :

« Les assistants furent vivement impressionnés par la parole si ardente et si imagée de l'éloquent évêque; ils devaient bientôt l'être davantage dans la sacristie, où, conformément à l'usage, ils se rendirent pour féliciter les mariés et leurs parents. Là les attendait une scène d'une véritable grandeur. Mgr Berteaud connaissait déjà Lamartine; il avait dîné plusieurs fois avec lui chez leur ami commun le baron de Chamborant, et avait excité un véritable enthousiasme chez le grand poète par son admirable faculté d'improvisation, par la profondeur de son savoir, par la hauteur et l'originalité de son esprit. De son côté, l'éminent évêque s'était senti vivement attiré vers son illustre contemporain, chez lequel il admirait tout à la fois et le poète incomparable dont le génie sublime constituait une des gloires de la France, et l'homme d'État au si grand courage dont le sang-froid et l'éloquence avaient sauvé notre pays du drapeau couleur de sang de la Révolution. La présence de Lamartine à la cérémonie du mariage avait été une excitation pour Mgr de Tulle; avec une délicatesse remarquable il y fit plusieurs fois allusion dans son discours. Aussi, lorsque Lamartine entra à la sacristie à la suite des mariés, son premier mouvement fut-il d'aller remercier et féliciter Mgr de Tulle, qui, en descendant de chaire, s'était retiré

dans une pièce voisine dont la porte était restée ouverte.
Celui-ci s'aperçut de cette intention et, sortant aussitôt de
son refuge, s'avança dans la sacristie, où, sous les yeux des
complimenteurs qui se pressaient déjà, il tendit ses bras
ouverts au grand homme et l'embrassa avec effusion, et
répondit à ses compliments sur son discours par ces mots :
« Vous étiez bien un peu là dedans! »

« Un des plus étonnants membres de l'épiscopat serrant
sur son cœur un des plus admirables poètes dont Dieu ait
doté la terre, c'était là un spectacle bien fait pour inspirer à
tous la plus respectueuse émotion; il est resté gravé d'une
manière ineffaçable dans la mémoire des mariés, de leurs
familles et de leurs amis. Ceux qui ont assisté à cette entrevue n'oublieront jamais ni l'expression de joyeuse et tendre
fierté peinte sur le visage du prélat, ni la noble et si respectueuse attitude conservée par le poète. »

Cette citation suffit, ce me semble, à prouver une fois de
plus la bonté de Lamartine, à montrer sa physionomie vraie
dans ses relations d'amitié. Cette bonté pour moi ne s'est
pas arrêtée au jour de mon mariage; elle m'a suivi avec
sollicitude dans ma vie nouvelle, comme l'indique la lettre
suivante.

VII

Datée de Monceau, le 24 novembre 1864, elle est ainsi
conçue :

« Mon cher Chamborant,

« Nous savions par M. de La Guéronnière le bonheur de
« votre maison, la joie de votre nouvelle famille, les espé-
« rances qu'ils recueillent et qu'ils vont rapporter à Paris,
« de leur complète félicité. Nous savions même la magni-
« ficence des fêtes que vous avez données à votre pays et
« que votre pays vous a rendues. Personne autant que
« nous n'en a joui, dites-le bien à Mmes de Chamborant et
« à votre excellent fils.

« Pendant ce temps-là, l'heure de mon dépouillement
« absolu approche ; à peine ai-je le temps de réfléchir au
« coup qui nous menace. J'ai eu cependant des créanciers
« obligeants et de très belles récoltes. Mais la destinée est
« plus forte que la Providence.

« Je vais à Paris dans quelques jours ; je vous remets
« donc au moment de votre arrivée très prochaine et peut-
« être très courte, et je vous prie de nous aimer comme
« nous vous aimons. Notre amitié n'a pas commencé avec
« le bonheur et ne finira pas avec lui.

« Mille tendresses.

« A. DE LAMARTINE. »

Après les témoignages de sympathie, les cris d'angoisse
et de douleur ! Lamartine insiste sur l'état si triste de ses
affaires ; il ne peut s'empêcher de gémir, mais il ne veut
pas du moins que sa plainte ait même l'apparence d'un
reproche jeté vers le ciel, et il trouve ce gémissement qu'on
peut appeler un gémissement de génie : la destinée est plus
forte que la Providence.

Quant à la pensée si délicate, si confiante, qui termine la
lettre, je ne l'accompagnerai que d'une réflexion. Lamartine

avait raison de penser que l'amitié de mon père pour lui ne finirait qu'avec la vie. Elle n'a pas failli un seul jour, ni avant ni après la mort de son illustre ami. Quand l'âge l'a étreint et abattu, le nom de Lamartine lui revenait encore souvent sur les lèvres; les dernières visites qu'il ait faites ont été pour celle qui porte si dignement ce grand nom.

Jusqu'à sa dernière heure, pour ainsi dire, s'il en avait été besoin, il m'aurait appris à aimer Lamartine.

Mon éducation était complète depuis longtemps sur ce point; mais les lectures que j'ai faites en vue de ce travail, les détails qu'elles m'ont appris, les réflexions enfin qui m'ont été suggérées n'ont pu que me confirmer dans mon respect et mon admiration.

Puisse ce volume passer cette tradition à ceux qui viendront après moi!

CHAPITRE XIII

LES DERNIÈRES ANNÉES

I

Lamartine revint à Paris dans le courant de décembre 1864. Sa bonté s'étendit près de moi comme sur moi-même, et je ne peux pas exprimer tout ce que sut y joindre de grâce affectueuse Madame Valentine. Pendant la fin de 1865 et l'hiver 1866, ma femme put mener la vie de tout le monde et profiter plusieurs fois de ces réunions quotidiennes du soir chez Lamartine où l'on était toujours sûr de rencontrer un triple attrait : la présence du grand homme, l'accueil si charmant de sa nièce et le défilé des personnalités marquantes qui se succédaient.

Plus tard, hélas! le renouvellement de ce plaisir lui a été impossible; et cette impossibilité a été une grande privation pour une femme capable de comprendre tout le prix et tout le charme d'une si illustre amitié. Elle a conservé jusqu'à son dernier jour le souvenir vivant du grand homme et la plus complète gratitude pour cette nièce dont la distinction si haute et la bonté si charmante avaient exercé sur elle une particulière séduction.

A cette époque, la correspondance commence à devenir moins fréquente; j'ai encore retrouvé deux lettres de 1866, l'une dictée par Lamartine à Madame Valentine, l'autre du style comme de la main de cette dernière; la première est du 1ᵉʳ août, la seconde du 31.

II

La première fut reçue par mon père dans les conditions suivantes :

Le roman de *Fior d'Aliza,* une des dernières œuvres publiées par Lamartine, avait d'abord paru en feuilleton par suite d'un traité qui en stipulait la concession au journal *la France,* dirigé par le vicomte de La Guéronnière. Néanmoins Lamartine manifesta la volonté de faire paraître cette œuvre dans les Entretiens et d'en faire un volume à part. Il en avait le droit, puisqu'il s'était réservé cette faculté par son traité lui-même avec le journal; mais mon père, qui n'avait plus sous les yeux le texte de ce contrat, craignit que Lamartine ne fût entraîné par surprise à tomber dans un piège. Il lui en écrivit donc tout de suite, avec la liberté de conseil qui était une des formes très bien acceptées de son affection.

Pour remercier mon père de son affectueuse attention, Lamartine lui répondit cette lettre du 1ᵉʳ août 1866, qui, en

réalité, est la dernière que j'ai retrouvée, et est extrêmement curieuse en ce sens qu'elle formule sous une forme
saisissante le formidable bilan des dettes qui, de fatalités
en fatalités, avaient fait la boule de neige, avaient pris
mille formes diverses et en définitive avaient atteint un
chiffre énorme.

Voici la lettre :

« Paris, 1ᵉʳ août 1866.

« MON CHER CHAMBORANT,

« Merci de votre attention; mais la chose était trop
« grosse, pour que je n'y prisse pas garde. Avant d'opérer,
« j'ai prié La Guéronnière de se souvenir si je n'avais pas
« prévu le cas où j'aurais à justifier que mon contrat
« avec lui porte l'autorisation formelle de vendre à mes
« abonnés et à d'autres *Fior d'Aliza*. Il me l'a positive-
« ment assuré, me disant qu'il était prêt, si l'on me faisait
« quelque mauvais procès, à me fournir la pièce en ques-
« tion qui le tuerait dans l'œuf. J'ai toujours réservé mes
« œuvres complètes. Je subirai donc le procès, si on avait
« l'imprudence de me le faire.

« Je pars de Paris dans peu de jours, espérant pouvoir
« me défendre, au moins quatre mois, contre d'autres
« procès possibles, mais qui seront bien glorieux pour
« moi financièrement parlant, et tellement peu honora-
« bles pour d'autres personnes que je ne vous nomme pas,
« que je ne veux pas sans nécessité absolue les nommer.
« J'afficherai, quand on voudra, sur tous les murs de
« Paris, que j'ai *effectivement payé plus de six millions*
« en quatorze ans d'efforts surhumains, sans avoir reçu un
« sou du gouvernement, excepté l'autorisation accordée à
« tout le monde d'une loterie qui n'a pas coûté un sou ni
« aux contribuables, ni à l'État.

« Faites périr, après cela, faute de restituer cette
« moitié de loterie, un homme qui n'est pas votre ennemi,
« et qui, aujourd'hui même, vous respecte et vous ménage !
« et dites-moi ce que vous pensez de vous-même.

« Voilà la réalité de mon bilan. Mais, s'il faut entrer
« dans la voie des procès, ce qui me paraît inévitable, je
« prouverai, clair comme le jour, non pas par mon dire,
« mais par mes créanciers soldés, que telle est ma situation
« vraie.

« Adieu. Recevez mes amitiés et mes espérances de
« prompt rétablissement pour votre charmante belle-fille ;
« et si vous m'écrivez à dater du 9 août, faites-le à
« Mâcon. Valentine est bien sensible à ce que vous dites
« d'elle, et elle me charge de vous dire qu'elle s'unit à
« moi, en tout ce qui vous concerne.

« Al. DE LAMARTINE. »

Il ne faut pas oublier que la lettre dont il s'agit a été
écrite en 1866, à une époque où le gouvernement impérial
n'avait encore pris aucune décision favorable envers Lamartine, et où l'administration, sous prétexte de régle-
menter, conformément à je ne sais quelle jurisprudence
des loteries ordinaires, la loterie exceptionnelle autorisée
pour le grand citoyen, le soumettait à mille tracasseries
qui venaient compliquer ses embarras.

Nous dirons bientôt l'acte honorable, mais si tardif,
qui racheta un peu, en 1867, les longues hésitations de
l'Empereur au sujet du grand poète. Les conseils du souverain espéraient toujours, mais en vain, que Lamartine
serait amené à accepter non pas d'une loi, mais de la
cassette particulière, un bienfait qui l'eût enchaîné, abaissé,
compromis, et en eût fait la dépouille la plus précieuse et la

plus illustre des conquêtes du second Empire sur la seconde
République.

III

C'est dix-huit jours après cette lettre que naquit ma
seconde fille. Sa naissance fit courir à sa mère le plus grand
danger ; et c'est à cette époque qu'il faut faire remonter des
inquiétudes que rien ne pouvait présager et qui ont abouti,
douze ans après, au plus cruel dénouement.

Madame Valentine se fit l'interprète de son oncle et écrivit à mon père, à cette occasion, une lettre que je crois
devoir reproduire. En dehors des compliments d'usage si
affectueusement pensés et si gracieusement dits, elle contient des détails intéressants sur Lamartine. En outre, elle
est très susceptible de donner une idée de plus de toutes
les qualités d'âme et d'esprit de la noble femme dont la
douce figure est inséparable de celle de Lamartine dans
ses dernières années.

Voici la lettre :

« Saint-Point, 31 août 1866.

« MONSIEUR ET AMI,

« Comme c'est une fille, c'est moi qui demande à faire
« le compliment, et je le fais de tout mon cœur, car rien
« n'est charmant pour une mère comme d'avoir deux
« petites filles à élever ensemble ; le garçon a le temps de
« venir pour les faire enrager ; et je suis heureuse de savoir

« le château de Villevert abritant deux petits anges : cela
« lui portera joie et bénédiction. Dites de ma part .à
« Mme Albert de Chamborant combien nous nous unissons
« de loin à ce grand événement. Tout ce qui arrive à Ville-
« vert retentit jusqu'à Saint-Point! Hélas! pauvre Saint-
« Point! ses jours de joie sont bien finis, et on n'y entend
« plus que des gémissements.

  « Mon oncle se dévore de l'inquiétude de ses affaires. Il
« n'irait pas mal de santé, s'il n'avait ce souci poignant.
« Aussi, je ne peux pas vous dire l'amertume que j'ai dans
« l'âme contre la dureté de certains hommes qui prennent,
« je crois, plaisir à son martyre. Mais Dieu est là-haut, et
« comme j'ai foi en sa miséricorde, j'ai foi aussi en sa jus-
« tice.

  « Mon oncle travaille beaucoup; il a l'admirable faculté
« de s'abstraire de tout autres pensées quand arrive l'heure
« de se mettre à l'œuvre, et je crois vraiment que c'est ce
« qui le sauve.

  « Nos pauvres vignes, qui étaient superbes, souffrent de
« la constance de la pluie; un peu de chaleur pourrait
« encore tout réparer, mais viendra-t-elle? Ce n'est pas la
« coutume cet été. Les vendanges se feront dans quinze
« jours. Nous retournerons alors à Monceau.

  « J'espère que votre comice ne sera pas trop mouillé!
« Vous me raconterez tout cela cet hiver, sans oublier A...
« et votre belle cousine. Vous savez que je connais Ville-
« vert par le charme de vos récits et la puissance de mon
« amitié.

  « Rien de nouveau du procès. Comment le faire, d'après
« ce que M. de La Guéronnière avait dit à mon oncle?

  « Adieu! mais avant laissez-moi vous prier de nous
« rappeler aux souvenirs de Mme de Chamborant et de
« M. Albert. Je prends là liberté d'embrasser la charmante
« accouchée qui, j'espère, sera bientôt sur pied mainte-
« nant. Mon oncle vous envoie son amitié; moi, à l'assu-

« rance de la mienne, je joins une affectueuse poignée de
« main.

« VALENTINE. »

Une phrase de cette lettre signale une des facultés les
plus remarquables de Lamartine, celle qui, selon la propre
expression de Madame Valentine, a sauvé son oncle au milieu
d'angoisses aussi écrasantes, c'est sa puissance d'abstrac-
tion dans le travail. Malgré cette sensibilité excessive, dont
Lamartine lui-même déclare qu'il était doué ou affligé selon
les cas, malgré une imagination qui s'est manifestée sous
les formes les plus variées et les plus puissantes, le poète,
l'historien, le penseur savait, une fois à l'ouvrage, chasser toutes les préoccupations étrangères à son œuvre
actuelle, et pendant plusieurs heures de suite il vivait
entièrement absorbé dans le sujet qu'il avait à traiter ;
pendant des heures, sa plume courait sur le papier, pas
assez rapide cependant pour suivre sa pensée. Quelle supériorité ! Il y a des hommes qui ne peuvent rien entreprendre, rien continuer ou rien achever, lorsque leur sensibilité
amène en eux la douleur, la souffrance et l'accablement,
ou que leur imagination invinciblement entraînée vers tel
ou tel objet se rebiffe avec indocilité contre l'esprit qui
essaye de la lancer sur une autre piste. Dans le faisceau de
facultés qui forment son génie, la faculté de s'abstraire a
été pour Lamartine non seulement le complément de son
inépuisable fécondité, mais la source des consolations
suprêmes qu'il a trouvées dans le travail presque jusqu'à
son dernier jour !

Je n'ai plus de lettres à citer ; le petit trésor personnel

composé des quelques fragments de correspondance iné-
dits sortis de la pensée du grand homme ou inspirés par
lui, est épuisé.

Si je n'ai plus de citations à faire dans Lamartine, ma
tâche n'est cependant pas finie à propos de lui ; j'ai à inter-
roger mes souvenirs et mon cœur pour accomplir encore
deux devoirs : pour le suivre jusqu'à sa mort, survenue le
27 février 1869, et pour suivre après lui jusqu'à ce jour sa
grande mémoire, conservée vivante, constamment réchauf-
fée, couvée dans l'âme de la noble femme qui porte son
grand nom. C'est dans cette âme, à laquelle ont fait écho
les âmes de quelques amis et de quelques gens d'élite
constitués en *Société* pour propager les œuvres de Lamartine dont ils sont propriétaires depuis longues années,
qu'enfermée comme dans une arche au milieu du déluge
de l'iniquité contemporaine, cette mémoire a attendu
l'abaissement du flot d'injustice ; ce flot descend de plus en
plus ; la colombe s'apprête à rapporter la branche d'olivier
à la suite de laquelle la grande figure de Lamartine ira
reprendre sa place légitime dans l'admiration du monde.

IV

Avant d'arriver à la date funèbre du 27 février 1869,
c'est-à-dire à sa mort, il n'y a plus que deux années,
1867 et 1868. Je ne suis nullement étonné de n'avoir pas
retrouvé de lettres de la main de Lamartine ou dictées par
lui ; il était affaibli, malade ; sa grande intelligence, sans

être éteinte, était déjà assoupie; certainement, Madame Valentine a écrit à mon père, mais j'ai le regret de n'avoir pas retrouvé cette partie de sa correspondance.

Je ne puis rappeler qu'un seul fait saillant pendant l'année 1867, c'est la loi du 8 mai, par laquelle l'Empereur accordait à Lamartine comme dotation, à titre de récompense nationale, une pension viagère de 25,000 francs.

Le gouvernement impérial, qui avait toujours espéré que la nécessité amènerait Lamartine à accepter les faveurs personnelles du souverain, voyant que cet espoir était toujours déçu, sachant, d'autre part, que la santé du grand homme déclinait, craignit enfin, par des tergiversations perpétuelles, de faire perdre à l'Empereur, en cas de mort de Lamartine, l'occasion d'un acte glorieux pour son règne, et on se décida enfin à lui faire voter une loi dont j'ai retrouvé le texte dans les papiers de mon père.

Voici ce texte :

« Il est accordé, à titre de récompense nationale, à M. Alphonse de Lamartine une somme de 500,000 francs, exigible à son décès, et dont les intérêts à 5 pour 100 lui seront servis pendant sa vie.

« Cette somme, en principal et intérêts, sera incessible et insaisissable jusqu'au décès de M. de Lamartine. »

Un acte public officiel du gouvernement français reconnaissait donc les grands services rendus par Lamartine à son pays.

Malgré l'heure tardive où cet acte réparateur a été accompli, il doit rester dans le bilan moral de l'Empire à l'actif de Napoléon III.

Dieu seul peut savoir les mobiles secrets de toutes les

actions humaines et juger infailliblement. Quant à l'homme, s'il veut essayer d'être impartial, après avoir présenté à l'examen de tous les différentes conjectures, il ne peut pas, il ne doit pas conclure contre les apparences.

Peu d'hommes ont été aussi mesurés que Lamartine dans ses jugements sur les choses politiques et sur les gouvernements. Vis-à-vis de l'Empire et de Napoléon III en particulier, il n'avait jamais montré aucune hostilité systématique; l'initiative impériale pour la loi de 1867 le trouva disposé à la convenance la plus équitable ; faisons comme lui.

V

Nous arrivons à 1868! Ce n'est pas sans un serrement de cœur véritable, sans une mélancolie profonde que je me reporte à cette année où, au commencement d'inquiétudes intimes qui devaient durer dix ans, pour finir par une catastrophe, j'ai vu pour la dernière fois l'homme si grand dont j'essaye, moi si petit, d'honorer la mémoire.

C'était au mois de mai, pendant les quelques semaines passées à Paris, entre mon retour de Nice et mon départ pour la campagne ; je n'oublierai jamais mon impression. Le spectacle était triste et plein de grandeur. Il excita en moi l'émotion la plus chrétienne. Jamais je n'ai mieux compris ce qu'était Dieu au-dessus de l'homme, ce qu'était la jeunesse éternelle en face des éblouissements éphémères des plus grands génies de l'humanité! Lamartine, le chantre divin! Lamartine, l'éloquent fascinateur d'un

peuple en furie ! Lamartine, ce penseur si profond, ce lutteur sans pareil, ce travailleur d'une fécondité inépuisable,
il était là, abattu par la vieillesse. Depuis un an, son intelligence, merveilleusement conservée jusqu'alors, s'était
engourdie ; les ombres de la mort commençaient à voiler
son grand esprit. Je me souviendrai toujours du frisson qui
m'a traversé lorsque je l'ai vu à demi couché sur le canapé
dans son salon du chalet. Le soleil inondait la pièce de
lumière et de chaleur, les lilas fleuris l'embaumaient de
ses parfums ! Le grand homme, insensible à l'éclat du jour,
aux aromes du printemps et même au bruit des visiteurs,
avait les yeux fermés et semblait dormir. Madame Valentine nous accueillit avec plus de grâce que jamais. A
mesure que son oncle s'affaissait davantage, elle intervenait avec plus de sollicitude. Par le tact et l'habileté de sa
tendresse, elle arrivait à atténuer l'amoindrissement de ses
facultés. Quel que fût le visiteur, elle savait l'annoncer
de manière que son oncle pût trouver immédiatement le
mot qu'il devait dire pour lui faire bon accueil. Elle
déployait dans son rôle d'ange gardien une grâce véritablement charmante ; c'est dans de pareils moments qu'il
aurait fallu la photographier pour la postérité.

Mis sur la voie par elle, Lamartine, qui avait serré affectueusement la main de mon père, mais qui ne s'était pas
même aperçu de ma présence, me dit quelques mots de
bonté sur ma femme et mes enfants ; ce fut tout. Et ces
quelques mots furent prononcés avec une difficulté qui me
frappa.

Pendant le cours de la visite, tout en répondant aux
aimables interrogations de Madame Valentine, je ne cessais

de regarder Lamartine ; un secret pressentiment m'indiquait que je le voyais pour la dernière fois. Je sentais que
je devais profiter, pour ne l'oublier jamais, de la leçon
morale si haute qui m'était offerte. Quel contraste solennel et saisissant entre le génie que j'avais vu si longtemps
rayonner chez cet homme et la nuit qui commençait à l'en-
velopper de toutes parts ; entre le foyer d'éblouissante
lumière que cette grande intelligence épanchait naguère
et la lueur dernière et vacillante qu'un véritable amour
filial pouvait seul faire découvrir en lui à la vraie amitié !
Voilà donc notre orgueilleuse humanité ! Voilà donc un de
ses plus grands hommes ! Voilà donc l'humiliation de l'être
qui finit devant l'être qui est éternel, devant Dieu ! Oui,
la leçon, la voilà, je ne crains pas de m'y arrêter ! Je ne
crains pas d'attirer sur elle le regard du lecteur. En elle,
il y a trop de noblesse, en même temps que trop d'enseignements, pour que je veuille en éluder le spectacle mora-
lisateur.

Cette humiliation de la vieillesse, de l'affaiblissement
et de la mort, elle est celle de l'humanité tout entière.
Lamartine n'était qu'un homme. Malgré mon admiration,
mon enthousiasme et l'élan de mon cœur, je n'ai pas eu
la prétention aussi sotte qu'antichrétienne d'en faire un
être infaillible, un être soustrait aux misères de la pauvre
nature humaine. D'ailleurs, il était bien préparé à cette
épreuve dernière. Bien souvent, il avait dit que toute la
philosophie de l'homme en face de Dieu devait être : Je
me repens et je m'humilie.

En pleine vigueur intellectuelle, il s'était repenti en se
jugeant parfois avec une véritable sévérité.

De même, il s'était à chaque instant, lui, si grand parmi ses semblables, abaissé, anéanti, fait petit comme l'insecte et le dernier atome vivant, devant le Créateur des mondes et des âmes.

Ce Dieu a voulu qu'il éprouvât en réalité ces abaissements sanctifiants du *moi* humain, afin qu'ils fussent la compensation des mouvements d'orgueil que son génie avait dû fatalement lui inspirer parfois, quand il se comparait à la masse des hommes. Cette décadence, je la constate donc non seulement comme un devoir envers la vérité, mais comme un espoir de plus pour lui du bonheur qui ne finit pas.

J'aime mieux pour le grand homme que j'admire cette fin dans la souffrance, dans la douleur et les destructions de la vieillesse, que tant d'autres fins théâtrales, préludes des vaines et bruyantes apothéoses. Quelque grand comédien qu'on soit à l'heure de la mort, on trompe rarement les hommes et l'on ne trompe jamais Dieu. Lamartine n'a jamais voulu tromper ni Dieu ni personne. Pour le louer comme il le mérite, c'est-à-dire chrétiennement, il faut le montrer tel qu'il a été vraiment. Pas plus que je n'ai caché ses embarras financiers, je ne crois pas devoir cacher davantage sa maladie et les ravages de sa vieillesse. Se tromper, souffrir, vieillir et mourir : voilà l'homme, même le plus grand. De Dieu, il n'y en a qu'un, au ciel !

VI

L'hiver suivant, Lamartine revint à Paris comme de coutume; j'étais retourné à Nice, et je ne le vis pas. Son état s'aggrava, et l'on eut bientôt les plus grandes inquiétudes. L'abbé Deguerry, curé de la Madeleine, qui était un ami de la maison et qui avait donné les consolations dernières à Madame de Lamartine, vint près de lui pour y accomplir la même mission. Lamartine avait trouvé à son berceau la religion catholique, et elle s'épancha de l'âme de sa mère sur toute sa jeunesse; il l'avait respectée et aimée toute sa vie, en la sentant jaillir en vertus de l'âme de sa compagne bien-aimée. Cette religion toute vibrante dans l'âme de celle qui a protégé ses derniers jours ne l'a pas abandonné.

Le Prêtre (1), sur lequel il avait écrit des pages vraiment superbes de style, de respect, de sagesse, publiées pour la première fois en 1831, dans le *Journal des connaissances utiles,* reproduites en 1851 dans les *Foyers du peuple,* et placées en tête de *Jocelyn* dans les œuvres complètes, le Prêtre bénit ses derniers jours.

Le 27 février 1869, le grand homme rendit son âme à ce Dieu qu'il avait tant aimé, tant loué, tant chanté, à ce Dieu devant lequel il s'était constamment incliné dans la plus grandiose humilité, à ce Dieu dont il avait voulu faire son

(1) Voir l'Annexe, document G.

guide et sa lumière dans toutes ses œuvres, non seulement dans son œuvre littéraire, mais dans son œuvre politique ; à ce Dieu, enfin, qu'il allait prier à genoux dans une église de faubourg, lui, le chef effectif du gouvernement de la France en 1848, le jour de Pâques, qui fut aussi le jour des élections générales.

VII

Aussitôt informé de la mort du grand citoyen, le gouvernement impérial fit paraître un décret de l'Empereur, décidant que les funérailles de Lamartine seraient faites aux frais de l'État.

Mon père, qui était auprès de lui à ses derniers moments, fut chargé par Madame Valentine, désolée, de s'occuper de tous les tristes détails qu'entraînait un pareil événement. C'est avec lui que le maréchal Vaillant, ministre de la maison de l'Empereur, a correspondu au sujet des funérailles. J'ai en main les pièces de cette correspondance.

Selon la volonté formelle de Lamartine, l'offre des funérailles à Paris fut refusée ; on accepta le décret dans tout ce qui pouvait concorder avec les désirs sacrés de l'illustre défunt, qui avait demandé d'être enterré auprès de sa femme et de sa fille, à Saint-Point. Mon père accompagna le cercueil de son illustre ami dans le funèbre voyage ; fort des volontés exprimées par Lamartine et sanctionnées par sa digne héritière, il empêcha, non sans peine, qu'aucun discours fût prononcé sur sa tombe par aucun des délégués de toutes sortes qui étaient venus lui rendre les devoirs, et en particulier par aucun académicien. Ses funérailles furent aussi simples que possible. Cette simplicité fut leur grandeur. Que quelque médiocre humain jette une lueur pendant sa courte vie, on comprend que pour la faire mieux briller et rendre son éclat moins éphémère, on ait besoin de le glorifier, de l'encenser au bord de la tombe; mais pour le chantre immortel de la foi et de l'amour, quel surplus de renommée aurait apporté un discours? quel surplus de gloire auraient produit les pompes officielles?

Son cercueil est fermé, mais Lamartine n'est pas mort tout entier; son âme survit dans celle d'une femme, sa nièce bien-aimée; sa gloire vivra éternelle dans la postérité.

J'aurai fini mon œuvre quand j'aurai salué l'une avec tout mon cœur et fait appel à l'autre avec toute ma conscience.

CHAPITRE XIV

MADAME VALENTINE DE LAMARTINE

I. Son rôle. — II. Son sacrifice et sa récompense. — III. Son culte
pour la grande mémoire. — IV. Son auréole.

I

Bien souvent, dans le cours de ce travail, je me suis senti
ému, inquiet, presque découragé. Je craignais d'être au-
dessous de ma tâche, c'est-à-dire de ne pas tirer un parti
suffisant de la vérité dont j'avais les preuves ou de ne pas
toucher à tant de choses délicates avec la délicatesse voulue.
Ce qui m'a un peu tranquillisé, ce qui me tranquillise
encore, c'est que je crois qu'en pareille matière le cœur,
quand il vibre sous un noble sentiment, est ce qui trompe
le moins, et que je me suis laissé uniquement guider par le
mien. Toutefois, il m'est impossible de savoir dans quelle
mesure j'ai ou je n'ai pas réussi ; mais ce que je sais bien,
en tout cas, c'est que je n'ai jamais eu plus besoin que dans
ce chapitre des délicatesses de l'inspiration.

Sans doute, je suis bien décidé à ne pas dénaturer mon
rôle à moi en remuant inutilement des émotions vivaces
comme au premier jour dans une âme, Dieu merci, bien
vivante encore ici-bas. Ce n'est pas la vie de Madame la

chanoinesse Valentine-Marie-Gabrielle de Glans de Cessia, comtesse de Lamartine, que je viens raconter. Tous les détails, parfois indiscrets, qui se faufilent dans une biographie, sont inutiles ici, pourvu qu'on sache que celle dont je veux parler est la propre fille d'une sœur tendrement aimée de Lamartine.

Mais ce qui est intimement lié à mon sujet, comme on en a eu déjà maintes preuves, ce qui appartient à ces *Souvenirs,* sous peine de les mutiler jusqu'à les détruire, c'est le rôle qu'elle a joué près de son oncle pendant les quinze dernières années de sa vie, et la place qu'elle a gardée depuis sa mort près de sa grande mémoire.

Il est impossible que je ne parle pas de cela, et par conséquent que je ne parle pas d'elle.

Dès lors, quels que soient sa modestie, son esprit d'effacement et son abnégation, il faut bien que je dise ce que je pense, ce que je crois la vérité et la justice.

La vérité sur le compte de cette nièce qui a si bien mérité de devenir sa fille, est indispensable à la mémoire de Lamartine.

Si on ne la connaît pas, si on ne l'apprécie pas à sa valeur, on ne se fera qu'une idée incomplète d'une faveur céleste, signe distinctif, qui a pour ainsi dire marqué d'une prédestination merveilleuse la destinée du grand homme. C'est que, depuis son berceau jusqu'à sa tombe, il a toujours eu près de son âme une âme exceptionnelle de femme pour l'aimer, la soutenir et la protéger. C'est que, par une bonté de la Providence qui a compensé pour lui bien des amertumes et dont il appréciait tout le prix, comme récompense sans doute de la foi avec laquelle il a toujours

chanté Dieu, et de la pureté quasi divine dont il a idéalisé
dans ses vers l'amour de la femme ici-bas, Lamartine n'a
pas eu seulement une mère incomparable pour couver
l'âme, foyer de son génie, et une épouse admirable pour
endiguer et garder son cœur au plein soleil de la vie ; il a
eu encore, pour soutenir dans sa vieillesse son âme et son
cœur, une troisième tendresse aussi exceptionnelle que les
deux autres.

La vérité sur sa mère a été dite par lui-même ; elle est
depuis longtemps connue.

La vérité sur sa femme commence à briller d'un jour
éclatant.

Il est indispensable, je le répète, que la vérité se fasse
également sur celle qu'il a proclamée « *l'âme et l'ange de
la maison* » pendant la période la plus douloureuse de sa
vie. Ce n'est pas ma faute à moi si cette vérité nous con-
duit à l'admiration, et si l'admiration la plus émue n'est
que de la justice.

Avec tant de lettres qui sont des preuves que personne
ne peut contester, avec tant de souvenirs qui sont des
preuves plus concluantes encore pour moi, c'est mon devoir
envers Lamartine, envers mes quelques lecteurs et envers
elle-même, d'aider, malgré elle, à fixer en pleine lumière,
à sa place légitime près du grand homme, à côté des figures
de saintes qui furent sa mère et sa femme, la figure touchante de cette nièce, fille d'adoption, qui a réchauffé,
consolé, prolongé la vie de son oncle bien-aimé en l'entou-
rant d'une affection aussi intelligente et aussi tendre qu'aurait pu lui en témoigner la fille la plus accomplie.

Déjà, du vivant de Madame de Lamartine et longtemps

avant sa mort, Madame Valentine, devenue de plus en plus, par sa grâce, sa tendresse et son dévouement, la nièce de prédilection, ne quitte pour ainsi dire plus son oncle. Elle est son secrétaire, sa garde-malade, sa distraction favorite. En un mot, elle supplée sa tante si souvent souffrante et alitée, et son oncle n'écrit guère de lettres sans témoigner son bonheur de l'avoir près de lui.

Après la mort de l'épouse accomplie, son rôle est encore plus important. Elle reste seule à côté de son oncle près de succomber sous la douleur et la souffrance, et devient sa suprême consolation !

II

Pendant la vie de son oncle, le rôle de Madame Valentine a été un rôle de dévouement absolu poussé jusqu'au sacrifice. Mais ce sacrifice lui était inspiré par une telle affection, par un amour si profond, si filial, qu'il devenait du bonheur. Elle était véritablement heureuse de cet oubli complet d'elle-même ; plus elle se donnait, plus elle éprouvait de joie à se donner encore, et elle me pardonnera difficilement d'appliquer le nom de sacrifice à une chose qui lui a paru si naturelle et si douce.

Pourtant, à un âge où elle pouvait aspirer bien légitimement à la plénitude de la vie, elle s'était concentrée dans un seul sentiment. Elle était venue s'identifier avec un vieillard dont le génie avait un prestige incomparable et dont l'exquise bonté ne se démentait jamais, mais qui ne pouvait

cependant lui tenir lieu de tout le reste que par un miracle
de tendresse et de dévouement. Le miracle s'est accompli
pendant des années. Avec une nature aussi fine, aussi délicate, aussi tendre, elle avait tout naturellement le don de
plaire, d'attirer, de se faire aimer, don qu'elle gardera
toujours ; elle n'a cherché qu'à plaire à son oncle, qu'à
attirer ses vrais amis, qu'à être aimée de lui, et d'eux à
cause de lui. Avec un cœur fait pour battre des plus doux
battements, elle n'en a plus eu un seul qui ne fût pour son
oncle ou pour Dieu !

Dès qu'on entrait dans cet intérieur, la vérité éclatait.
La physionomie de l'oncle et celle de la nièce indiquaient
cet immense attachement réciproque où l'un trouvait toute
sa consolation et l'autre tout son bonheur.

A la manière seule dont il disait si fréquemment ce nom
de Valentine, et à l'accent inoubliable avec lequel elle
appelait son oncle, on sentait que depuis le matin jusqu'au
soir elle n'était occupée que de lui, de sa santé à soigner,
de ses lettres à écrire, de ses affaires à expédier, de ses
moindres désirs enfin à satisfaire.

On sentait jusqu'à quel point elle était sincère lorsqu'elle
lui appliquait sans cesse l'épithète de *charmant* dans ses
lettres comme dans sa conversation. « Il est si charmant
même dans la souffrance ! » disait-elle alors. Et depuis,
que de fois lui ai-je entendu dire : « Il était si charmant ! »
Ceux qui ont bien connu Lamartine ne peuvent pas s'en
étonner.

D'autre part, quand on connaît Madame Valentine et
qu'on l'a vue dans son rôle de fille près de Lamartine, on
comprend qu'il n'ait pas eu seulement de la reconnaissance

pour sa nièce, mais aussi de l'admiration pour la femme. Il pouvait être fier et heureux, en effet, lorsqu'il la voyait approcher de lui et de ses amis. La taille élevée, avec une démarche à laquelle une sorte de majesté naturelle n'enlevait rien de sa simplicité, la figure belle de cette beauté aristocratique que donne la plus haute distinction, vous abordant avec un sourire exquis de grâce et de bonté, vous saluant toujours d'un mot aimable et fin, n'ayant jamais rien oublié des détails intéressant chacun, prévenant son oncle, le remettant sur la voie, le complétant avec une adresse touchante, ayant pour tous comme pour lui enfin cet attrait suprême de la femme qu'on appelle le charme, le charme dans les manières comme dans la physionomie, telle était Madame Valentine, telle on la retrouve aujourd'hui.

Douée d'une intelligence ouverte, cultivée, incessamment nourrie au contact du génie bien-aimé, elle aurait pu vouloir briller, juger, trancher dans les choses du monde et de l'esprit. En aurait-elle eu la tentation, ce que je ne crois certes pas, elle l'aurait repoussée rien que par déférence pour son oncle. Autant il aimait dans une femme l'élévation d'esprit et de cœur lui permettant de soutenir, d'engager même au besoin une conversation sur tous les sujets d'actualité intellectuelle, autant il avait horreur des femmes prétentieuses, trop savantes, *bas bleus*.

S'il avait vécu jusqu'à nos jours et qu'on lui eût amené une de ces femmes phénomènes, produits perfectionnés de l'émancipation moderne, sortis des lycées, des facultés et des laboratoires pour traverser la vie un scalpel à la main au lieu d'une aiguille, un dossier d'avocat sur les bras au

lieu d'un enfant; créatures difformes moralement et physi-
quement peut-être, hommes manqués, femmes manquées
aussi, puisqu'elles n'ont plus le temps ni le goût pour la
vocation primordiale à laquelle Dieu les a destinées, pour
cet amour pur et saint qui, sous la bénédiction du ciel, doit
les conduire à leur mission véritable et sacrée : la mater-
nité, ah! j'en suis certain, Lamartine aurait gardé sa politesse impeccable d'homme du monde accompli, mais il
aurait détourné tristement sa pensée. Pour trouver la
femme, la vraie femme, avec son auréole divine, telle qu'il
l'avait chantée, il se serait souvenu de sa mère et de sa
femme; il aurait regardé du côté de sa nièce.

Sa correspondance fournit à chaque pas la preuve de ses
sentiments pour cette nièce filiale.

Dans toutes les lettres qui ne sont pas exclusivement
d'affaires, Lamartine associe sa femme et sa nièce, ou sa
nièce seule après la mort de sa femme, au récit qu'il fait
ou à l'émotion qu'il traduit. Au lieu de dire *je,* il dit toujours *nous,* ce qui prouve bien une fois de plus, soit dit en
passant, combien il était peu égoïste, combien la vie en
commun à son foyer lui paraissait naturelle et douce à
rappeler, combien la calomnie a été odieuse lorsqu'elle a
essayé de trouver son cœur et sa vie hors de ce foyer.
Quant à sa nièce en particulier, il ne cesse d'en parler, et
bien souvent il proclame jusqu'à quel point elle est son
ange de consolation.

J'ai là plus de vingt lettres dont je pourrais rappeler les
citations. Pour ne pas alanguir le récit, je n'en ferai que
quatre, péremptoires.

Dans la lettre du 3 décembre 1860, que j'ai reproduite,

Lamartine, après le récit d'inquiétudes très vives au sujet de sa femme et de sa nièce, s'exprime ainsi :

« A l'agonie du cœur la main n'écrit plus; j'y étais. J'ai offert vingt fois ma vie pour des vies si chères. Je tiens peu à la mienne, mais immensément à celle de ma femme et à celle de Valentine, *l'âme et l'ange de la maison*. Sans elle, notre demeure ne serait que sépulcre anticipé! »

L'éloge ne peut pas être plus complet! A lui seul il suffirait pour faire comprendre le lien qui rattachait la nièce à son oncle.

Du reste, il ne faut pas cesser de le proclamer, si, au milieu de tant de déceptions et d'infortunes, Lamartine a eu le bonheur insigne d'avoir été toujours entouré de tendresses sans pareilles, il sentait ce bonheur, y trouvait une véritable consolation, et laissait percer une reconnaissance qui est presque autant à son honneur qu'à l'honneur de celles qui l'ont si légitimement méritée. Une phrase écrite en juillet 1861 le prouve bien; je la rappelle : « Mon humiliation dépasse celle de Job, mais j'ai de *bonnes femmes* et de bons amis! »

Aussi, quand la santé de Madame Valentine, aujourd'hui plus solide, éprouvait ses fréquentes atteintes d'alors, Lamartine ressentait-il des inquiétudes qui touchaient à l'angoisse.

Le 19 octobre 1862, il écrivait à mon père, on s'en souvient peut-être : « Elle est assez malade pour me jeter dans les préoccupations les plus sombres. Que deviendrions-nous, juste ciel, si elles s'aggravaient? »

Le ciel a écouté son cri de terreur; la nièce guérit, mais l'épouse était mûre pour le ciel, quelques mois après elle

meurt, et lui est atteint de son rhumatisme aigu si cruel.
Souffrance de l'esprit, souffrance du corps, souffrance du
cœur, rien ne manque à la tristesse de sa situation ; ainsi
abattu sous la main divine, peut-être va-t-il tomber dans le
désespoir. Lui qui n'a jamais cessé de bénir et louer Dieu,
peut-être que la douleur va lui arracher quelque impréca-
tion inconsciente. Mais non, il a une consolation, il a une
âme près de la sienne, un bon ange qui le soutient :
Valentine.

« Sans Valentine qui me désattriste tout, dit-il le
12 août 1863, ma situation serait presque insoutenable. »

Quand son oncle l'obligeait à écrire sous sa dictée des
choses aussi douces, aussi flatteuses et aussi tendres, elle
savourait la plus noble des récompenses. Le bonheur de se
sentir utile et appréciée la payait de toute sa peine, de toute
la part qu'elle avait supportée dans les souffrances morales,
dans les humiliations financières, dans les ingratitudes
publiques.

Du moment qu'elle était aimée aussi complètement,
aimée d'un des plus grands génies, d'une des plus grandes
âmes sorties divinisées du souffle créateur, elle avait ce
qu'elle considérait comme la suprême félicité ici-bas.
Quelque chose de radieux pouvait toujours et quand même
s'épanouir au fond de son cœur !

En retour, son affection pour son oncle était véritablement de l'amour, un amour filial enflammé du plus noble
et complet dévouement ; or, dans le cœur de toute femme
qui aime d'un amour quelconque, quand cet amour n'est
pas faussé par de hautes turpitudes ou par de basses véna-
lités, il y a pour l'être aimé une part du sentiment de la

mére. Telle que Dieu l'a faite, depuis la Sœur de charité qui aime en Dieu·l'enfance, la pauvreté, la maladie, la vieillesse, jusqu'à la fille d'Ève au cœur débordant d'une tendresse trop humaine, la femme n'a pas seulement en elle l'aliment premier de la vie qui coule dans ses veines même lorsqu'il ne jaillit pas, elle a des bras qui semblent faits pour bercer toujours.

Dans son amour filial, Madame Valentine avait bien ce sentiment maternel dont on devinait au fond la force, mais qui ne se faisait sentir qu'imperceptiblement en apparence, comme un parfum assez doux pour ne jamais fatiguer.

III

Après la mort de son oncle, Madame Valentine a conservé dans une sorte d'immutabilité son amour pour lui. Elle est restée pour ainsi dire le prolongement de cette grande existence disparue. Elle vit de lui, de son souvenir autant que d'aucun aliment de la terre. Son cœur est aussi plein qu'au premier jour de tout ce qui a été Lamartine.

En héritant du nom glorieux du grand homme qui lui avait laissé son héritage tout entier, elle avait été troublée, accablée du poids d'une liquidation d'affaires inquiétante, et elle avait dû se demander un instant si elle pourrait demeurer la gardienne de son tombeau et avoir son tombeau à elle près du sien.

Grâce à Dieu, après bien des péripéties, bien des an-

goisses, des sacrifices considérables sur sa fortune personnelle, sa situation s'est nettement définie. Devenue propriétaire du château de Saint-Point, elle peut passer de longs
mois au milieu des chers souvenirs de celui qu'elle ne
cesse pas de pleurer, et près de ses restes sacrés.

D'autre part, sa situation dans la *Société Lamartine*
lui permet de surveiller le mouvement de ses œuvres et le
culte de sa gloire.

En dehors des espérances éternelles de le revoir là-haut,
Dieu lui a donc laissé, à l'égard de son oncle, la suprême
consolation de pouvoir attiser ici-bas les feux de son immortalité terrestre, et entretenir la lampe de son tombeau!

De nombreuses lettres de Madame Valentine, lettres
adressées soit à mon père, soit à moi, sont dans mes mains
et sous mes yeux.

Le lecteur le comprendra, j'ai vis-à-vis de cette correspondance un devoir de discrétion tout autre que vis-à-vis
de celle de Lamartine.

Pour cette dernière, j'ai cru devoir citer tout, tout, sans
en sauter pour ainsi dire une ligne, afin qu'on ne pût pas
dire que la force de mes arguments ne tenait qu'au choix
de mes citations.

Dans les lettres de Madame Valentine, deux parts seules
appartiennent légitimement à mon sujet : c'est d'abord la
partie utile, pour bien montrer comment elle a aimé et
comment elle aime encore son oncle; et en second lieu la
partie propre à confirmer la place que mon père a occupée
dans l'affection du grand homme.

Je lui demande donc la permission de prendre cette
double part. Je connais son cœur; elle ne me la refusera

pas. Le mobile qui m'anime en lui faisant cette demande me garantit du sentiment dans lequel elle l'accueillera.

Le 6 avril 1869, six semaines après la mort de son oncle, elle écrivait à mon père, de Paris :

« Ce petit mot est seulement pour vous remercier de
« votre lettre, et de tout ce que votre amitié pour lui vous
« inspire pour moi. J'ai beaucoup de tourments d'affaires...
« Pourrai-je garder sa tombe et la mienne ? Je n'ose encore
« l'espérer !

« Il y a déjà six semaines qu'il nous a quittés ; je ne
« peux pas m'habituer à vivre sans lui ; chaque minute est
« un supplice !

« Adieu, je voudrais dire au revoir. Je pense à vous
« bien, bien souvent.

« Je vous envoie mes plus affectueux sentiments.

« Valentine DE LAMARTINE. »

Peu de jours après, le 12 avril, elle terminait une seconde lettre, concernant ses affaires, par des réflexions de même ordre où perce toute son affliction :

« Que tout est triste dans la vie pour moi, et combien
« j'ai besoin de l'aide et de l'affection de mes amis et des
« *siens à lui*, pour m'aider dans ma lourde tâche ! Vous
« savez si je m'appuie sur la vôtre en souvenir de lui, et
« aussi pour moi. Je vous envoie, avec mon au revoir,
« mille affectueux sentiments. »

Enfin dans cette même année, le 15 juin, je trouve une lettre véritablement exquise par la délicatesse des sentiments qu'elle exprime :

« Monsieur et bien cher ami,

 « Il me semble qu'il y a si longtemps que vous êtes
« absent, que je puis sans trop d'indiscrétion venir vous
« demander de vos nouvelles. Je ne sais pas, dans l'amitié,
« me contenter d'envoyer du cœur une pensée, il faut que
« ma main y participe en traçant quelques lignes qui por-
« tent au loin mon souvenir. Peut-être s'y mêle-t-il aussi
« la crainte d'être oubliée. Mais avec vous je sais que je
« ne risque rien. Vous avez *deux raisons* pour m'aimer,
« *comme j'ai deux cœurs pour vous le rendre : le sien et*
« *le mien.*

. . . .

 « En attendant, je passe ma vie à me tourmenter de
« mes pauvres affaires...
 « Pensez que je suis *toute seule* pour prendre toutes les
« responsabilités, ranimer le zèle, courir, parler. J'ai si
« peur de me tromper! Je n'en dors plus; il faut que je
« me répète, pour prendre du courage, que ce sont ses
« affaires à lui, sa mémoire qu'il m'a confiée, que ce sont
« les dernières preuves de tendresse que je puisse lui
« donner. *J'y consacrerai jusqu'à la dernière goutte de*
« *mon sang.* Il faudra recommencer tout cela pour le
« pauvre cher Saint-Point. Enfin, à la volonté de Dieu!
 « Je suis si malheureuse que je ne m'inquiéterais de
« rien, si n'était cette tombe, sa chère tombe que je ne
« puis me résigner à voir aux enchères, possédée par un
« autre. Si le sang pouvait donc se monnayer, je donnerais
« tout le mieu pour la racheter.
 « Avez-vous le projet de venir faire une apparition
« ici? Vous savez que je vous offre une petite chambre,
« une mauvaise table, mais un visage qui sera heureux
« de vous revoir. Rappelez-moi au bon souvenir de
« Mme de Chamborant; tout le monde me parle de vous,

« on sait que ce sujet me plaît… Je suis toute seule depuis
« un mois, si c'est être seule que de vivre de souvenirs,
« de regrets, et en sa présence, car je suis sûre qu'il me
« voit et qu'il vous est reconnaissant de ce que vous faites
« pour moi! Adieu, et mille affectueux sentiments.

« Valentine DE LAMARTINE. »

Des sentiments semblables n'ont pas besoin d'être expli-
qués. Le cœur, par son émotion, répond qu'il a compris,
les yeux se mouillent, et la main est disposée à tourner les
pages jusqu'à ce qu'elle rencontre encore une perle nouvelle.

En voici une du 1ᵉʳ janvier 1870 :

« MONSIEUR ET BIEN CHER AMI,

« Moi qui maudis toujours tant les affaires, et pour
« cause, vous me les avez fait bénir hier, puisque je leur
« dois une lettre de vous! Je vous avoue que mon amitié,
« un peu égoïste comme tous les sentiments profonds,
« souffrait un peu d'un oubli que, dans mes mauvais jours,
« j'étais tentée d'appeler indifférence, et que j'en voulais
« à Villevert d'absorber votre main, si ce n'est tout votre
« cœur. Maintenant vous êtes non seulement pardonné,
« mais attendu avec une affectueuse impatience. Si une
« douleur qui semble si infinie peut encore augmenter,
« vous me trouverez plus malheureuse encore. Les jours,
« les mois qui s'ajoutent creusent un abîme de regrets. Je
« ne peux pas m'habituer à vivre sans lui; le temps me
« paraît si lourd et si long! et il me prend comme des
« rages de le revoir.

« A tout ce fardeau, j'ajoute encore celui des affaires,
« plus compliquées que jamais…

« J'ai eu, il y a à peu près un mois, une visite de M. de
« La Guéronnière, dont j'ai été profondément touchée. Je
« vous raconterai tout cela à votre prochain revoir. J'aime
« à vous dire ce mot.

« Je vous écris du coin de mon feu, solitaire pour tou-
« jours, hélas! dans le grand jour des vœux et des réunions
« de famille. Tous ces anniversaires joyeux font faire de
« si tristes retours! Lui est plus heureux où il est : j'ai si
« peur qu'il m'y oublie...

« Veuillez me rappeler au souvenir de Mme de Cham-
« borant, et recevoir, Monsieur et bien cher ami, l'assu-
« rance de sentiments trop profondément enracinés dans
« mon cœur pour pouvoir jamais varier!

                    « Valentine DE LAMARTINE. »

Dans cette lettre, Madame Valentine a dit le mot qui
résume sa situation morale : « Je ne peux pas m'habituer à
vivre sans lui. » Ce qui était vrai en 1870 l'est encore
aujourd'hui; le temps, de ce côté, n'a rien effacé.

Le 14 février 1870, elle finissait une nouvelle lettre par
la phrase suivante :

« Je veux que vous sachiez qu'au coin de mon triste feu,
« si désert maintenant, comme par le passé on vous aime,
« on y pense à vous et on vous regrette. »

Les citations que je viens de faire suffisent pour faire
apprécier le cœur et le style de Madame Valentine.

Je pourrais donc déjà conclure, et faire appel à l'admiration du lecteur.

Cependant j'ai encore quatre lettres à citer; toutes les
quatre de condoléances à la suite des malheurs qui ont

successivement frappé ma famille. Quand on les aura lues, on comprendra, sans que j'aie besoin d'y insister, pourquoi j'ai voulu qu'elles fussent incrustées dans cet écrin de mes plus chers souvenirs.

Au mois de juin 1874, à la suite d'une méningite, Dieu me reprenait· un charmant enfant de cinq ans, le seul fils jusqu'alors, le seul héritier du nom et des traditions de famille. La mort de ce fils plongea sa pauvre mère dans une douleur inconsolable qui a duré toujours, éclaircie pourtant pendant les derniers mois de sa vie par la naissance d'un autre fils. Ce qu'il peut y avoir de larmes dans les yeux d'une mère privée de son enfant, de regrets amers, de révoltes contre la séparation, dans son cœur, aucun homme ne le comprendra jamais; il n'y a qu'une mère ainsi éprouvée pour le savoir.

Mon père, lui aussi, et dans la proportion possible à l'homme, avait été frappé d'une manière exceptionnelle par ce malheur qui brisait non seulement son affection pour ce petit être, mais toutes ses espérances, tous ses calculs pour l'avenir de sa race. Madame Valentine, qui connaissait toute sa pensée, essaya donc de lui apporter quelques consolations dans la lettre suivante, si profondément touchante :

« Paris, 8 juin 1874.

« MON CHER ET PAUVRE AMI,

« Ce n'est qu'hier seulement que j'ai appris la maladie
« de votre ange adoré et votre malheur. Je n'ai pas besoin
« de vous dire avec quelle douleur et quelle tendresse je
« pleure avec vous.

« Je sais tout ce que vous aviez mis d'espérances, d'af-

« fection sur ce petit être trop beau et trop bon pour cette
« misérable vie. Dieu l'a voulu pour son ciel; il est heu-
« reux; aussi mes larmes sont pour vous tous qui avez à
« lui survivre avec un cœur brisé. Que Dieu vous soutienne,
« mon pauvre ami! Je sais que vous êtes admirable de foi,
« de courage et de résignation à la volonté de celui qui
« nous frappe, mais qui nous aime. Il sait mieux que nous
« ce qu'il nous faut. Baissons la tête, et adorons-le à tra-
« vers nos larmes.

« J'ai été rue Bassano. J'ai vu Mme de Chamborant,
« toujours si admirable, s'oubliant elle-même pour ne
« penser qu'à vous et à vos enfants; puis votre fils, digne
« de vous, si fort et si touchant dans son affliction. J'en
« reviens si émue que j'ai besoin de vous le dire. Il me
« semble que j'ai le droit d'une part dans tout ce qui vous
« touche.

« N'ai-je pas à vous rendre ce que vous avez été pour
« moi, il y a cinq ans, quand j'étais frappée dans la
« moelle de mon être? Les douleurs partagées font une
« parenté; les larmes sont le sang du cœur, les nôtres ne
« sont-ils pas frères ainsi?

.   .   .   .

« Adieu, cher et pauvre ami; quand vous songez à ceux
« qui vous aiment, après les vôtres, donnez-moi la meil-
« leure place; je la mérite. N'ai-je pas double tendresse à
« vous donner? Je vous embrasse bien tristement, mais
« bien affectueusement.

« Valentine DE LAMARTINE. »

Quelques semaines après, une sœur de ma mère, très
intime, très affectionnée, et qui m'aimait comme un fils,
mourut d'une maladie qui la minait depuis plusieurs
années. Madame Valentine écrit de nouveau à mon père

une lettre où se retrouvent les mêmes sentiments que dans la précédente, mais exprimés sous une forme nouvelle, caractéristique, bien faite pour confirmer l'opinion qu'on doit déjà avoir de sa nature si chrétienne, si délicate et si tendre, en même temps que de son culte toujours le même pour le souvenir de son oncle.

‹ Paris, 6 juillet 1876.

« MON PAUVRE CHER AMI,

« Un billet de part m'apprend qu'un nouveau malheur
« vient de frapper votre famille si éprouvée. Dites, je vous
« prie, pour moi à Mme de Chamborant combien j'en suis
« navrée !

« Que de plaies saignantes dans son cœur, que Dieu seul
« peut panser ! C'est lui qui les fait ; il a ses raisons éter-
« nelles et suprêmes que nous devons adorer tout en pleu-
« rant ceux qu'il nous prend. Comment font ceux qui
« n'ont pas de foi ? et comment douter du revoir là-haut
« au ciel, quand ceux que nous aimons sont partis et nous
« y attendent ?

« ... Vous ne pouvez pas savoir combien je pense à vous
« et combien vos douleurs sont miennes ! C'est vous qui
« m'avez donné l'exemple, il y a cinq ans, et les larmes
« que je vous envoie ne sont que le juste retour de celles
« que vous avez versées avec moi ; car, même absent, il est
« toujours notre plus cher lien !

. . . .

« Adieu, mon cher ami ; parlez de moi à tous les chers
« vôtres et gardez-moi une place dans votre affection ; je
« la mérite, et elle m'est due par celle si grande que vous
« avez dans la mienne.

« Valentine DE LAMARTINE. »

Quelque triste que soit pour tous et quelque douloureux
que soit pour moi ce chemin où je suis engagé, chemin
marqué seulement par des tombes, je crois devoir le poursuivre. Sautant cinq années, j'arrive en 1879.

Au lendemain du plus irréparable des malheurs pour
moi, de celui qui en me laissant le corps et le cœur a brisé
ma vie à quarante et un ans, Madame Valentine écrivait
encore à mon père cette lettre, la dernière que j'emprun-
terai à leur correspondance :

                                        « Paris, 22 mai 1879.

        « CHER ET SI EXCELLENT AMI,

    « M. D... m'a appris le si affreux malheur qui vient de
    « vous frapper. Je n'ai pas besoin de vous dire toute la
    « part que j'y prends et combien je suis de cœur avec
    « vous. J'aurais voulu écrire de suite aussi à votre pauvre
    « fils; mais, ne sachant où lui adresser ma lettre, je vous
    « prie d'être auprès de lui l'interprète de ma douloureuse
    « sympathie. Je le plains si profondément et je m'unis au
    « vide que cette céleste créature va faire dans votre inté-
    « rieur. Elle vous était si nécessaire à tous comme femme,
    « fille et mère! Elle n'a vécu que pour le bonheur de tous
    « les siens et pour faire le bien par sa charité et son
    « exemple. Son esprit si élevé, si cultivé, faisait d'elle la
    « femme accomplie de l'Écriture. A celles-là, il faudrait
    « une vie doublement longue, et, au lieu de cela, Dieu
    « leur fait des années si courtes! Il les veut trop vite pour
    « le ciel!

. . . .

    « Je suis trop sûre de votre cœur pour en douter jamais.
    « Nous avons, hélas! trop de souvenirs et de regrets com-
    « muns. Le passé m'est garant du présent et de l'avenir...
    « ..... Je serais si heureuse si je pouvais vous recevoir

« sous le vieux toit où vous avez été aimé et où vous le
« serez encore tant que mon cœur battra! Dites à Mme de
« Chamborant combien je la plains; elle a double douleur
« à porter, la sienne et celle de son fils.

« Adieu, non, à revoir! Que Dieu vous garde et vous
« console! Mille bien, bien affectueux sentiments.

« Valentine DE LAMARTINE. »

Était-il inutile, inopportun, anormal, de présenter ainsi
dans toute la variété de leurs délicatesses les sentiments
de la nièce bien-aimée de Lamartine, de montrer comment la foi en Dieu avait débordé de l'âme de son oncle
dans la sienne, comment les affections de cet oncle étaient
devenues ses propres affections, jusqu'à quel point enfin
elle restait identifiée avec sa grande mémoire? Je ne le
crois pas. Sans ces preuves multiples, la vérité pouvait
être moins éclatante et l'hommage incomplet.

En ce qui me concerne, m'était-il permis de compter
assez sur l'indulgence et la pitié du lecteur ami pour sou-
lever devant lui le voile qui cachait la douleur intime dont
mon cœur a été frappé? M'était-il permis de le faire passer
à travers tant de tombes et de l'importuner de tant de
larmes, sous prétexte que cette douleur et ces larmes ont
été partagées par une si haute et si noble amitié? Je l'ai
cru et je l'ai fait avec une confiance qui ne sera pas
déçue.

Hélas! je n'ai pas fini; ma route va passer encore près
d'un tombeau, celui du fidèle ami de Lamartine. Ah!
cette fois, j'espère, on ne s'étonnera pas que Madame
Valentine m'ait envoyé un peu de son cœur près de ce

tombeau. Je laisse ce cœur dans son émotion redire à tous
ce qu'a été mon père pour son oncle et pour elle.

Elle m'écrivait donc de Saint-Point, le 21 juin 1887 :

« MON PAUVRE AMI,

« J'arrive à Saint-Point après m'être attardée en route,
« chez ma nièce, Mme de Parseval, et j'y trouve votre
« lettre, m'attendant sur ma table. J'en suis profondé-
« ment émue ! Vous avez eu bien raison de penser que
« votre malheur serait mien aussi. Il me semble que la
« mort de votre cher père, auquel j'étais doublement atta-
« chée, emporte avec lui un morceau de mon cœur. L'af-
« fection si profonde qu'il avait eue pour mon oncle, et
« dont il avait bien voulu faire retomber une partie sur
« moi, m'était si précieuse ! Je retrouve son souvenir
« mêlé à tout mon meilleur passé. Il me semble que je
« perds en lui un dernier lien me rattachant encore à mon
« oncle, dont il gardait la mémoire si vivante dans son
« cœur.

« Tout en m'inquiétant de sa santé, j'étais bien éloignée
« de penser, la dernière fois que je vous ai vu, que vous
« auriez si prochainement la douleur de le perdre.

« Merci de tous les détails que vous me donnez sur ses
« derniers jours. Sa mort a été le couronnement de sa
« belle vie, et, s'il est une consolation dans un aussi
« grand déchirement que le vôtre, vous devez la trouver
« dans le souvenir de sa tendresse au milieu de ses souf-
« frances et de sa soumission à la volonté de Dieu, qui
« lui a fait accepter la mort avec un si religieux courage.

. . . .

« Merci, mille fois, de toutes les choses affectueuses
« que vous voulez bien me dire ; je les accepte avec d'au-
« tant plus d'empressement et de satisfaction qu'elles
« répondent à ce que j'éprouve moi-même. L'affection

« que j'ai pour vous depuis bien des années se confondra
« avec celle que j'avais pour votre cher père. Mon oncle
« et lui seront pour nous des liens que rien ne pourra
« rompre.

« Vous avez donc bien raison de m'appeler votre amie ;
« vous n'en trouverez jamais une plus fidèle ni une plus
« affectueuse.

« Valentine DE LAMARTINE. »

On comprendra que ces éclatants témoignages d'affection m'aient paru des documents indispensables pour couronner dignement cette œuvre modeste, mais toute de cœur, faite surtout de Souvenirs.

Vous, Madame, vous qui avez voulu me laisser ma liberté entière, sans m'influencer en rien dans mon œuvre, et qui cependant, par le droit comme par ma volonté, êtes la maîtresse absolue, non seulement de tous ces documents, mais de toutes les pensées qui s'y trouvent, tant je serais au désespoir d'en formuler une qui pût vous déplaire, j'espère que vous me pardonnerez de faire ainsi violence à votre modestie, à votre horreur du bruit et de toute mise en scène personnelle, pour éclairer d'un petit jour de publicité une part intime de vos sentiments. Vous avez l'intelligence trop haute, l'âme trop pleine de *lui* pour pouvoir le nier : vous n'êtes pour ainsi dire plus vous-même sur la terre, mais Lamartine encore ici-bas! C'es lui qui parle par votre bouche, c'est son cœur qui bat dans chacun des battements de votre cœur; vous ne donneriez pas votre affection si vous ne sentiez pas qu'elle est aussi bien la sienne que la vôtre.

Sous peine de mutiler mon œuvre, œuvre de justice

aussi bien que de sentiment, qui se tient d'un bout à l'autre comme un édifice auquel toutes les pierres sont indispensables, j'avais besoin de Lamartine tout entier, par conséquent de la part de lui qui est en vous.

Mais en la prenant, l'émotion que j'éprouve est mêlée d'une reconnaissance qui me semble être, en quelque sorte, la consécration définitive de mes sentiments pour votre oncle et pour vous. La reconnaissance, ce devoir si lourd pour tant d'êtres indignes qui ne pensent qu'à s'y dérober, devient pour les âmes droites le plaisir le plus doux et le plus consolant. C'est un sentiment qui, chez elles, peut doubler tous les autres. Il donne à l'affection, au respect, au dévouement, ce je ne sais quoi de plus tendre, de plus ému, de plus touchant et aussi de plus solide qui permet aux liens du cœur de braver toute l'usure du temps et toutes les secousses de la destinée.

IV

Malgré la réserve qui m'était imposée, malgré tout ce que j'ai dû passer sous silence, mes lecteurs, j'en suis convaincu, ont compris l'âme de Madame Valentine. Plus on ira, plus la vérité sera connue, et plus la postérité ratifiera la justice qui lui est promise ici. Quand on parlera de Lamartine, il ne sera pas plus possible d'oublier sa nièce que sa mère et que sa femme.

Sans rien enlever à personne, on peut même dire que la nièce a eu un mérite de plus que les deux autres.

Il est naturel, en effet, à une mère d'aimer sans limites le fruit de ses entrailles, et quand cette femme a les qualités suprêmes du cœur et de l'intelligence, il est presque naturel encore de trouver une mère comme l'incomparable mère de Lamartine.

Il est naturel aussi qu'une femme qui a pu mettre tout son cœur dans le mariage aime de toutes les forces de la terre et du ciel cet être qui lui a donné, ne fût-ce que pendant quelques mois, quelques jours, quelques heures, un bonheur qui lui a fait l'illusion des félicités éternelles, et quand cette femme, ayant pour époux l'un des plus grands hommes de la terre, est douée de l'intelligence qui fait les grands esprits, et de la foi qui fait les hautes vertus, il n'est pas étonnant de trouver une épouse grande comme celle de Lamartine.

Mais pour trouver une créature qui, sans avoir eu cette existence à deux de la mère avec son enfant, a aimé comme une mère ; qui, sans avoir senti les enivrements intimes du bonheur dans l'autre existence à deux, a eu toutes les délicatesses, tous les dévouements de l'épouse, et qui, sans avoir reçu la vie enfin, a aimé comme la meilleure des filles, il ne faut pas chercher dans l'ordre naturel, il faut monter dans l'ordre de la grâce parmi les anges de la terre qui aiment d'amour divin, parmi ces vierges saintes qui, la croix de Jésus-Christ sur le cœur, aiment comme des mères dans les écoles, comme des épouses près des lits blancs des malades, comme des filles près du fauteuil des vieillards.

Madame Valentine, inspirée par une grâce surnaturelle, a été, on ne saurait trop le répéter après Lamartine, l'âme

et l'ange de sa maison : l'âme, c'est-à-dire ce qui est divin
et veut retourner à Dieu en entraînant autour de soi tous
les éléments de la terre; l'ange, c'est-à-dire ce qui veille
et qui protège. Élevant son rôle à la proportion de l'homme
immense à qui elle s'est vouée tout entière, elle n'a pas
seulement soigné son corps, elle a aidé son âme, suppléé
son esprit. Elle s'est identifiée avec lui de telle sorte qu'en
partageant tous ses sentiments, elle a adouci ses douleurs
sans nombre et doublé ses quelques joies.

Pour tout dire d'un mot qui sera le dernier, sans être
arrêtée par aucun sacrifice, enflammée de l'amour sacré
qui contient tous les autres, Madame Valentine, près de
son oncle, a eu le génie de la charité, et a été la Sœur de
charité du Génie.

CHAPITRE XV

I

En montrant ce qu'on ne connaissait pas ou connaissait
mal, en tout cas ce qu'on connaissait le moins de la vie
de Lamartine, j'ai conscience d'avoir accompli un devoir.

En suivant cette grande âme aux reflets si divins, jusque
dans ses replis les plus intimes, à l'heure des plus douloureuses angoisses, sous le poids le plus écrasant des humiliations et des ingratitudes humaines, j'ai conscience
d'avoir célébré, se manifestant dans une des plus saisis-
santes leçons données au monde, la grandeur incomparable du Dieu créateur et l'incomparable soumission d'une
de ses plus sublimes créatures.

Quand je proclame, avec tant de preuves à l'appui, que
dans l'existence de cet homme qui est monté par son génie
et par son âme jusqu'aux jouissances les plus idéales des
enivrements terrestres pour descendre ensuite jusqu'au
plus profond des souffrances et des épreuves, je n'ai rien

pu découvrir qui ne soit absolument conforme à la probité
morale la plus délicate, à l'honneur le plus intègre, à la
bonté la plus exquise, à la charité la plus large de l'or et
du cœur, à la foi enfin, non pas à la foi d'un déisme littéraire ou philosophique de parade, mais à cette foi chrétienne dont Lamartine, depuis les genoux de sa mère, a
été imprégné jusqu'au fond de son être comme du parfum
céleste le plus pénétrant, j'ai conscience que j'affirme la
vérité et que je suis dans la justice.

Ce que je dis ici à des lecteurs amis dans tout l'enthousiasme de mon cœur et dans toute la chaleur de mon émotion, la postérité ne le contredira pas. Plus elle connaîtra le
Lamartine intime, vrai, trop inconnu encore aujourd'hui,
plus elle l'admirera. Plus elle le comparera à d'autres
génies qui, dans leur orgueil incommensurable et mons-
trueux, ont voulu s'asseoir à côté de Dieu et remplacer
son culte par celui de leur propre démence tyrannique et
meurtrière jusque dans l'âme de lointains descendants,
plus elle fera écho, pour l'aimer et le bénir, à la tendresse des trois anges de sa vie, à l'attachement de serviteurs dévoués jusqu'à la mort, à la fidélité enfin d'amis
qui crient la vérité avec des accents qui ne peuvent pas
tromper.

II

A Mâcon, où était né Lamartine, a commencé, au mois d'octobre dernier, avec les fêtes du *Centenaire,* l'ère de cette équitable postérité.

Les salles des académies et des banquets n'ont pas seules retenti des éloges du poète, de l'orateur et du citoyen, loué en termes plus particulièrement magnifiques et littéraires par un des chefs (1) les plus éloquents de la philosophie spiritualiste. Dans un superbe panégyrique, où la sévérité de certaines réserves sacerdotales ne donne que plus de valeur à des affirmations qui resteront décisives pour l'histoire, les voûtes sacrées de l'antique cathédrale ont résonné sous la voix académique et si autorisée d'un éminent évêque jetant au monde chrétien le nom de Lamartine comme un nom bien à lui.

Oui! c'était un chrétien, le grand républicain de l'idéal qui, comprenant que la souveraineté brutale du nombre a besoin d'être corrigée par un *droit* qui lui soit supérieur, s'écriait, le 19 décembre 1848, lors de la promulgation de la Constitution sur la place publique de sa ville natale :

« Peuple, Dieu seul est souverain, parce que seul il est « créateur; parce que seul il est infaillible, seul juste, « seul bon, seul parfait.

· · · · · · · · · · · · · · · · · ·

(1) M. Jules Simon.

« Qu'il bénisse la Constitution !

« Qu'elle finisse et commence par son nom!

« Qu'elle soit pleine de lui !

.   « Qu'elle multiplie, qu'elle pacifie, qu'elle sanctifie le
« peuple français ! »

On ne sanctifie pas un peuple avec une philosophie, on
ne le sanctifie qu'avec une religion!

C'était un chrétien, le grand écrivain journaliste qui,
en 1851, plaçait cette pensée en tête du *Pays* :

« Toute civilisation qui ne vient pas de l'idée de Dieu
‹ est fausse.

« Toute civilisation qui n'aboutit pas à l'idée de Dieu
« est courte.

« Toute civilisation qui n'est pas pénétrée de l'idée de
« Dieu est froide et vide. La dernière expression d'une
« civilisation parfaite, c'est Dieu mieux vu, mieux adoré,
« mieux servi par les hommes.

« La prière est le dernier mot et le dernier acte de
« toute civilisation vraie. »

La prière implique bien un culte au milieu d'une civilisation !

Quel autre culte que celui des chrétiens pouvait donc
appeler et glorifier l'auteur du Crucifix et de l'hymne au
Christ, cet enfant béni du catholicisme qui, après avoir dit
en pleine poésie :

O Dieu de mon berceau, sois le Dieu de ma tombe!

s'écriait dans ses OEuvres complètes en pleine douleur et en
pleine vieillesse :

« Le christianisme a été la vie intellectuelle du monde depuis dix-huit cents ans, et l'homme n'a pas découvert jusqu'ici une vérité morale ou une vertu qui ne fussent contenues en germes dans les paroles évangéliques.

« J'ai été élevé dans son sein. J'ai été formé de sa substance. Il me serait aussi impossible de m'en dépouiller que de me dépouiller de mon individualité. Et si je le pouvais, je ne le voudrais pas, le peu de bien qui est en moi vient de lui et non de moi. »

Oui! la postérité répétera ce que Mgr Perraud, après avoir fait retentir le sanctuaire des citations qui précèdent, affirmait du haut de la chaire de vérité, et ce qu'affirment avec lui toutes les âmes qui ont été près de l'âme du grand homme.

« Ce n'est pas au Dieu de la pure raison que Lamartine a voulu remettre ses meilleures espérances pour les destinées de son âme immortelle. Il a formellement entendu dormir son dernier sommeil au pied de la croix du divin Rédempteur. »

La postérité redira, après l'évêque d'Autun, cette belle et laconique parole de Victor de Laprade :

« Lamartine est mort; Lamartine a été enseveli dans le Christ. »

III

S'il était besoin d'une preuve de plus pour asseoir définitivement cette conviction, on la trouverait dans le document
inédit suivant, lettre intime où la noble, pieuse et sainte
nièce de Lamartine voulait bien, au mois de novembre
dernier, me communiquer ses impressions sur les fêtes du
Centenaire de Mâcon, auxquelles la perte douloureuse et
récente de ma mère m'avait empêché d'assister :

« Saint-Point, 9 novembre 1890.

        « MON CHER AMI,

        « Je n'ai pu vous remercier plus tôt de votre si affec-
« tueuse lettre m'apportant votre union au grand hommage
« en préparation pour la mémoire qui nous est si chère.
        « Je vous assure que je vous y ai bien souvent regretté,
« parce que rien ne peut rendre, pour qui ne l'a pas vu, le
« respect, l'enthousiasme, la pacification des partis,
« l'union de toutes les classes, l'*amour* je puis dire qui a
« régné pendant ces trois jours. Il n'y a pas eu une *seule*
« *note* discordante. Les discours, celui de M. Jules Simon,
« je devrais dire ceux, car il en a fait deux, *magnifiques;*
« celui de Mgr Perraud *superbe, superbe.* Le pèlerinage
« si contrarié par un très mauvais temps le matin a été des
« plus touchants, et a offert un spectacle que je n'oublierai
« jamais.
        « Après avoir porté des couronnes et récité des vers
« devant la tombe, par une inspiration *spontanée,* au
« moins deux cents hommes sont entrés dans la vieille

« église, s'y sont agenouillés pendant que le curé qui se
« trouvait là a récité un *Libera me* et un *De profundis*
« auquel ils ont répondu tous tout haut. C'était très émou-
« vant, d'autant plus qu'il y en avait de tous les rangs et
« de toutes les opinions, entre autres, beaucoup de
« *reporters*.

« Dieu a eu *toujours* et *partout* sa place dans ces trois
« journées où l'on sentait le souffle de Lamartine. Il est
« ressorti de tout cet ensemble un grand sentiment de spi-
« ritualisme chrétien. Je vous dis tout cela parce que je
« *suis sûre* que vous en serez très heureux. Tout le monde
« le sentait et le disait. Vous auriez pu être là sans man-
« quer de respect à votre deuil, je vous le jure.

« Je n'ai pas besoin de vous dire par quelles émotions
« j'ai passé. Si j'ai joui, j'ai encore bien plus pleuré en
« pensant que tout ce triomphe, tout cet enthousiasme,
« toute cette *tendresse* n'aboutissaient plus qu'à une
« *tombe*.

« Je me sens encore très fort de ce surmenage moral et
« physique ; plus encore maintenant que dans le moment
« même, parce que j'étais soutenue par les nerfs. Mais c'est
« une belle chose que la gloire, même humaine, quand
« elle est aussi grande et pure que la sienne.

« Je ne sais pas encore quand je pourrai vous parler de
« revoir. Mais, de loin comme de près, comptez, cher ami,
« sur mes sentiments les plus vrais et les plus affectueux.

                    « Valentine DE LAMARTINE. »

IV

Après ce cri de la noble femme qui prolonge Lamartine ici-bas, je n'ai plus aucun argument à ajouter.

La cause est entendue.

Mon œuvre est finie. J'y ai mis tout mon cœur. Malgré ma faiblesse, si ce cœur vaut encore quelque chose, peut-être quelques cœurs lui répondront-ils avec les émotions de la conviction et de la justice. C'est la seule récompense que j'envie !

Dans tous les cas, j'ai été sincère, comme fils, comme citoyen, comme chrétien.

Comme fils, j'ai interprété fidèlement l'invariable affection de mon père, et j'ai payé ma dette envers une amitié si illustre, qu'elle restera, à côté des souvenirs militaires d'autrefois, le plus grand honneur du nom que je porte.

Comme citoyen, j'ai laissé paraître la part de vérité que je savais sur un des plus grands hommes de mon pays.

Comme chrétien enfin, en face d'une société qui, à la suite de cent ans de révolutions, achève de se décomposer dans un athéisme officiel, prêt à *biffer* Dieu de tout, du ciel, des constitutions, de la civilisation elle-même, j'ai cru rendre l'hommage qui lui est dû au Dieu vivant et personnel de la religion vraie, en montrant la place qu'un des plus hauts génies de l'humanité, un républicain de toutes les grandeurs et de toutes les honnêtetés, celui-là, a faite à ce Dieu, toujours et partout !

Le nom que Lamartine a le plus prononcé dans sa vie, c'est, sans contredit, celui de Dieu. Et ce saint nom, infini d'ailleurs, dans lequel il a eu l'intention constante de renfermer l'immensité de son génie, restera pour lui un Panthéon bien autrement enviable que l'autre, parce que le signe surnaturel n'en sera jamais détaché, et qu'aucune puissance humaine n'en pourra chasser sa mémoire!

FIN.

NOTICE

SUR LA

SOCIÉTÉ DES ŒUVRES DE LAMARTINE

NOTICE

SUR LA

SOCIÉTÉ DES ŒUVRES DE LAMARTINE

I

Parmi les souvenirs concernant Lamartine, il en est de communs à mon père et à moi que je dois indiquer ici dans une notice particulière; ce sont ceux de nos rapports constants avec la Société créée pour l'exploitation des œuvres de Lamartine.

Mon père a été actionnaire depuis sa fondation et membre du Conseil de surveillance depuis son entrée en jouissance jusqu'en 1875, époque où je l'ai remplacé. De plus, cette Société étant la gardienne de la mémoire littéraire de l'illustre écrivain, il est naturel que j'expose sommairement son origine, son but et son histoire, et que je donne au moins les noms de ceux qui l'ont dirigée et de ceux qui la dirigent aujourd'hui.

Sans inconvénient pour personne, cette petite publicité peut avoir le double avantage d'intéresser mon lecteur et de faire connaître la Société.

C'est à l'extrême obligeance de son gérant que je dois la précision de mes renseignements; je lui adresse l'expression de ma vive reconnaissance. Je le remercierais bien mieux; je dirais avec bonheur tout le bien que je pense de lui et d'autres hommes qui existent, si je ne m'étais imposé la règle inflexible de ne pas parler des vivants, excepté *d'une seule personne* qui, dans l'espèce, est la plus légitime exception dont je puisse confirmer ma règle.

Qu'on ne s'étonne donc pas de mon silence sur ce point. Ce n'est ni de l'indifférence, ni de la froideur, ni de l'ingratitude, c'est une réserve prudente pour éviter le piège auquel il est pour ainsi dire impossible de ne pas tomber quand on parle des vivants. On flatte, on dénigre, ou on oublie. Le plaisir qu'on fait par certains éloges exagérés ne compense pas les blessures qu'ouvrent parfois certaines critiques même mesurées, ou certains oublis qui passent toujours pour de l'injustice.

J'ai été trop frappé de l'esprit élevé avec lequel le but de la Société est compris; trop frappé aussi de la haute courtoisie qui règne toujours entre ses membres, pour que ma réserve vis-à-vis des personnes cache la moindre critique envers une œuvre à laquelle je considère comme un très grand honneur de participer.

Elle n'enlève rien non plus à la reconnaissance que j'éprouve au souvenir de la bienveillance avec laquelle j'ai été accueilli dans son Conseil.

Cette bienveillance, qui m'a été continuée jusqu'ici, me

le sera encore, j'espère, et me suivra jusque dans le jugement porté sur ce travail.

On me pardonnera ce que j'ai mal dit en faveur de mon intention de mieux dire, on me pardonnera ce que je n'ai pas dit du tout par la certitude de ce que je pense.

II

L'origine de la Société remonte à 1853. D'accord avec Lamartine, un certain nombre d'hommes, désireux de lui procurer le plus vite possible des ressources nouvelles, désireux aussi d'assurer entre des mains amies la propriété des œuvres du grand écrivain, œuvres menacées d'être exploitées par la spéculation, organisèrent une société en commandite. Les statuts furent arrêtés le 12 avril et la société légalement organisée le 20. Je ne reproduirai pas ici ses statuts qui sont imprimés tout au long sur les actions de la Société, mais je leur ferai quelques emprunts, ceux qui me paraissent susceptibles d'intéresser et de montrer le mobile des fondateurs.

Le nom de la Société était :

Société en commandite pour l'acquisition des œuvres
générales de M. de Lamartine pendant sa vie
et après sa mort.

En tête des statuts, les fondateurs expliquent ainsi leur pensée dans un préambule rédigé par Lamartine lui-même :

« Les soussignés ::

« MM. Alfred-Ferdinand POULLAIN-DUMESNIL, ancien professeur suppléant au Collège de France ;

AMPÈRE, membre de l'Académie française ;

PONSARD, homme de lettres ;

PAGNERRE, éditeur ;

LACAN, homme de lettres ;

DESPLACE, propriétaire ;

DE LACRETELLE, propriétaire ;

CERFBEER, ancien préfet ;

DE RONCHAUD, propriétaire ;

DARGAUD, homme de lettres ;

ÉMILE DE GIRARDIN, propriétaire ;

ROLLAND, propriétaire ;

« Tous ces derniers, simples commanditaires, ainsi qu'il sera dit ci-après, d'autre part,

« Voulant former une Société désintéressée d'amis des lettres, sans acception de partis, d'opinions politiques ou d'écoles littéraires, *sans autre but* que de prolonger pour les écrivains éminents et pour leurs familles l'honneur, le fruit et la durée de jouissance des travaux de l'esprit, en ont arrêté les bases de la manière suivante :

TITRE PREMIER.

Constitution de la Société.

« ARTICLE PREMIER. — Il est formé entre les soussignés et les personnes qui prendront les actions dont sera ci-après parlé, une Société en commandite, par actions, ayant pour but l'exploitation de la propriété littéraire des œuvres de M. de Lamartine, désignées ci-après. »

(Suit l'énumération des œuvres et la date où la Société pourra en jouir. D'après les traités passés par Lamartine avec ses éditeurs, la Société ne pouvait avoir un commencement de jouissance réelle avant 1863.)

La durée de la Société est fixée à l'article 3 de ce titre premier en ces termes :

« ART. 3. — La durée de la Société est de trente années, qui commenceront à courir le 1ᵉʳ mai 1853, pour finir à pareille époque de l'année 1883. »

L'article 5 dit que la Société sera constituée dès qu'il aura été souscrit pour deux cent mille francs d'actions.

Au titre II, *Actions, fonds social,* on lit :

« ART. 6. — Le fonds social est fixé à 450,000 francs, représenté par deux catégories d'actions, dont 100 de la première catégorie de 2,000 francs et 500 actions de la deuxième catégorie de 500 francs chacune.

« ART. 7. — L'avoir de la Société se composera de la propriété littéraire des œuvres susdésignées de M. de Lamartine. »

Le titre III, *Administration de la Société,* donne la gérance à M. Poullain-Dumesnil, et règle la manière dont il devra administrer.

Le titre IV, *Comité de surveillance* et *Assemblées générales,* établit un Conseil de surveillance, règle sa nomination et ses attributions.

Le titre V, enfin, *Dissolution et liquidation de la Société,* prévoit les cas de dissolution et le mode de liquidation.

Pour que l'organisation légale du 20 avril devînt une constitution définitive, il fallait donc la souscription d'un capital de deux cent mille francs; mon père voulut tout naturellement y contribuer. Le 25 avril 1853, il souscrivait deux actions de première catégorie et en versait de suite les quatre versements. Ces actions portent les numéros 34 et 35. Le voilà donc bien à l'origine même de la Société Lamartine. Du reste, le capital nécessaire ayant été souscrit en peu de temps, la Société fut définitivement constituée.

III

Mais la constitution de la Société n'avançait pas l'époque où elle pourrait commencer à jouir des droits dont elle s'était assuré d'avance la propriété. Il fallait attendre l'année 1863, pour profiter d'avantages appréciables. Jusque-là aucune activité, aucun mouvement d'affaires ne pouvait se produire.

Tous les intéressés de la Société étaient dans cette attente prévue, lorsqu'en 1860 M. de Lamartine vint leur faire la proposition suivante, que je prends dans le rapport du 18 avril 1869 et que je cite textuellement :

« Je vous ai cédé la jouissance de mes œuvres générales seulement, et j'ai limité la durée de cette cession à une période de trente années. Laissez-moi cette jouissance jusqu'à ma mort, ou jusqu'au 1er janvier 1869 si je viens à décéder avant cette époque. En échange de cette prorogation de jouissance, je vous abandonnerai l'exploitation, à partir de mon décès ou du 1ᵉʳ janvier 1869, non seulement de mes œuvres générales comprises dans l'actif social, mais de toutes mes œuvres faites et à faire, actuelles et à venir, sans aucune réserve, et je vous ferai cette cession, non plus seulement pour trente ans, mais pour toute la période pendant laquelle les auteurs peuvent ou pourront disposer de leur propriété littéraire selon les lois existantes ou futures. »

La proposition ayant été agréée à l'unanimité des membres présents et représentés dans l'assemblée générale des actionnaires du 15 janvier 1860, un contrat, autorisé par la délibération de cette assemblée, intervint avec M. de Lamartine. Les statuts sociaux furent modifiés, en ce qui concernait l'avoir de la Société et sa durée. Le tout fut réglé par acte notarié, enregistré et publié conformément à la loi.

C'est ce qu'on a appelé la *seconde époque* de la Société! Les droits à la vie à venir sont avantageusement modifiés, mais l'époque de jouissance est reculée de 1863 à 1869, au moins.

IV

Telle était la situation quand survint le décès de Lamartine, le 28 février 1869.

C'est la *troisième époque* sociale. Par une opposition douloureuse, mais fatale, c'est la mort du grand homme qui donne la vie à la Société de ses œuvres.

Organisée jusque-là pour attendre, la Société dut prendre ses mesures pour agir activement et régulièrement.

Dans l'assemblée générale des actionnaires du 18 avril 1869, M. Émile de Girardin ayant été invité à présider avec M. Martin d'Oisy comme secrétaire, M. Poullain-Dumesnil, gérant, fit un rapport très clair et très intéressant qui fut unanimement approuvé et dont voici les points principaux.

Après avoir fait l'historique des deux premières époques de la Société, M. Dumesnil expose la fortune sociale à ce moment.

Il résulte des renseignements obtenus, dit-il :

« 1° Qu'il existe un certain nombre d'ouvrages sur lesquels la Société n'a aucun droit, parce qu'ils avaient été cédés antérieurement à l'acte social de 1853 ;

« 2° Que d'autres ouvrages ne peuvent être exploités par la Société que dans une édition d'œuvres complètes ;

« 3° Qu'il faut attendre pour d'autres l'expiration d'un certain délai ;

« 4° Que la plus grande partie des ouvrages composant l'œuvre de M. de Lamartine sont immédiatement exploitables par la Société ;

« 5° Que parmi les ouvrages acquis à la Société par suite des modifications de 1860, quelques-uns sont encore liés par des traités, qui, il est vrai, n'engagent nullement la Société elle-même, mais la succession de M. de Lamartine, situation compliquée et litigieuse qui a vivement préoccupé le gérant, et lui a fait désirer la prompte nomination d'un Conseil de surveillance, afin d'arriver à la conciliation de tous les intérêts. »

Plus loin, le gérant insiste avec un sentiment très élevé sur l'esprit de convenance et de conciliation qui doit amortir tout choc entre les intérêts de la succession Lamartine et les intérêts de la Société Lamartine.

Puis il expose les deux modes possibles d'exploitation : l'exploitation directe ou l'exploitation par les éditeurs que conseillent absolument les hommes compétents auxquels il se joint ; mais il constate, aux applaudissements de tous, que dans un cas comme dans l'autre :

« Il est une obligation, dont tous les actionnaires ont senti la profonde importance, c'est qu'il convient à l'honneur autant de la Société que du nom qui lui est confié comme un glorieux patrimoine, de colliger, de préparer, de suivre, en quelques mains qu'elles soient exploitées, les éditions à faire, afin que non seulement elles ne soient ni défectueuses ni fautives, mais que, grâce à nos soins et à l'accomplissement du devoir qui nous incombe, pendant toute la durée de notre exploitation, il ne soit publié des œuvres de M. de Lamartine que des éditions parfaitement correctes et revues sur les textes les plus exacts.

« Messieurs, ajoute-t-il, c'est là une responsabilité morale envers nos contemporains et la postérité que notre Société a prise. »

. L'assemblée générale, après avoir sanctionné par son vote unanime les propositions du gérant, nomme également à l'unanimité membres du Conseil de surveillance les douze actionnaires suivants :

MM. Maurice BIXIO,
    Baron DE CHAMBORANT DE PÉRISSAT,

DESMAREST,

DUPONT WHIT,

Ambroise FIRMIN-DIDOT,

Émile DE GIRARDIN,

Henri DE LACRETELLE,

Victor DE LAPRADE,

LEHODEY,

MILLAUD,

Émile OLLIVIER,

Victor SALNEUVE.

Voilà donc dans quelles conditions mon père fit partie du Conseil de surveillance à partir de 1869, c'est-à-dire à partir du moment où la Société Lamartine, créée depuis seize ans, put commencer à fonctionner effectivement.

V

Comme l'indique le rapport du 13 avril 1869, la Société, à son entrée en jouissance, se trouvait dans une situation assez complexe. Les engagements pris avant elle devaient être tenus, les traités avec les éditeurs, exécutés dans toute leur étendue, et un certain nombre avaient encore une durée de quinze ans.

Il est donc facile de comprendre que n'ayant encore que des droits incomplets et ne voulant jamais sacrifier l'intérêt moral au calcul financier, elle ne pouvait entrer de suite dans l'ère des dividendes, et qu'il a fallu même autant de tact que de prudence pour l'amener petit à petit à l'état satisfaisant où elle se trouve.

De 1869 à 1882, le capital n'a produit aucun intérêt régulier pour les actionnaires. Néanmoins, ils ont eu dans cet intervalle deux satisfactions. En 1870, par suite d'arrangements avec la Société qui venait d'entrer en jouissance, les éditeurs ayant versé d'avance sur les droits d'auteur une somme de 150,000 francs, l'assemblée générale décida que 63,000 francs, soit 70 francs par action, seraient distribués comme dividende *extraordinaire* pour récompenser un peu le capital improductif depuis 1853, et que le reste, placé en fonds garantis par l'État, constituerait une réserve destinée à subvenir aux frais divers qu'entraînerait la vie de la Société jusqu'au moment prévu des bénéfices.

D'autre part, quelques mois après, une convention, facilitée par l'esprit de conciliation de tous et puissamment secondée par l'intervention du président, M. de Girardin, était conclue entre le gérant et les représentants des intérêts Lamartine, supprimant toute cause d'antagonisme entre sa succession et la Société, dont un des vœux les plus ardents était ainsi réalisé.

Depuis 1882, un dividende annuel d'environ 10 francs en moyenne a été régulièrement distribué aux actions. La Société marche donc très convenablement; elle vit de sa vie propre, et comme, par un esprit exceptionnel, elle n'est pas étrangère au sentiment, qu'au contraire elle est avant tout une affaire de souvenir, de respect et de propagande, elle se regarde avec raison comme prospère. Si le capital engagé ne trouve qu'une légère rémunération, les intérêts moraux dont elle a pris la charge trouvent une satisfaction aussi complète que possible.

Au point de vue de la diffusion des œuvres, un grand résultat a été obtenu de 1869 à 1889. Le rapport à l'assemblée générale de 1890 donne les renseignements les plus précis à cet égard.

Voici les plus intéressants :

L'ouvrage de poésie le plus acheté a été *Jocelyn,* dont on a vendu pendant ces vingt ans 58,751 exemplaires. Viennent ensuite : les *Premières Méditations,* avec 32,626 exemplaires vendus ; les *Nouvelles Méditations,* avec 31,625 ; la *Chute d'un ange,* avec 28,251 ; les *Harmonies,* avec 25,251, et les *Recueillements,* avec 17,251.,

Parmi les ouvrages en prose, les plus vendus ont été : *Graziella,* à 91,251 exemplaires ; *Raphaël,* à 48,851 ; les *Girondins,* à 33,134 ; le *Tailleur de pierre de Saint-Point,* à 28,251 ; le *Voyage en Orient,* à 25,900 ; les *Lectures pour tous,* à 18,500 ; les *Confidences,* à 10,500 ; les *Nouvelles Confidences,* à 8,000.

Avec ces chiffres généraux de vente, l'œuvre poursuit-elle un développement progressif?

Le gérant va le prouver dans son rapport à l'assemblée générale de 1889.

« En mai 1882, dit-il, 351,540 volumes avaient été publiés, dont les droits d'auteur étaient de 161,973 fr. 60.

« En mai 1889, le chiffre de nos tirages s'élève à 504,793 volumes, avec des droits d'auteur de 273,330 fr. 90.

« La moyenne du revenu annuel pendant les treize premières années, de 1869 à 1882, était de 12,459 fr. 50 ; le revenu annuel pendant les sept dernières années atteint une moyenne de 15,992 fr. 18, soit une augmentation du quart environ, de 3,448 fr. par annuité et de 24,140 fr. 76 pour l'ensemble des sept années. »

Comme exemple de ce que peuvent valoir pour des éditeurs les œuvres de Lamartine, j'indiquerai que, le 10 janvier 1888, le droit pour douze années de publier les *Girondins* en édition populaire illustrée a été vendu 20,000 francs.

Après avoir jeté ce coup d'œil général sur la Société des œuvres de Lamartine, voyons ceux qui l'ont dirigée et ceux qui la dirigent.

VI

Le rôle principal dans l'administration de la Société Lamartine appartient tout naturellement à son gérant, M. Dumesnil, qu'elle a eu la chance de conserver depuis son origine, toujours aussi zélé et aussi actif qu'au premier jour. Mais, par une modestie intelligente et par un sentiment très juste de sa responsabilité, depuis 1869, c'est-à-dire depuis le moment où il y a eu des déterminations graves et fréquentes à prendre, il a tenu à ne rien faire sans le Conseil de surveillance.

Avant de dire la composition actuelle de ce Conseil, je dois faire connaître les transformations qu'il a subies depuis la première élection de 1869, dont j'ai indiqué les élus.

Trois ne tardèrent pas à être remplacés : en 1870,

M. Bixio, démissionnaire, par M. Couturier, et M. Lehodey, décédé, par M. de Ronchaud; et en 1872, M. Millaud, décédé, par M. Charles Rolland.

Le conseil se trouva alors constitué de la manière suivante :

1. M. de Chamborant, mon père, dont on connaît les sentiments;

2. M. Couturier, ancien consul général à Smyrne, chez lequel Lamartine trouva pendant son second voyage en Orient l'hospitalité la plus affectueuse, une véritable famille, comme il l'a dit dans ses *Mémoires,* et qui lui fit les honneurs de la ville de Smyrne avec une bonne grâce et un tact parfaits;

3. M. Desmarest, avocat célèbre de Paris, qui a été bâtonnier des avocats à la Cour d'appel;

4. M. Ambroise Firmin-Didot, éditeur bien connu pour sa fortune et ses sentiments élevés;

5. M. Dupont Whit, homme de lettres, père de Mme Sadi-Carnot;

6. M. Émile de Girardin, le fameux directeur de la *Presse,* trop connu pour que j'aie rien à ajouter;

7. M. Henri de Lacretelle, le député radical de Saône-et-Loire, issu d'une famille alliée et amie de celle de Lamartine;

8. M. Victor de Laprade, le poète monarchique et religieux de l'Académie française;

9. M. Émile Ollivier, ancien ministre de Napoléon III;

10. M. Charles Rolland, ancien maire de Mâcon, ami particulier;

11. M. de Ronchaud, homme de lettres, mort directeur des musées du Louvre;

12. M. Victor Salneuve, frère du sénateur républicain de l'Allier décédé en 1889.

Deux des membres ci-dessus ont exercé une influence particulière sur l'action de la Société · ...

M. de Ronchaud, délégué par le Conseil pour seconder le gérant dans la revision des textes et leur interprétation conformément à la pensée de Lamartine qu'il connaissait admirablement, et le président, M. de Girardin, dont l'incontestable capacité fut très profitable.

M. de Girardin n'était pas seulement le président réélu chaque année, il donnait l'hospitalité à la Société, dont les assemblées se tenaient dans son bel hôtel de la rue Pauquet. Ce fut lui qui m'accueillit, lorsque j'arrivai en 1875, amené par Madame Valentine de Lamartine. Conformément au désir exprimé par mon père et chaudement appuyé par Madame de Lamartine, le Conseil de surveillance, à l'unanimité, décida sur la proposition de Girardin de me présenter à l'assemblée générale pour remplacer mon père, démissionnaire en ma faveur.

Une heure après, l'assemblée en question ratifiait, à l'unanimité, la proposition du Conseil.

Du reste, ce n'était pas la première fois que je voyais Girardin. Étant avec mon père, je l'avais rencontré naguère aux Champs-Élysées, un jour de sortie, quand je me préparais à l'École militaire.

« Je vous présente mon fils, lui dit mon père.. — A quelle carrière le destinez-vous? fit Girardin. — A Saint-

Cyr», répondit mon père. Mais voyant que son interlocuteur ne répliquait que par un sourire peu approbatif, il ajouta : « On pourrait peut-être faire mieux. — Sans doute, reprit Girardin en achevant sa grimace caractéristique, car il est impossible de faire plus mal. » Cela fut dit si drôlement, la scène fut si rapide et si naturelle que nous nous mîmes à éclater de rire tous les trois et que je ne l'oublierai jamais.

L'ennemi du métier militaire ne m'avait pas gardé rancune d'avoir été officier. Quand Madame Valentine me représenta à lui, il fut très gracieux, et il ajouta même, comme un homme qui est au courant de tout et sans aucune réflexion critique : « C'est vous l'auteur d'un livre récent sur la garde nationale intitulé : *L'Armée de la Révolution?* » Je m'inclinai. — « Je vous ai rencontré avec monsieur votre père, ajouta-t-il, n'est-ce pas? » Je m'inclinai encore, et j'allais lui rappeler sa boutade humoristique lorsque la conversation fût interrompue par un arrivant quelconque. Je ne me suis jamais aperçu depuis qu'il m'ait gardé rancune ni de ma moustache à la housarde, ni de mon réquisitoire profondément convaincu contre la garde nationale. Puisqu'il n'existe plus, je puis rendre au contraire un hommage complet à son urbanité, à sa correction vis-à-vis de tous et à la manière claire, précise, élevée dont il présidait nos réunions.

Sans sortir de ma réserve envers les vivants, je crois devoir dire que M. É. Ollivier, son successeur à la présidence de la Société depuis 1882, continue heureusement sa tradition.

La mort a frappé souvent dans les rangs du Conseil.

En 1876, M. Didot, décédé, est remplacé par M. Hubert Saladin, colonel fédéral suisse, homme fort distingué, lancé dans la haute société parisienne et qui était un ami assidu de Lamartine.

En 1877, c'est M. Charles Rolland qui meurt, et auquel succède pour peu de temps M. Martin Doisy, l'un des fondateurs de la Société et l'ancien secrétaire de ses premières assemblées générales.

En effet, l'assemblée du 19 mai 1879 doit pourvoir à son remplacement après décès et désigne M. le comte d'Esgrigny, cet ami auquel Lamartine écrivit sa lettre-préface des *Harmonies;* elle nomme également à la place de M. Dupont White, mort, M. Alfred Firmin-Didot, le continuateur autorisé des traditions de sa famille près de la gloire de Lamartine.

En 1882, MM. Hubert Saladin et de Girardin, décédés, sont remplacés par M. de La Sicotière, l'éminent sénateur de l'Orne, et par M. Debard, d'une compétence particulière en affaires et très attaché de cœur à celles de Lamartine.

La mort ne se lasse jamais : le 16 mai 1885, M. François Coppée est le digne successeur de Laprade comme poète et comme académicien.

Le 27 mai 1889, c'est M. Bardoux, sénateur, ancien ministre, qui remplace M. de Ronchaud, dont la mort vient de faire un vide particulier dans la Société.

Enfin, l'assemblée du 2 juin 1890 ayant à remplacer M. le comte d'Esgrigny, décédé, nomme à sa place M. le vicomte de La Bourdonnaye, son gendre, député, et à la place de M. Couturier, également décédé, M. Elouis, ancien administrateur du *Siècle,* très compétent et très attaché à la Société depuis son origine.

De telle sorte que le Conseil est, à l'heure qu'il est, composé de

> MM. BARDOUX,
>
> Vicomte DE LA BOURDONNAYE,
>
> Baron DE CHAMBORANT DE PÉRISSAT,
>
> François COPPÉE,
>
> A. DEBARD,
>
> DESMAREST,
>
> Alfred FIRMIN-DIDOT,
>
> ELOUIS,
>
> DE LACRETELLE,
>
> Émile OLLIVIER,
>
> Victor SALNEUVE,
>
> DE LA SICOTIÈRE.

Parmi ces hommes venus de points bien opposés, j'ai toujours vu régner la meilleure entente au sujet de Lamartine et de l'esprit supérieur de désintéressement qui devait guider la Société de ses œuvres.

Cette affabilité entre les membres vivants s'y complète dignement par un culte respectueux pour les membres morts.

Mon devoir est de le proclamer! je le fais avec émotion.

Ainsi, mon père que j'avais remplacé et qui, par conséquent, en fait, n'était plus de la Société, nous ayant été enlevé en 1887, le gérant s'exprimait en ces termes dans son rapport du 29 mai 1888 :

« Nous prions M. de Chamborant de Périssat, membre du Conseil de surveillance, de nous croire frappés avec lui par la perte de son père, le baron de Chamborant. Il accompagna Lamartine dans son second voyage en Orient, ami constant et intime des derniers jours, et reporta sur notre Société tout l'intérêt qui s'avive d'une illustre affection. Dans l'hommage sympathique de notre gratitude, nous réunissons le père qui fit partie du Conseil pendant six années et le fils qui y perpétue un nom associé aux développements de notre œuvre. »

L'Assemblée générale n'approuva pas seulement le rapport du gérant, elle demanda à l'unanimité la reproduction au procès-verbal de l'année suivante d'une motion de M. Salneuve concernant la mort de mon père et celle de M. de Ronchaud survenue la même année.

Voici ce qui regarde mon père :

« La Société a eu le malheur de perdre l'an dernier deux de ses membres : M. le baron de Chamborant et M. Louis de Ronchaud, l'un et l'autre amis d'ancienne date de M. de Lamartine, restés fidèles au culte de cette illustration nationale.

« Le vénérable M. de Chamborant avait été élu, dès l'origine, à votre Conseil de surveillance. La rectitude et la hauteur de son esprit y avaient été fort remarquées.

« Lors de sa retraite volontaire, d'une voix unanime, vous avez honoré de son héritage au sein de ce Conseil M. de Chamborant de Périssat, son digne fils. Il lui a été ainsi créé une sorte de survivance parmi nous. Nos respectueux hommages sont bien dus à sa mémoire. »

Je ne saurais trop dire jusqu'à quel point j'ai été touché

et reconnaissant de ce souvenir donné à la mémoire de mon père sous une forme si honorable pour lui et si bienveillante pour son fils. De pareils procédés, qui sont la tradition de la Société Lamartine, ajoutent la gratitude à l'estime et à la sympathie, dans les cœurs de ceux qui s'y rencontrent.

Les réunions n'ont pas seulement l'attrait de la grande mémoire qui en est l'objet; on est heureux de s'y trouver, tant est grande la cordialité entre ses membres et commune la générosité des intentions! Et comment pourrait-il en être autrement? Lamartine n'est-il pas là encore pour unir les amitiés qui entourent sa gloire? Il n'y est pas seulement par son souvenir, mais presque en réalité par lui-même. Sa digne héritière reçoit chez elle les membres du Conseil et de l'assemblée des actionnaires. Elle veut bien assister à toutes les séances. N'est-ce pas encore une portion du cœur du grand homme qui éclaire, charme et encourage notre Société ?

D'ailleurs, il est bon de se mêler parfois à des hommes honorables qui n'ont pas les mêmes opinions que vous. Le contact ne diminue en rien la fermeté dans les principes. Mais il amène à plus de tolérance et d'impartialité. Il apprend à mieux se respecter les uns les autres. Il convainc qu'avec une bonne foi égale certains hommes professent sur beaucoup de points des idées opposées.

Aussi, quand ces hommes de bonne foi ont trouvé un terrain commun, ils doivent être heureux de s'y rencontrer, de s'y unir, d'y travailler, côte à côte, avec une égale générosité. C'est ce qui arrive dans notre Société pour la gloire de Lamartine, c'est-à-dire pour la gloire de Dieu et de la patrie française.

Ce terrain commun se trouve bien souvent rappelé en
termes généraux dans les rapports qui la qualifient :

« Société désintéressée d'amis des lettres, sans acception
de partis, d'opinions politiques ou d'écoles littéraires, sans
autre but que de prolonger pour les écrivains éminents et
pour leurs familles l'honneur, le fruit et la durée de jouissance des travaux de l'esprit. »

Les volontés unies des actionnaires du Conseil et du
gérant ont encore précisé davantage le préambule des statuts, rédigé par Lamartine lui-même. On peut y ajouter
sans crainte d'être démenti :

« Société décidée à tous les efforts et même à tous les
sacrifices pour arriver à faire bien connaître, au moyen de
ses œuvres de toutes sortes, non seulement le grand génie,
mais la grande âme de Lamartine : double grandeur, qui
est une des parts les plus nobles et les plus pures de l'héritage que l'humanité doit à la France. »

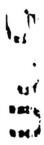

DOCUMENTS

DOCUMENT A

Dans le journal *la Presse* du 21 mai 1848 on trouve :

« Vers midi et demi, au moment de l'invasion populaire dans l'Assemblée nationale, Courtais a été violemment interpellé pour avoir fait ouvrir les portes de la grille, sous prétexte de faire entrer les délégués.

« M. de Chamborant, capitaine de la garde nationale de Confolens, qui se trouvait là, a dit en termes énergiques à Courtais et à Ledru-Rollin les conséquences de cette première concession aux clubs.

« M. de Chamborant a eu à soutenir plusieurs luttes, soit dans le péristyle, soit dans la cour de l'Horloge, contre quelques individus exaltés qui criaient à toute voix : A bas l'Assemblée nationale !

« Vaincu à la porte d'entrée, M. de Chamborant fut le premier à demander que le rappel fût battu dans tous les quartiers, alors que Barbès déclarait traîtres à la patrie tous ceux qui prendraient les armes en cette occasion.

« M. de Chamborant obtint l'ordre écrit de battre le rappel, de l'honorable citoyen Degoussée, questeur de l'Assemblée nationale. Il s'empressa alors de le faire battre sur le territoire de la première légion. L'ordre, ne portant que la signature de M. Degoussée, fut un instant contesté par l'adjoint-maire du premier arrondissement, et M. de Chamborant eut la douleur d'être mis en arrestation par celui-là même qui aurait dû s'empresser de lui offrir son concours.

« Mais les paroles énergiques et généreuses que M. de Chamborant prononça devant le lieutenant-colonel et le major de la

première légion portèrent leur fruit. Ces officiers prirent sur eux
de faire battre le rappel, et M. de Chamborant ne quitta la mairie
du premier arrondissement que lorsqu'il eut seize tambours,
pour appeler aux armes les citoyens qui ignoraient jusqu'à quel
point les factieux pouvaient pousser l'audace. »

Après l'article de journal, voici l'adresse de félicitations. Elle
fut envoyée à mon père par la garde nationale de Confolens dont
il était l'un des capitaines. Elle était précédée de la suscription
suivante et couverte de trois cents signatures :

« *La compagnie de Saint-Michel de Confolens à son capitaine*
Charles de Chamborant.

« Capitaine,

« Lorsque le vœu de l'arrondissement de Confolens vous dési-
gnait à une immense majorité pour la candidature à l'Assemblée
nationale, tous connaissaient la pureté de vos principes.

« Fidèle à ses sympathies, la compagnie de Saint-Michel vous
a nommé, à l'unanimité moins trois voix, son capitaine. En
faisant cette nomination, elle savait que partout et toujours vous
la représenteriez dignement.

« L'occasion ne devait pas se faire attendre; aussi la garde
nationale de Confolens n'a pas été étonnée quand elle a appris
votre noble conduite à l'Assemblée nationale lors de la répression
de l'émeute dirigée par quelques insensés.

« Recevez, capitaine, le nouveau témoignage de notre estime et
de notre amitié. La majorité de la garde nationale de Confolens
se joint à nous pour vous adresser ses félicitations.

« Salut et fraternité. »

Suivent trois cents signatures; suit aussi la phrase suivante de
la main du commandant du bataillon :

« Le commandant du bataillon joint à ces honorables témoignages, que vous avez conquis son estime particulière.

« *Signé* : Édouard Nassau. »

« *Post-scriptum*. — La garde nationale d'Ansac s'est jointe spontanément à ses camarades de Confolens, et si la compagnie de Saint-Michel n'avait pas été impatiente d'envoyer cette adresse à son capitaine, la garde nationale entière de l'arrondissement se serait jointe à cette manifestation. » .

DOCUMENT B

MÉMOIRES POLITIQUES DE LAMARTINE. (LIVRE XXXV.)

« Je finis ici le récit complètement vrai de ma vie politique. Je n'ai pas tout dit, mais j'ai dit sur tout la stricte vérité. J'ai pour témoins, Dieu, ma conscience et. l'histoire. Voilà ma conduite. Devant les hommes je n'ai pas à rougir d'un acte ou d'une pensée. Devant le juge suprême des actions humaines, c'est autre chose ; je vais l'examiner avec la même franchise.

« Je commence par affirmer avec serment que, dans toute ma vie politique, je n'ai laissé aucun intérêt personnel agir sur les principes de mes actions ou de mes paroles ; hors une seule fois dont je me suis toujours repenti et que je me reprocherai jusqu'à ma dernière heure.

« Le 22 février est le jour qui pèse sur ma conscience. » Et il fait un second récit de la fameuse réunion de l'opposition chez Durand, puis il termine ainsi :

« Je sortis triomphant, mais, au fond, un peu honteux moi-même de ce que j'avais fait. La conduite patriotiquement prudente de MM. Barrot, Berryer et de leurs amis, était certainement plus sage que la mienne, car ce n'était pas de leur sang qu'il s'agissait, mais d'une conflagration de Paris et de la France. J'aurais voulu m'être moins avancé, mais l'amour-propre du point d'honneur me retint, et je persistai tout le jour et tout le lendemain dans ce que ma conscience me reprochait comme une faute grave et peut-être comme un crime.

« Il est certain que, sans le dénouement pacifique indépendant de moi, j'aurais marché au banquet de Paris, à tout risque, et que j'en serais revenu, ou mort ou avec une révolution.

« Était-ce moral? était-ce consciencieux? Non.

. . . .

« Mes conseils ne pouvaient produire que du sang répandu en vain ou une révolution. Du sang répandu? je l'avais en horreur. Une révolution? je ne la désirais pas, je ne voulais pas y concourir. Les paroles prononcées par moi ce jour-là étaient donc aussi absurdes que coupables.

« Voilà mon jugement d'aujourd'hui sur cette légèreté parlementaire. C'est la seule; je ne me la pardonnerai jamais.

« On m'a accusé pour ma conduite énergique au 24 février ; selon moi, on a eu tort. . . . .

« De cette minute je n'ai rien à me reprocher. J'ai agi en bon citoyen et j'ai contribué à sauver mon pays sans penser à moi, en sacrifiant ambition, fortune et vie au salut de toutes les classes. Tout ce qui a été écrit, même à bonne intention pour moi, sur ces événements du 24 février au 24 juin, pour attribuer la nomination du gouvernement provisoire à telle ou telle coterie, n'a aucun fondement. Celui qui, du haut de la tribune, en a appelé les membres et a passé par-dessus leur épaule leurs noms à Dupont de l'Eure, placé par moi de force à la présidence, c'est moi, moi seul! je le dis, je l'écris, je l'affirme, je le jure. . . .

« Je n'emporte qu'un seul remords : celui de la faute commise par mon discours du 22 février dans la réunion de l'opposition chez le restaurateur Durand, faute que j'ai confessée.

. . . .

« A Dieu qui m'enlève une à une toutes les consolations de la vie, je ne demande que de me laisser finir mes jours dans l'oubli, honteux de ce que j'ai fait de mal, heureux de ce que j'ai fait de bien. Mais ce que j'ai fait de mal, qu'on ne s'y trompe pas, ce n'est pas la *République,* seul salut de la France dans ce moment-là; c'est l'impulsion téméraire donnée à la coalition parlementaire sur la place de la Madeleine. Je le dis, parce que le salut du pays par des moyens honnêtes est, tout considéré, ma seule loi;. et parce que je suis homme de gouvernement avant d'être homme de liberté. Je l'avoue : la liberté honore tout le monde, mais n'a jamais sauvé personne. Telle est ma profession de foi. »

DOCUMENT C

Le portrait de Louis-Napoléon par La Guéronnière débute ainsi :

« La première figure qui doit prendre place dans cette galerie est celle du président de la République française. Cette figure, sur laquelle sont fixés en ce moment les regards du monde entier, résume le mouvement politique de notre temps et *semble porter en elle le secret de l'avenir*. Un jour peut-être elle sera plus complète et sans doute plus imposante, mais elle n'aura jamais plus d'intérêt d'originalité. Louis-Napoléon Bonaparte a trouvé dans la grandeur de son nom le génie de sa race et le sentiment de sa mission. Né sur un trône, bercé sur les genoux d'un empereur, marqué pour l'éventualité du plus lourd et du plus magnifique héritage qui ait jamais été promis à un berceau royal, élevé dans le culte napoléonien et dans la religion de son sang, renversé et ballotté par toutes les vicissitudes qui semblent l'apanage des dynasties anciennes et nouvelles, le fils du roi de Hollande et de la reine Hortense présente l'une de ces destinées étranges, mystérieuses, profondes, dont la trame nouée et dénouée par la fatalité échappe à toute analyse. Le drame humain tout entier se déroule dans cette destinée. Voilà un enfant qui n'ouvre les yeux à la lumière que pour être ébloui de la gloire de sa race. Les premiers sons qui le frappent sont des échos de victoires qui feront retentir son nom jusqu'aux extrémités du monde et de la postérité. La vie pour lui n'est qu'un enchantement et un éblouissement. Tout à coup la scène change; un empire s'ébranle. L'Europe vaincue et humiliée se redresse derrière un million de soldats; elle s'avance en colonnes serrées par toutes les issues de

cet immense territoire agrandi de récentes conquêtes qui ont
reculé la frontière française ; elle envahit le sol de la patrie ; elle
triomphe de l'héroïsme et du génie par le nombre ; elle dégrade
cette dynastie de la guerre et des batailles qui la faisait trembler
jusque sur les bords de la Vistule et de la Néva. L'Empereur
abdique et s'exile ; sa famille, qu'il avait distribuée sur les trônes,
se disperse sur la terre étrangère. La reine Hortense, cette
femme charmante, aussi dévouée qu'aimée, emporte ses fils dans
sa modeste retraite d'Arenenberg, sur le bord du lac de Constance. La femme s'oublie, et les sensibilités de la nature se
transforment, s'épurent et s'ennoblissent dans les tendresses
exquises et dans les affections exaltées de la mère. La rude éducation de l'exil succède à l'éducation facile et douce du palais. Le
prince qui devait apprendre à être roi, apprend à être homme.
Il essaye de devenir soldat en se mêlant aux exercices des jeunes
officiers suisses réunis au camp de Thoun. La révolution de Juillet
le réveille et l'exalte. Il échange les tristesses du proscrit pour les
aventures du conspirateur, et se jette en Romagne avec son frère
aîné pour marcher sur Rome à la tête des insurgés. Entraîné dans la
déroute de cette armée indisciplinée, qui se disperse au premier
choc des escadrons autrichiens, il n'échappe à la mort que pour
assister à l'agonie de son frère Charles-Napoléon, dont il reçoit le
dernier soupir. Épuisé de souffrances et de fatigues, abîmé de
douleur, traqué par la police, il est sauvé par sa mère qui le
rejoint à Ancône, lui fait traverser la France d'où un ordre du
gouvernement l'expulse presque aussitôt, et le ramène en Angleterre et en Suisse.

« Alors commence une autre phase de cette existence si tourmentée. Le fils de Napoléon meurt, son neveu devient son héritier ;
l'insurgé de la Romagne se fait prétendant ; il refuse dédaigneu-
sement un trône en Portugal ; il prépare l'entreprise de Strasbourg. Le gouvernement ne le juge pas et le déporte en Amérique ;
il en revient pour aller échouer à Boulogne. Vaincu, il est traité en
victime. La prison de Ham se referme sur lui. Il en sort en fugi-
tif pour rentrer en France, après l'avènement de la République,

en favori du peuple. Six millions de voix l'élèvent à la Présidence. L'homme d'État va se mettre à l'œuvre. Voilà cette vie. Je reviendrai à ses épisodes les plus curieux. Voyons l'homme. »

Après l'historique, voici le portrait proprement dit :

« Cet homme ne peut être expliqué que par la comparaison des rapports intimes qui unissent sa nature morale et sa nature phy-sique. Cette figure est douce et calme, mais elle n'est que le masque d'une vie intérieure forte et puissante. Ces yeux sont voilés, mais ils sont profonds comme la pensée dans laquelle ils plongent, et qui remonte par instants de l'âme à leur orbite, comme la flamme monte du foyer où elle s'allume. Ce front est sombre, mais il est vaste et plein de conceptions. Ces lèvres sont froides, mais elles sont fines, délicates, parfois railleuses, et leur discrétion ne rend que plus sensible l'expression brève et précise d'une volonté réfléchie et arrêtée. Cette parole est indolente, mais elle est sûre d'elle, et son indifférence apparente n'est que le signe d'une confiance qu'aucune émotion ne trouble, qu'aucune difficulté ne décourage. La fermeté de caractère tempérée par la bonté du cœur ; la finesse cachée par la simplicité ; le calme inspiré par une conscience qui n'hésite jamais et par une résolution qui per-siste toujours ; le courage simple, naturel, sans éclat, sans bruit, sans orgueil ; le tact d'un esprit qui saisit toutes les pensées, toutes les impressions dans leurs nuances les plus imperceptibles ; la pénétration qui devine et qui observe sans paraître regarder ; la patience que l'attente la plus longue, même celle de l'exil ou de la prison de Ham, ne peut ni fatiguer ni tromper ; l'à-propos le plus exact dans toutes les choses de la vie pour agir, pour avancer à temps, pour atteindre le but et ne pas le dépasser ; par-dessus tout, la magnanimité qui permet de concevoir les grandes choses, et la décision qui permet de les accomplir ; tel apparaît Louis-Napoléon Bonaparte.

« Ce portrait, esquissé d'après nature, explique l'homme tout entier. Ainsi se justifient également les jugements si divers portés sur lui. On comprend en effet comment les uns ont pu contester de très bonne foi la supériorité politique de Louis-Napoléon Bonaparte, et comment les autres l'exaltent avec enthousiasme. *Louis-Napoléon est un homme supérieur,* mais de cette supériorité qui se cache sous des dehors modestes. Sa vie est tout intérieure; sa parole ne trahit pas son inspiration; son geste ne traduit pas son audace; son regard ne reflète pas son ardeur; sa démarche ne révèle pas sa résolution. Toute sa nature morale est contenue en quelque sorte par sa nature physique. Il pense et il ne discute pas; il décide et il ne délibère pas; il agit et il ne s'agite pas, il prononce et il ne raisonne pas. Ses meilleurs amis l'ignorent. Il commande la confiance et il ne la demande jamais.

« La veille de l'expédition de Boulogne, le général Montholon lui avait promis de le suivre sans savoir où il allait. Chaque jour, il préside consciencieusement son conseil des ministres; il écoute tout, parle peu et ne cède rien. D'un mot bref et net comme un ordre du jour, il tranche les questions les plus controversées. C'est ce qui explique pourquoi un ministère parlementaire a été impossible à côté de lui. Un ministère parlementaire aurait voulu gouverner, et lui ne voudrait jamais abdiquer, même à la condition de régner.

« Avec cette inflexibilité de volonté, rien d'absolu ni de tranchant dans la forme. Il domine sans humilier. La reine Hortense l'appelait *son doux entêté.* Ce jugement maternel est complètement vrai. Louis-Napoléon Bonaparte a cette bonté de cœur qui tempère et qui souvent dissimule les allures de l'esprit. Sa raideur un peu anglaise, dans sa personne, dans ses manières et jusque dans sa démarche, s'efface sous l'affabilité qui n'est chez lui que la grâce du sentiment. Au fond, il se possède complètement; il est absolument maître de lui; et ses meilleures inspirations n'entrent dans ses actions que selon la mesure qu'il détermine. Facile à passionner, impossible à entraîner, il calcule tout, même ses enthousiasmes et ses audaces. Son cœur n'est que le vassal de sa tête.....

. . . .

« *Louis-Napoléon est capable de tout ce qui est grand et incapable de tout ce qui ne serait pas sensé!* Son audace elle-même n'est chez lui que le résultat d'un profond calcul. Sa magnanimité est aussi calme que sa raison. Il s'élève aux plus hautes conceptions, sans effort et sans travail. Il ferait les plus belles actions d'éclat sans orgueil, en restant froid et simple. Il est sensé parce qu'il est réfléchi. Il est magnanime parce qu'il est noble et généreux. La grandeur est mêlée dans sa nature à toutes les forces du bon sens.

« Ce double caractère ne se trouve pas seulement dans les actions de Louis-Napoléon Bonaparte, on le retrouve aussi dans les écrits. Le style de l'écrivain ressemble à la politique de l'homme d'État. Sa précision est presque toujours rehaussée par sa puissance. Sous un mot vrai on sent une grande idée. L'expression exacte, dans sa nuance la plus délicate, ne fait jamais défaut à la pensée. On reconnaît à chaque phrase tombée de cette plume un esprit qui a tout à la fois la boussole du bon sens pour le diriger et l'inspiration de la grandeur d'âme pour l'élever. »

. . . .

« Louis-Napoléon Bonaparte est aujourd'hui le chef incontesté et libre du gouvernement, il sera *quand il le voudra le chef de l'esprit public.* »

. . . .

Et voici maintenant un des passages qui donnèrent lieu aux polémiques les plus ardentes et durent le moins satisfaire Lamartine :

« Louis-Napoléon Bonaparte n'a qu'à prendre résolument le pas de l'avenir et de la démocratie pour entraîner la nation. *Il est sûr de rallier autant d'âmes que son oncle rallia de soldats dans sa marche triomphale de Grenoble à Paris.* Il ne laissera en dehors de lui que quelques débris de partis, quelques lambeaux de drapeaux et quelques convictions honorables et généreuses que retient la fidélité et que désarme le patriotisme. »

Parlant de ce qu'on a appelé les échauffourées de Strasbourg et de Boulogne, La Guéronnière, après les avoir racontées, les explique ainsi :

« Obéir au destin, suivre son étoile, sonder la France avec

l'épée de Napoléon pour y trouver le bonapartisme et l'Empire, appeler le peuple à manifester ses vœux pour un régime qu'il croyait celui de ses préférences et des enthousiasmes, voilà très sincèrement et très impartialement ce que voulait faire Louis-Napoléon Bonaparte en entrant à main armée à Strasbourg, le 30 octobre 1836, comme en débarquant à Boulogne le 6 août 1840. »

L'éloge, l'approbation, l'enthousiasme s'accentuent de plus en plus quelques pages plus loin.

« Louis-Napoléon Bonaparte avait trouvé six millions de voix dans l'urne du suffrage universel. Il avait un peuple pour son nom, mais il n'avait même pas un parti pour son œuvre et pour ses desseins. Le parti bonapartiste n'existait pas, ou s'il existait, il n'était qu'une force latente dans la nation. Il ne devait surgir que plus tard dans la combinaison des événements.

« La France aime la gloire, surtout quand elle la voit de loin. On ne se rappelait déjà plus ce qu'avaient coûté de larmes et de sang les victoires qui ne sont plus que des souvenirs immortels coulés dans le bronze et dans l'airain, et des titres imprescriptibles de la souveraineté française sur le monde. La douleur des mères pleurant leurs fils ensevelis dans les neiges de Moscou, la tristesse des campagnes privées des bras qui fécondent le sol, le poids toujours si lourd à porter de la dictature militaire même quand cette dictature s'appelle Napoléon, tout cela s'était effacé de la mémoire du peuple. Pour tous il ne restait que le grand Empereur, le héros de cent batailles, chanté par Béranger, et dont l'image enluminée, appendue aux murailles les plus humbles, forme le musée de chaque chaumière. Louis-Napoléon apparaissait comme une légende vivante. Ce sentiment si vrai, si profond, si naïf, qui était l'orgueil de notre génération, après avoir été la passion de la génération précédente, ce sentiment est remonté à son nom et à sa personne, et l'a fait choisir entre tous et de préférence à tous...

« Un souvenir et un instinct : le souvenir de l'Empereur ; l'instinct de quelque chose de grand et fort, par un gouvernement qui s'appellerait Bonaparte : voilà le 10 décembre.

« En résumé, Louis-Napoléon Bonaparte n'arrivait au pouvoir qu'avec la force d'un nom ; *il devait bientôt s'y montrer avec le génie d'un homme.* »

Après avoir approuvé tous les actes du Prince Président, depuis son avènement, La Guéronnière couronne son apologie en lui adressant un appel catégorique. Il le provoque, l'incite avec la dernière énergie à rétablir le suffrage universel par l'abrogation de la loi du 31 mai, et le pousse enfin à prendre les plus promptes déterminations en lui déclarant qu'on ne peut lui adresser qu'un seul reproche, c'est d'avoir trop tardé à faire le salut du pays.

« Mais, pour que tout cela soit encore à faire au jour où j'achève cette étude, il faut que l'heure du salut d'un peuple et de la gloire d'un homme soit retardée sur le cadran de l'Élysée.

« Cette heure sonnera-t-elle? Pour en douter il faudrait douter de la conscience et de la raison, et du courage de l'homme dont je viens d'esquisser la vie. *Je n'en doute pas.*

« L'avenir achèvera ce portrait. Il donnera le dernier mot de cette figure qui est un problème, et de cette vie qui est une énigme. Ce mot, je n'ai pas encore le droit de l'écrire. Honte ou gloire ! ambition d'un lendemain sans horizon ou d'une postérité sans limite ! Succès éphémère d'un parti ou puissance invincible d'un droit ! Caprice d'une popularité qui passe ou estime d'un peuple qui reste ! Un grand nom qui s'éteint ou un grand homme qui revit ! Louis-Napoléon Bonaparte décidera ! Que Dieu et la France l'inspirent !

« Juillet 1851. »

DOCUMENT D

PORTRAIT DU COMTE DE CHAMBORD PAR LA GUÉRONNIÈRE

« Je n'approche de ce nom et de cette figure qu'avec une respectueuse indépendance. Dans cette figure, c'est la plus grande race royale du monde qui apparaît. Dans ce nom, c'est le passé le plus glorieux de la France qui retentit. M. le Comte de Chambord est plus qu'un exilé et un prétendant, plus qu'un roi sans couronne et un Français sans patrie. Il est un principe. Amis et ennemis lui reconnaissent ce caractère. Les uns peuvent l'accepter, les autres peuvent le repousser; tous doivent l'honorer, sous peine de se renier eux-mêmes dans cette vie nationale qui est la source commune de toutes les familles d'idées et d'opinions.

« Le Comte de Chambord est l'une des plus belles têtes de prince de l'Europe. Sa beauté physique n'est sur ses traits que le reflet de la beauté morale. La franchise, la loyauté, la bienveillance éclairent son regard. L'intelligence illumine son front. L'ensemble de la figure présente cette harmonie et cette pureté de lignes dont le pinceau de Raphaël ou le ciseau de Phidias peuvent seuls reproduire le caractère et les effets. Tout en lui, l'expression des yeux, les tons du visage, l'accent de la voix, la cadence des gestes, les mouvements de la main, décèlent cette virilité d'une âme saine qu'aucun souffle n'a desséchée, qu'aucun poison n'a altérée, qu'aucun vice n'a dégradée.

« Ainsi s'explique l'espèce de fascination qu'exerce ce roi sans royaume sur tous ceux qui l'approchent. Sa tête est découronnée de son diadème, et cependant il y a sur son front une sorte de rayonnement qui n'est que l'échappement de la lumière intérieure dans la vie physique. Ce qui frappe au premier aspect, ce n'est ni la perfection des traits, ni la finesse des lignes, ni l'harmonie des proportions, ni rien de ce qui constitue la beauté matérielle. Non ! c'est la sympathie rehaussée par la dignité, en un mot quelque chose qui nous reporte à la grandeur et à la beauté de sa race.....

. . . .

« La nature explique l'esprit. Après avoir montré M. le Comte de Chambord tel qu'il est dans son aspect extérieur, je le jugerai facilement tel qu'il doit être dans son organisation morale. Avant tout, il sent en lui la vie d'un principe.. Né dans un berceau royal au pied d'un trône donné à sa race comme la compensation du

crime qui avait frappé son père, sorti comme par miracle,
rameau inespéré, des racines d'une tige fauchée par le couteau
d'un assassin, il a concentré en lui toute la sève de cette monarchie dont il est le dernier représentant. Il y est assimilé par
toutes ses impressions, par toutes ses sensations, par tous
ses regrets, par toutes ses espérances, par tous les mouvements de son intelligence et de son cœur. Il y a puisé en quelque
sorte une nature nouvelle. En un mot, il s'est fait roi ; et, à ses
yeux, cette royauté, mêlée avec son sang et avec son nom, est
tellement inaltérable, que s'il n'en porte pas le sceptre dans la
main, il en porte.toujours le droit dans sa conscience. .

« Ce respect absolu du principe dont il est le représentant
forme le principal trait du caractère que j'étudie. Mais cette
inflexibilité n'a pu cependant ni comprimer ni fausser une nature
expansive et ouverte à toutes les impressions vraies, à tous les
sentiments généreux, à toutes les idées jeunes. M. le Comte de
Chambord croit à son dogme comme y croyait Jacques II dans le
château de Saint-Germain. Pas plus que lui, il n'aurait voulu
consentir à abdiquer, en faveur d'un autre Guillaume d'Orange,
un droit qu'il considère comme une vérité. Mais, à la différence
de Jacques II, si le sang est vieux, l'esprit est nouveau. M. le
Comte de Chambord n'a aucun préjugé. L'éducation de l'exil, ses
recueillements, ses méditations, ses enseignements ont triomphé
de tout ce que les traditions de famille ou de caste auraient pu lui
suggérer de faux et de contraire à l'esprit du temps. Sa loyauté,
sa franchise, sa fermeté de conscience, sa pureté de cœur l'ont
guidé et lui ont fait toucher à beaucoup de vérités et à beaucoup
de réalités qui ne sont pas toujours à la portée du regard des
princes. Intelligence curieuse et chercheuse, il a voulu tout voir,
même ce qu'on aurait voulu lui cacher. Ses voyages, accomplis
simplement, sans cortège et sans appareil, lui ont appris le monde
et les hommes. »

. . . .

Voici maintenant comment est jugée la conduite politique du
prince :

« Deux caractères principaux apparaissent dans la conduite
politique de M. le Comte de Chambord depuis qu'il est homme ;
ces caractères sont la réserve et la patience. Sa réserve n'est pas
seulement de sa part la dignité de son rang, elle est aussi la prudence de son esprit ; il n'y a en lui rien de tranchant ni d'absolu ;
son honnêteté, sa droiture, sa passion du bien, le portent naturellement à la conciliation. D'un autre côté, l'inflexibilité de son
dogme, le sentiment de son droit lui donnent une sorte de décision calme et confiante qui est plutôt la conséquence de sa situation que la preuve de sa fermeté.

. . . .

« La conduite politique et privée de M. le Comte de Chambord
telle que je viens de la montrer, est irréprochable devant son pays
comme elle le sera devant l'histoire. Il n'y a pas eu de sa part,
depuis qu'il est homme, un acte ou une parole qui ait démenti la
prudence et l'abnégation dont il a fait la dignité de son exil. La
France ne doit donc à ce jeune prince, pour son attitude, pour
ses sentiments, comme pour la grandeur de son infortune et de
son nom, que des sympathies et des respects.

« Mais si M. le Comte de Chambord a fait tout ce qu'il devait
pour réserver sa situation et mériter l'estime de son pays, le parti
légitimiste a-t-il bien fait tout ce qu'il pouvait pour rajeunir
sa cause et pour conquérir l'avenir ? Je ne le crois pas.

. . . .

« Les trois révolutions qui ont ébranlé ce siècle ne permettent
pas d'illusion sur ce point. La force monarchique a été déracinée
du sol. Désormais, il n'y a qu'un moyen, un seul, d'avoir un
gouvernement fort, incontestable et durable : c'est de lui donner
pour base l'assentiment national. Cela peut être un malheur ;
mais cela est un fait. L'autorité ne peut se refaire que par en
bas. La société ne peut se protéger que par la liberté, et une
monarchie elle-même, si elle était possible, ne serait qu'une
démocratie couronnée ; ou, si elle n'était pas cela, elle serait tout
au plus une tyrannie de quelques jours, une dictature éphémère,
ayant pour appuis la peur d'un côté et la terreur de l'autre. »

Cette étude, si curieuse elle-même à étudier, dont la pensée dirigeante se découvre déjà derrière tant de couronnes de fleurs accumulées, se termine par les deux pages suivantes qui ne laissent plus aucun doute sinon sur le respect théorique de l'écrivain pour la tradition, du moins sur ses prévisions politiques et sur son désir impatient de les voir se réaliser.

Le portrait de Louis-Napoléon Bonaparte se termine par un conseil ou plutôt par une adjuration solennelle. Il en est de même de celui du Comte de Chambord.

Au nom du patriotisme, il adjure le Prince Président de se décider enfin à l'*action*.

Au nom du même patriotisme, il adjure aussi pathétiquement le Roi de l'exil de rester résigné aux coups du destin, c'est-à-dire de se renfermer dans une véritable abdication !

Voici en quels termes :

« Quelle sera la destinée de ce jeune prince dont je viens d'esquisser le buste et d'étudier la vie? Grande et terrible question qui n'est pas seulement le problème de la vie d'un homme et qui est aussi le problème de la vie d'un peuple. Nous sommes à une de ces heures de l'humanité où tout paraît incertain, où rien ne paraît impossible. Dieu seul peut frapper d'une incapacité éternelle et absolue les institutions que l'humanité répudie.

« Sans doute la royauté a eu un passé fécond et glorieux. Elle a été tout pendant douze siècles ; elle a été la civilisation, la nationalité, la société, la liberté. Elle a tiré de la barbarie les éléments de notre grandeur et de notre puissance. Elle a taillé avec son épée l'unité des peuples dans le bloc européen. Elle a construit pièce à pièce l'édifice social. Elle a affranchi les communes. Elle a protégé les serfs et les bourgeois contre la féodalité. Elle a été en un mot la forme vivante et glorieuse de la France.

« Nous la respectons profondément, nous l'honorons, nous l'admirons, nous l'aimons dans tout ce qu'elle nous a légué d'impérissable et d'immortel.

« Mais, lors même qu'elle sortirait de ses ruines, aujourd'hui, serait-elle ce qu'elle a été? retrouverait-elle sa puissance, sa grandeur et son éclat? Voyons! Je suppose que M. le Comte de Chambord soit Louis XIV. Je suppose qu'il soit assez privilégié pour rencontrer à côté de lui un Turenne et un Colbert. Ressuscitera-t-il le règne de Louis XIV? Non. Pourquoi? Parce qu'il ne trouverait plus la France des privilèges et de la gloire.

« La France est changée; cela est certain! Elle a d'autres besoins, d'autres mœurs, d'autres idées, d'autres manières de sentir et de juger. Elle doit avoir aussi un autre gouvernement. Sans doute la transition est orageuse et tourmentée; mais elle n'en est pas moins irrémissible et rapide.

« Ne nous plaignons pas, si elle doit nous conduire au but. Il n'y a pas une étape de l'humanité qui ne laisse des générations entières fatiguées et épuisées sur la route. Il n'y a pas un progrès, pas une vérité, pas une liberté dont le triomphe ne soit acheté par des deuils, par des regrets, par des déchirements de l'âme et du cœur. Plus le sacrifice est grand, plus il est agréable à Dieu. Les soldats qui tombent n'y perdent que leur vie. *Les rois qui succombent y perdent leur droit.* Soldats ou rois, tous ont mieux à faire que de se révolter contre les arrêts du destin, c'est de s'y résigner. La résignation n'est pas seulement l'héroïsme du malheur, elle en est aussi le patriotisme! M. le Comte de Chambord pouvait être un prétendant. Il pouvait agiter et troubler son pays. Il l'a respecté. Que ce soit sa seule vengeance contre les révolutions qui l'ont proscrit. C'est la plus digne de son sang et de son nom.

« Septembre 1851. »

DOCUMENT E

PROJET DE TRAITÉ POUR BURGAZ-OWA
RÉDIGÉ PAR MON PÈRE SELON LA PENSÉE DE LAMARTINE.

M. A. de Lamartine, agissant en sa qualité de concessionnaire d'un territoire important, situé dans la vallée du Caystre en

Asie Mineure, et qui lui a été concédé par la Porte en vertu d'un firman de 1849, concède et transporte à M. X....., demeurant à ***, agissant en son nom personnel, ou en qualité de représentant de M. Y..., tous les droits, privilèges et actions qui lui incombent dans les termes du firman ci-dessus, aux clauses et conditions suivantes :

ARTICLE PREMIER. — M. de Lamartine se réserve une étendue de *deux mille hectares* à prendre à son choix sur le territoire de, Ramouler en se dirigeant sur Bainder et Tyra, entre les montagnes contiguës à droite, y compris la partie du fleuve de Caystre, les sources et autres cours d'eau traversant ou prenant leur source sur ladite étendue de terrain de deux mille hectares.

ART. 2. — La concession, consentie par M. de Lamartine, et ainsi restreinte, sans garantie de mesure et de contenance, avec toutes les circonstances et dépendances, et l'usage des eaux conformément au code civil, sera *jouie* par ledit concessionnaire, au même titre et dans toute l'étendue du droit accordé à M. de Lamartine lui-même en vertu de son firman de concession.

ART. 3. — Le sous-concessionnaire payera à M. de Lamartine : 1° une somme de deux cent vingt mille francs ; 2° une rente annuelle de trois francs par hectare.

Les articles 4, 5, 6 sont sans intérêt.

ART. 7. — Il est bien entendu que M. de Lamartine reste toujours seul responsable vis-à-vis de la Porte de l'administration des villages, hameaux, habitants et habitations de toutes natures, conformément aux mœurs, usages et législations du pays, ainsi qu'il y est tenu par son firman de concession ; et que dans le cas où il viendrait à surgir des difficultés entre les habitants grecs ou turcs de la concession, ces difficultés seraient soumises à M. de Lamartine qui en demeure l'arbitre et juge souverain.

ART. 8. — La pêche des sangsues pouvant être d'un grand produit, et toute discussion à ce sujet devant être autant que possible évitée, il est bien entendu que les preneurs ne pourront exercer le droit de pêche que dans les marais de la portion à eux concédée sur les cours d'eau qui la traversent et seulement dans l'étendue de leur parcours sur ladite portion. M. de Lamartine, de son côté, et ses ayants droit, conserveront le droit de pêche, mais seulement sur les marais et cours d'eau des deux mille hectares réservés, dans l'étendue de cette réserve.

DOCUMENT F

RÉSUMÉ DU MANUSCRIT DE MON PÈRE.

En 1830, mon père avait vingt-trois ans. Empêché par des circonstances fortuites d'embrasser la carrière militaire, il venait de finir son droit et faisait son stage au barreau de la capitale. Il y était arrivé naguère à la veille des obsèques de Talma; première grande manifestation populaire à laquelle il assista.

D'un esprit sage, mais indépendant, il n'avait pas accepté sans contrôle les opinions religieuses et politiques de son berceau. Un examen sérieux l'avait confirmé dans les unes comme dans les autres. Les idées de conscience les plus élevées étaient en harmonie parfaite avec le catholicisme et le progrès, la démocratie elle-même, compatible avec la vieille royauté nationale.

A Paris, ses relations furent les conséquences de ses principes. Il fut admis chez Chateaubriand, fréquenta les salons de MM. Hyde de Neuville, de Lalot, de Martignac, etc., et fut reçu enfin membre de la *Société des bonnes études* qui devait être, ce me semble, quelque chose dans le genre du Cercle catholique du Luxembourg. De plus, sa bonne éducation l'avait fait admettre dans l'intimité du propriétaire de la maison qu'il habitait rue de Verneuil, le baron R..., intendant militaire en retraite, marié, père de famille, et qui avait lui-même son domicile dans cette maison. Cette intimité lui était d'un grand agrément et d'une grande ressource.

La publication des fameuses ordonnances de Juillet produisit une grande impression sur mon père. L'émotion publique qui la suivit et dont il fut témoin, lui sembla d'un bien mauvais présage. Il se rendit alors en toute hâte à la *Société des bonnes études,* où il trouva quelques camarades réunis. Alors, comme aujourd'hui, il y avait à tous les âges des intransigeants et des modérés. Mon père n'était pas des premiers ; il eut une grande discussion avec les défenseurs du ministère Polignac et blâma énergiquement un acte inconsidéré qui compromettait le trône. Mais il déclara à ses amis que son amour pour la monarchie légitime n'était en rien diminué, que l'heure était venue de la défendre, et qu'il était prêt à donner sa vie pour elle. Il leur annonça qu'il allait réclamer l'honneur de combattre à côté des gardes du corps, et les engagea à se joindre à lui.

M. Ernest de C..., fils d'un homme politique fort honorable, se laissa entraîner par son exemple, et ils coururent ensemble à la caserne des gardes du corps du quai d'Orsay. Là, comme on peut le prévoir, ils trouvèrent les portes fermées, les trottoirs barrés par les sentinelles, et, malgré tous leurs efforts, furent dans l'impossibilité de se mettre en communication avec personne.

Ils continuèrent leur route, traversèrent le pont Royal, et vinrent frapper à la porte de la caserne de l'Assomption occupée par les *Cent-Suisses* dont le commandant, le comte de Thièvres, était l'ami de mon grand-père et le principal correspondant de mon père à Paris.

Cette fois, ils furent introduits. Le comte de Thièvres félicita les deux jeunes gens ; le mouvement de leur cœur était excellent, mais irréalisable. Au point de vue militaire, l'adjonction de deux volontaires inexpérimentés constituerait une faiblesse plutôt qu'une force. En outre, comme homme privé, M. de Thièvres ne voulait pas prendre la responsabilité d'exposer inutilement la vie de deux jeunes gens pleins d'avenir, dont l'un lui était particulièrement recommandé.

Il fallut donc renoncer à s'enrôler. Les deux amis rentrèrent dîner à leur pension habituelle, consternés de l'effervescence dont ils étaient témoins, et des nuages qui s'amoncelaient au-dessus de la monarchie.

Après dîner, ce fut bien pis encore : ne pouvant rien apprendre de sérieux dans leur quartier, ils revinrent du côté des boulevards, où l'agitation était très grande.

En passant rue de Richelieu, à la hauteur de la Bourse, ils virent beaucoup de mouvement.

C'était une gigantesque barricade qu'étaient en train d'édifier les commis des maisons de commerce du voisinage ; les garçons de magasin leur passaient les matériaux. L'ouvrage était exécuté avec autant de méthode que de tranquillité, presque sous l'œil de quelques détachements militaires qui se tenaient l'arme au pied à peu de distance. D'anciens officiers supérieurs de l'Empire, reconnaissables à leur tenue et au ruban rouge qui s'étalait à leur boutonnière, dirigeaient militairement le travail. Paris était en ébullition. Le mécontentement paraissait unanime. Mon père et son compagnon rentrèrent, absolument désolés. Rien n'était encore définitivement perdu, mais tout leur paraissait gravement compromis. Leur nuit fut agitée non seulement par les atteintes d'une chaleur suffocante, mais par l'acuité de leurs inquiétudes.

Le 28 au matin, mon père sortit seul, et, avant de reprendre sa course à travers la ville, alla déjeuner dans son quartier. Les rues étaient assez calmes ; il ne rencontra qu'un seul groupe, mais composé d'hommes très excités qui poussaient les cris les plus menaçants. Il s'aboucha avec eux, essaya de les détourner de leurs projets de lutte, mais vit bientôt que ses efforts étaient inutiles. Des cris de fureur, des menaces lui firent comprendre le danger de son intervention ; il partit.

Aussitôt après son repas il continua sa promenade d'investigation. Un grand bruit l'attira dans la rue de Tournon, tout à l'heure absolument calme. Un grand rassemblement était formé devant la caserne de la gendarmerie d'élite ; le peuple s'apprêtait à l'envahir. Quelques gendarmes, en veste d'écurie, se promenaient seuls derrière les grilles ; ils paraissaient très pacifiques, et, dans aucun cas, ne pouvaient suffire à la défendre. La foule appuya sur les grilles pour les faire céder. Après une courte résistance elles cédèrent; le peuple entra et livra la caserne à un véritable pillage. Après avoir pris les armes, il voulut prendre les chevaux. Des gamins, petits Parisiens endiablés, grimpés sur le premier cheval venu avec un simple licol pour le conduire, s'élancèrent dans la rue. C'était sinistre et grotesque; mon père essaya d'agir sur les spectateurs en se moquant bruyamment de ces cavaliers improvisés. Il trouva de l'écho. Quelques chutes venues à propos firent le reste; les chevaux furent réintégrés. La foule se dissipa; mais la caserne restait sans armes.

Mon père descendit alors vers la Seine, et avant d'y arriver, rencontra une bande d'émeutiers assez nombreux, à l'accoutrement ridicule et à l'aspect féroce. Comme le matin, il essaya de les disloquer. N'ayant pu réussir, il les suivit de loin pour se rendre compte de leur conduite. Il les vit s'engager sur le quai, passer devant l'Institut et remonter vers le pont Neuf.

Du reste, le mouvement du peuple sur cette portion de la rive gauche, et, de l'autre côté, le déploiement de quelques troupes devant le Louvre, indiquaient que cet endroit de Paris serait un des points principaux de la bataille. Très désireux de perdre le moins possible des péripéties de cette lutte décisive, et voulant, d'autre part, fuir le contact direct de tout groupe insurgé, mon père monta sur un des kiosques alors installés à l'entrée du pont des Arts. De là, avec sa lorgnette, il voyait admirablement le champ de bataille jusqu'au pont Neuf.

Les coups de feu commencèrent à retentir. Les insurgés de la rive gauche tiraient sur les troupes qui ripostaient lentement, avec beaucoup de sang-froid et sans perdre aucun terrain. Un émeutier, par son audace bientôt punie, frappa mon père d'émotion et d'étonnement. Peu à peu, en rampant, il s'était avancé jusqu'au milieu du pont des Arts, et de là, avec une précision et une intrépidité dignes d'une meilleure cause, il avait, à lui seul, jeté à terre plusieurs soldats. Lassé enfin de cet ennemi, un capitaine s'avança de quelques pas, ayant un sergent à ses côtés, et fit signe vivement à l'insurgé de se retirer; loin d'obéir, celui-ci ajusta le capitaine, mais cet officier avait vu le mouvement, s'était saisi du fusil du sergent et avait étendu l'insurgé raide mort à quelques mètres du kiosque sur lequel se trouvait mon père. Pendant ce temps, des artilleurs envoyés sur le quai près de Saint-Germain l'Auxerrois fraternisaient avec le peuple. Le commandement des officiers avait été entendu, mais les pièces avaient été pointées en l'air. La décharge n'avait fait aucun mal. Le peuple entourait les canons en serrant la main des canonniers.

Au pont des Arts, les coups de feu échangés avaient attiré l'attention du chef de la défense du Louvre. Ayant examiné la situation, il aperçut mon père debout sur le kiosque, la lorgnette braquée en tous sens, et, ne doutant pas qu'il ne fût un chef insurgé, il ordonna de faire sur lui une décharge générale ; il ne pouvait manquer d'être touché. Heureusement un voisin bienveillant, plus attentif, et garanti derrière le kiosque, le tira violemment en arrière et le reçut dans ses bras pour amortir cette descente précipitée, au moment même où une pluie de balles atteignait le sommet du kiosque ou passait par-dessus.

Ramené ainsi à la réalité, honteux d'avoir exposé sa vie aussi inutilement, mon père résolut de rentrer chez lui ; il s'arracha donc au spectacle du drame révolutionnaire, se glissa le long des parapets du quai jusqu'au pont Royal, et, par la rue de Beaune, revint rue de Verneuil.

La soirée lui parut bien longue. La fusillade l'empêcha longtemps de s'endormir. Vers deux heures du matin, il venait de céder au sommeil lorsqu'il entendit frapper à sa porte. C'était le baron R..., son propriétaire, qui venait lui annoncer qu'il était demandé en toute hâte à Saint-Cloud par le duc d'Angoulême, qu'il ne pouvait se dispenser d'y aller, et qu'en son absence il priait son jeune ami de veiller sur sa femme et sur sa fille.

Mon père passa la matinée du 29 chez Mmes R..., prêt à les protéger en cas de besoin, et, quelque dure que lui parût cette inaction en pareille circonstance, il était décidé à rester à son poste de confiance jusqu'au moment où il en serait relevé. Mais, vers les deux heures de l'après-midi, un domestique, remontant de la rue, vint annoncer que le bruit de la prise et du pillage des Tuileries se répandait de toutes parts. Mmes R..., désireuses de savoir la vérité, permirent à mon père de s'assurer du fait, mais en lui recommandant toutefois d'être très prudent et de revenir au plus vite.

C'est alors qu'arrivé au pont Royal, mon père aperçut les trois Suisses qu'on voulait jeter à l'eau et qu'il eut le bonheur de les sauver, comme l'a raconté Lamartine.

Entraîné par ce succès, et voyant la foule se précipiter vers le château, il traversa le pont sous lequel la Seine charriait des débris de toutes sortes, jetés des appartements royaux sur le quai, et du quai dans le fleuve. Quand il fut au guichet des Tuileries, il se joignit à un groupe d'hommes dont il ignorait les sentiments politiques, mais dont il constata les efforts pour arrêter l'envahissement du château et mettre la main sur les voleurs d'objets précieux. La foule, du reste, criait : « Qu'on fusille les voleurs ! »

On ne fusilla personne ; mais mon père ayant été grossièrement repoussé par un de ces voleurs, dont les poches laissaient voir des couverts d'argent, se précipita sur lui, lui arracha les objets volés, le jeta à terre malgré sa résistance, et après l'avoir frappé de quelques forts coups de talon de botte pour punition, l'envoya tout meurtri se faire pendre ailleurs. Il aurait voulu pouvoir traiter de même des hommes avinés, affublés d'ornements religieux pris dans la chapelle, qui se mettaient aux fenêtres et déchargeaient leurs fusils en poussant de grands cris, ce qui fit dire, par une insigne mauvaise foi, que des prêtres avaient tiré sur le peuple.

De plus en plus excité par ces divers incidents, mon père voulut joindre les envahisseurs et monta par un escalier dérobé qui donnait dans les appartements de la duchesse d'Angoulême. Des misérables pillaient sans scrupule. Mon père sauva de leurs mains un superbe christ d'ivoire. Ce fut l'occasion de sa fameuse lutte avec un véritable bandit qui, non content de remplir ses poches, voulait décharger son pistolet sur le christ en question.

S'étant jeté sur cette brute pour l'empêcher d'accomplir son acte de vandalisme impie, il essuya le coup de feu destiné au crucifix, coup de feu heureusement mal dirigé, et il put abattre à ses pieds, d'un coup de pommeau de sabre, son redoutable adversaire. C'est alors, au moment où la foule un instant hésitante semblait se prononcer contre lui, qu'il fut sauvé, comme l'a raconté Lamartine, par la présence d'esprit d'un ouvrier. Cet ouvrier était employé chez un chapelier du carrefour de Bussy dont mon père était le client, et l'avait reconnu. On le pense bien, mon père remercia ce brave homme avec effusion.

Mais tous deux, exaltés par cette lutte, résolurent de ne pas s'arrêter en si bon chemin. Après s'être entendus, ils se séparèrent, et, au bout d'un instant, se mirent à crier chacun de leur côté : « Sauve qui peut, voilà les Suisses qui arrivent ! » Ce cri fut répété par cent bouches ; une débandade effroyable se produisit, et, en quelques minutes, le château fut évacué.

Il était vraiment temps d'aller tranquilliser Mmes R... d'une absence qui, au lieu d'être de quelques instants, avait duré plusieurs heures.

On ne tarda pas à apprendre que toute résistance avait cessé, et que les troupes fidèles s'étaient repliées sur Saint-Cloud, d'où le baron R... vint confirmer les tristes nouvelles.

Relevé de sa garde d'honneur auprès de Mmes R..., pensant à la possibilité d'un siège et n'ayant que d'insuffisantes réserves pécuniaires, mon père, très désireux d'ailleurs de calmer le plus tôt possible les inquiétudes de sa famille, résolut de partir dès qu'il trouverait une place.

Dans ce but, dès le soir même du 29, il courut au bureau de la malle-poste, où il apprit que, par ordre du général La Fayette, on ne laisserait monter dans la malle et sortir de Paris que les citoyens munis d'une autorisation spéciale. Décidé à vaincre, s'il était possible, cette difficulté, il se rendit aussitôt à l'Hôtel de ville, où grâce à l'intervention d'un de ses anciens camarades, sorti de l'École polytechnique, qui était dans le camp victorieux, mais se montra néanmoins bon enfant pour mon père qu'il savait royaliste, l'autorisation de départ fut accordée pour le lendemain 30.

Mon père partit à côté du courrier qui était un protégé de Mme la duchesse d'Angoulême, et avec lequel il s'entendit de suite.

Arrivée à Montrouge, la malle-poste fut entourée ; de longs pourparlers s'engagèrent avant qu'on consentît à la laisser passer. Pendant ce temps, mon père, étant descendu, entendit annoncer dans les groupes que, par suite d'un courrier intercepté, on savait qu'un régiment arrivait à marches forcées d'Orléans, qu'il devait passer à Montrouge, et qu'on allait tout préparer pour le surprendre à son passage.

Aussitôt remonté en voiture, mon père confia cette nouvelle au courrier. D'un commun accord, ils résolurent d'essayer de sauver ce régiment, qu'ils ne pouvaient manquer de rencontrer. En effet, au relais d'Etampes, les premières personnes qui vinrent à la malle étaient des officiers du régiment en question faisant étape dans la ville, et en quête de nouvelles. Mon père les prévint aussitôt du danger qui les menaçait. Ne sachant à qui ils avaient affaire, les officiers appelèrent leur colonel. On se mit à l'écart. Mon père se nomma. Son nom, son langage, son émotion évidemment sincère et généreuse, tout enfin sembla convaincre ces officiers, qui lui témoignèrent la plus vive reconnaissance. On a su depuis qu'au lieu de passer par Montrouge, le régiment était allé du côté de Saint-Cloud rejoindre la petite armée restée fidèle à la royauté.

Tout le voyage fut très mouvementé.

A Vierzon, la malle fut arrêtée par une députation limousine, conduite par un ancien ministre du Roi et composée d'hommes connus de mon père. Ils allaient à Paris saluer la chute de la Monarchie et annoncer que, partout, les populations étaient gagnées à la cause insurrectionnelle. Mon père, consterné, apprit bientôt par lui-même que cette nouvelle n'était, hélas ! que trop vraie.

A Châteauroux, la vitesse des chevaux lancés brusquement au galop par le postillon permit seule à la malle de se dégager d'un groupe de furieux qui voulaient arrêter le courrier et mon père, dont quelques paroles imprudentes avaient indiqué les sentiments monarchiques.

Enfin, on arriva à Limoges. Dès qu'il fut descendu à l'hôtel de la *Boule d'or,* on vint le prévenir qu'un colonel désirait lui parler. Ce colonel portait un nom de cour connu, que le manuscrit ne dit pas, et que j'ignore. Il se fit raconter les événements, et son attitude fut tellement molle, tellement pitoyable, il avait tellement l'air d'un homme prêt à toute évolution, que mon père, indigné, ne put s'empêcher, malgré sa jeunesse, de le quitter en lui jetant cette phrase à la tête : « Je le reconnais, si le Roi n'a que des hommes comme vous à la tête de ses régiments, il n'y a pas de retour possible pour lui ; son trône est renversé, sa cause perdue. »

Un instant après, mon père sautait sur un cheval de poste, pour arriver quelques heures plus tard dans les bras de sa famille, déjà fort inquiète, et remerciant la Providence de le lui avoir ramené sain et sauf.

Tel est le manuscrit condensé. Il me semble qu'il n'est pas sans quelque intérêt rétrospectif, même au point de vue historique.

Dans tous les cas, il permettra de juger si l'amitié de Lamartine l'a égaré quand il a parlé avec éloge de l'énergie physique et morale de son ami Chamborant.

Du reste, les actes de virilité patriotique accomplis sous ses yeux par l'homme fait de 1848 dans la journée du 15 mai, ne lui permettent pas de douter de l'initiative et du zèle de l'étudiant royaliste de 1830.

DOCUMENT G

CIRCULAIRE DE MON GRAND-PÈRE EN 1814.

> Non aliud discordantis patriæ remedium
> fuisse, quam ab uno regeretur.
>
> TACITE, *Annales*, lib. I.

« Tous les jours, depuis les heureux événements de la capitale, j'entends parler *Constitution;* chacun veut être un *Solon,* un *Lycurgue,* et cherche le meilleur des gouvernements possible. Cela est bien naturel : chaque individu ayant fait l'expérience funeste des deux formes de gouvernement les plus oppressives et les plus horribles, l'anarchie populaire et le despotisme militaire, voudrait avoir la certitude de ne plus retomber dans un de ces deux gouffres. Si nous jetons les yeux sur les Grecs et les Romains, nul de nous n'enviera de bonne foi leur existence passée. Nous verrons que tous ces peuples qui n'eurent pas de roi aimèrent la liberté jusqu'à la fureur ; aussi quelles précautions ne prirent-ils pas, « comme à Athènes, pour qu'un citoyen ne fît « pas bâtir sa maison plus magnifiquement que celle d'un autre ; « comme à Sparte, pour empêcher qu'un citoyen se distinguât « par le moindre luxe ; comme à Rome, pour empêcher qu'il eût « de trop vastes possessions ou qu'il ne distribuât du pain en « public ; comme partout, pour qu'un citoyen n'eût pas ostensi-« blement une trop grande faveur populaire ; et de là, comme l'a « observé un auteur judicieux, combien d'injustices en tous « genres ! Quelle ingratitude envers les bienfaiteurs de la patrie ! « Quelle altération, que l'égarement dans les principes et dans « tous les cœurs, lorsqu'on se crut obligé de récompenser les « plus grands services, le salut même de la patrie, par l'exil, « la proscription et la mort ! C'est que ces peuples n'avaient pas « de roi ! »

« Chez eux, la vertu d'*Aristide* fut un motif de proscription. Ils furent continuellement en guerre avec eux-mêmes ; et en parlant sans cesse de *liberté*, ils portèrent partout l'*esclavage* et la *désolation*.

« Il me semble que l'expérience nous prouve assez que tout ce qui tient aux formes républicaines emporte avec soi de graves inconvénients, et ne produit jamais aucun bien. Nos philosophes modernes se sont en partie défiés de ces théories politiques parce qu'ils se sont souvenus de leurs résultats chez les anciens. Nous qui venons d'en être les victimes les plus déplorables, on veut encore nous fasciner et nous persuader que c'est là le palladium de la France ! Non, vous ne réussirez pas, charlatans politiques; on aperçoit à travers vos productions absurdes la fine pensée de vos vues ultérieures. La France veut un roi qui puisse faire son bonheur; nous ne voulons plus de ces combats continuels de l'autorité royale avec votre peuple souverain; vous savez qu'un pareil accord est une chimère, et que toujours une des deux puissances empiétera sur l'autre. C'est la marche ordinaire des passions ; toutes les fois que vous aurez un roi ferme, votre Constitution ne sera qu'une ombre vaine s'il le veut; si, au contraire, un roi faible tient les rênes du gouvernement, il se trouvera toujours dans le Parlement un certain nombre d'intrigants, d'orgueilleux, de malintentionnés qui entraveront l'action du roi ; et de là tous les désordres, tous les crimes qui bouleversent les sociétés. Je vous défie, grands politiques, d'éviter ces deux écueils que vous placez au milieu de votre rêve philanthropique. Tenez, croyez-moi, suivez les leçons de l'expérience ; elle seule est infaillible ; eh bien, elle nous apprend que Rome fut heureuse sous Numa, Titus, Trajan, Antonin, etc., et qu'elle fut toujours malheureuse sous ses consuls. Il ne faut qu'un seul pilote à un grand vaisseau; s'ils sont plusieurs, je crains les écueils. Mais vous voulez une Constitution ! n'en avez-vous pas une aussi ancienne que la monarchie? Vos États généraux n'ont-ils pas cette forme républicaine que vous désirez tant? et toutes les fois qu'ils ont été convoqués, n'out-ils pas donné presque toujours les preuves du danger d'une troupe d'hommes réunis avec des pouvoirs spéciaux? Votre Corps législatif ne peut-il pas remplacer les États généraux? et au lieu d'avoir un théâtre permanent, il sera périodique.

« Soyez-en sûrs, ô mes concitoyens! un homme qui n'a qu'un but l'atteint plus facilement que deux ou trois cents individus qui ont chacun le leur en vue et qui y subordonnent toutes leurs démarches. Au reste, il n'est pas difficile de prouver que l'intérêt d'un roi se trouve identifié avec celui de son peuple, et qu'un roi ne peut être réellement heureux que du bonheur de sa nation. N'avez-vous pas une autre garantie dans la religion que professent nos rois? Non seulement elle leur dit de protéger leurs frères, mais encore elle leur en impose l'obligation. N'avez-vous pas encore ces vieux principes d'honneur si puissants chez les Français, et tous les principes conservateurs des États qui font l'*opinion,* cette reine du monde qui commande plus impérieusement encore aux monarques qu'aux sujets? Voilà, ô sénateurs! la garantie des droits que la nature a donnés à tous les hommes. Rétablissez la morale publique que vous avez corrompue, et cette religion sainte, cette morale évangélique qui nous dit de vous pardonner le mal que vous nous avez fait. Convenez que pour éviter un scandale politique vous devez quitter cette chaise curule que la majorité d'entre vous a déshonorée ; tous vos actes déposent contre vous ; ils ont proclamé au monde entier votre nullité pour faire le bien et le vice inhérent à votre institution même. Redevenez des hommes après avoir été des sénateurs : soyez utiles à votre roi, à la nation, par un sincère repentir, et regagnez par là l'estime de la nation que vous avez perdue. Vous voulez de l'argent; vous demandez que l'on sanctionne vos rapines? Eh bien, âmes vénales, restez gorgées de nos dépouilles, mais fuyez les approches du trône de Louis XVI!....

« Pour nous, véritables Français, à la voix du Roi, nous presserons nos rangs autour de son auguste personne, nous saurons soutenir l'œuvre commencée. Les paroles royales en réponse à une lettre de Buonaparte sont gravées dans tous nos cœurs : « Je « vous sais gré, Monsieur Buonaparte, *des actes utiles d'adminis-* « *tration que vous pourrez faire pour mon peuple ;* mais je veux

« transmettre la pensée de François Ier à mes successeurs les
« rois de France, cette pensée consolante :

> « *Tout est perdu, fors l'honneur.* »

« Qui n'est enlevé par une pareille réponse, et qui peut se
défendre de faire retentir le cri chéri des bons Français : « Vive
« Louis XVIII ! vivent les Bourbons ! »

. Confolens, 1er mai 1814.

> « De Chamborant, adjoint du maire. »

DOCUMENT H

LES FOYERS DU PEUPLE

MÉLANGES LITTÉRAIRES

—

DES DEVOIRS CIVILS DU CURÉ.

Il est un homme, dans chaque paroisse, qui n'a point de famille,
mais qui est de la famille de tout le monde ; qu'on appelle
comme conseil ou comme agent dans tous les actes les plus solen-
nels de la vie civile ; sans lequel on ne peut naître ni mourir ; qui
prend l'homme au sein de sa mère et ne le laisse qu'à la tombe ;
qui bénit ou consacre le berceau, la couche conjugale, le lit de
mort et le cercueil ; un homme que les petits enfants s'accou-
tument à aimer, à vénérer et à craindre ; que les inconnus même
appellent mon père ; aux pieds duquel les chrétiens vont répandre
leurs aveux les plus intimes, leurs larmes les plus secrètes ; un

homme qui est le consolateur par état de toutes les misères de l'âme et du corps, l'intermédiaire obligé de la richesse et de l'indigence, qui voit le pauvre et le riche frapper tour à tour à sa porte ; le riche pour y verser l'aumône secrète, le pauvre pour la recevoir sans rougir : qui, n'étant d'aucun rang social, tient également à toutes les classes : aux classes inférieures par la vie pauvre et souvent par l'humilité de la naissance ; aux classes élevées par l'éducation, la science et l'élévation de sentiments qu'une religion philanthropique inspire et commande ; un homme enfin qui sait tout, qui a le droit de tout dire, et dont la parole tombe de haut sur les intelligences et sur les cœurs avec l'autorité d'une mission divine et l'empire d'une foi toute faite.

Cet homme, c'est le curé ; nul ne peut faire plus de bien ou plus de mal aux hommes, selon qu'il remplit ou qu'il méconnaît sa haute mission sociale.

II

Qu'est-ce qu'un curé ? C'est le ministre de la religion du Christ, chargé de conserver ses dogmes, de propager sa morale et d'administrer ses bienfaits à la partie du troupeau qui lui a été confiée.

III

De ces trois fonctions du sacerdoce ressortent les trois qualités sous lesquelles nous allons considérer le curé, c'est-à-dire comme prêtre, comme moraliste et comme administrateur spirituel du christianisme. De là aussi découlent les trois espèces de devoirs qu'il a à accomplir pour être complètement digne de la sublimité de ses fonctions sur la terre, et de l'estime ou de la vénération des hommes.

IV

Comme prêtre ou conservateur du dogme chrétien, les devoirs du curé ne sont point accessibles à notre examen ; le dogme mystérieux et divin de sa nature, imposé par la révélation, accepté par la foi, cette vertu de l'ignorance humaine, se refuse à toute critique ; le prêtre n'en doit compte, comme le fidèle, qu'à sa conscience et à son Église, seule autorité dont il relève. Cependant, ici même, la haute raison du prêtre peut influer utilement dans la pratique sur la religion du peuple qu'il enseigne. Quelques crédulités banales, quelques superstitions populaires se sont confondues, dans les âges de ténèbres et d'ignorance, avec les hautes croyances de pur dogme chrétien. La superstition est l'abus de la foi ; c'est au ministre éclairé d'une religion qui supporte la lumière, parce que toute lumière est venue d'elle, à écarter ces ombres qui en ternissent la sainteté, et qui feraient confondre à des yeux prévenus le christianisme, cette civilisation pratique, cette raison suprême, avec les industries pieuses ou les crédulités grossières des cultes d'erreur ou de déception. Le devoir du curé est de laisser tomber ces abus de la foi et de réduire les croyances trop complaisantes de son peuple à la grave et mystérieuse simplicité du dogme chrétien, à la contemplation de sa morale, au développement progressif de ses œuvres de perfection. La vérité n'a jamais besoin de l'erreur, et les ombres n'ajoutent rien à la lumière.

V

Comme moraliste, l'œuvre du curé est plus belle encore. Le christianisme est une philosophie divine écrite de deux manières : comme histoire, dans la vie et la mort du Christ ; comme préceptes, dans les sublimes enseignements qu'il a apportés au monde. Ces deux paroles du christianisme, le précepte et l'exemple, sont réunies dans le Nouveau Testament ou l'Évangile. Le curé doit l'avoir toujours à la main, toujours sous les yeux, toujours dans le cœur. Un bon prêtre est un commentaire vivant de ce livre divin. Chacune des paroles mystérieuses de ce livre répond juste à la pensée qui l'interroge, et renferme un sens pratique qui éclaire et vivifie la conduite de l'homme. Il n'y a point de vérité morale ou politique qui ne soit en germe dans un verset de l'Évangile ; toutes les philosophies modernes en ont commenté un et l'ont oublié ensuite. La philanthropie est née de son premier et unique précepte, la charité. La liberté a marché dans le monde sur ses pas, et aucune servitude dégradante n'a pu subsister devant sa lumière. L'égalité politique est née de la reconnaissance qu'il nous a forcés à faire de notre égalité, de notre fraternité devant Dieu. Les lois se sont adoucies, les usages inhumains se sont abolis, les chaînes sont tombées, la femme a reconquis le respect dans le cœur de l'homme. A mesure que sa parole a retenti dans les siècles, elle a fait crouler une erreur ou une tyrannie ; et l'on peut dire que le monde actuel tout entier, avec ses lois, ses mœurs, ses institutions, ses espérances, n'est que le verbe évangélique plus ou moins incarné dans la civilisation moderne. Mais son œuvre est loin d'être accomplie ; la loi du progrès ou du perfectionnement, qui est l'idée active et puissante de la raison humaine, est aussi la loi de l'Évangile ; il nous défend de nous arrêter dans le bien, il nous sollicite toujours au mieux, il nous interdit de désespérer de l'humanité, devant laquelle il ouvre sans cesse des horizons plus éclairés, et plus nos yeux s'ouvrent à la lumière, plus nous lisons de promesses dans ses mystères, de vérités dans ses préceptes et d'avenir dans nos destinées.

VI

Le curé a donc toute morale, toute raison, toute civilisation, toute politique dans sa main, quand il tient ce livre. Il n'a qu'à ouvrir, qu'à lire et qu'à verser autour de lui le trésor de lumière et de perfection dont la Providence lui a remis la clef. Mais, comme celui du Christ, son enseignement doit être double : par la vie et par la parole. Sa vie doit être, autant que le comporte l'infirmité humaine, l'explication sensible de sa doctrine, une parole vivante : l'Église l'a placé là comme exemple plus que comme oracle. La parole peut lui faillir, si la nature lui en a refusé le don ; mais la parole qui se fait entendre à tous, c'est la vie ; aucune langue humaine n'est aussi éloquente et aussi persuasive qu'une vertu.

VII

Le curé est encore administrateur spirituel des sacrements de son église et des bienfaits de la charité. Ses devoirs en cette qualité se rapprochent de ceux que toute administration impose. Il a affaire aux hommes, il doit connaître les hommes ; il touche aux passions humaines, il doit avoir la main douce et délicate de prudence et de mesure. Il a dans ses attributions les fautes, les repentirs, les misères, les nécessités, les indigences de l'humanité ; il doit avoir le cœur riche et débordant de tolérance, de miséricorde, de mansuétude, de compassion, de charité et de pardons. Sa porte doit être ouverte à toute heure à celui qui l'éveille, sa lampe toujours allumée, son bâton toujours sous sa main ; il ne doit connaître ni saisons, ni distance, ni contagion, ni soleil, ni neige s'il s'agit de porter l'huile aux blessés, le pardon au coupable, ou son Dieu au mourant. Il ne doit y avoir devant lui comme devant Dieu, ni riche, ni pauvre, ni petit, ni grand, mais des hommes, c'est-à-dire des frères en misères et en espérances. Mais s'il ne doit refuser son ministère à personne, il ne doit pas l'offrir sans prudence à ceux qui le dédaignent ou le méconnaissent. L'importunité de la charité même aigrit et repousse plus qu'elle n'attire. Il doit souvent attendre qu'on vienne à lui ou qu'on l'appelle ; il ne doit pas oublier que sous le régime de liberté absolue de tous les cultes, qui est la loi de notre état social, l'homme ne doit compte de sa religion qu'à Dieu et à sa conscience. Les droits et les devoirs civils du curé ne commencent que là où on lui dit : « Je suis chrétien. »

VIII

Le curé a des rapports administratifs de plusieurs natures : avec le gouvernement, avec l'autorité municipale, avec sa fabrique.

IX

Ses rapports avec le gouvernement sont simples. Il lui doit ce que lui doit tout citoyen français, ni plus ni moins, obéissance dans les choses justes. Il ne doit se passionner ni pour ni contre les formes ou les chefs des gouvernements d'ici-bas ; les formes se modifient, les pouvoirs changent de noms et de mains, les hommes se précipitent tour à tour du trône ; ce sont choses humaines, passagères, fugitives, instables de leur nature. La religion, gouvernement éternel de Dieu sur la conscience, est au-dessus de cette sphère des vicissitudes, des versatilités politiques ; elle se dégrade en y descendant ; son ministre doit s'en tenir soigneusement séparé. Le curé est le seul citoyen qui ait le droit et le devoir de rester neutre dans les causes, dans les haines, dans les luttes des partis qui divisent les opinions et les hommes ; car il est avant tout citoyen du royaume éternel, père commun des vainqueurs et des vaincus, homme d'amour et de paix, ne pouvant prêcher que paix et qu'amour, disciple de Celui qui a refusé de verser une goutte de sang pour sa défense, et qui a dit à Pierre : « Remettez ce glaive dans le fourreau ! »

X

Avec son maire, le curé doit être dans des rapports de noble indépendance en ce qui concerne les choses de Dieu, de douceur et de conciliation dans tout le reste ; il ne doit ni briguer l'influence, ni lutter d'autorité dans la commune ; il ne doit oublier jamais que son autorité commence et finit au seuil de son église, au pied de son autel, dans la chaire de vérité, sur la porte de l'indigent et du malade, au chevet du mourant ; là il est l'homme de Dieu ; partout ailleurs, le plus humble, le plus inaperçu des hommes.

XI

Avec sa fabrique, ses devoirs se bornent à l'ordre et à l'économie que la pauvreté de la plupart des paroisses comporte. Plus nous avançons dans la civilisation et dans l'intelligence d'une religion tout immatérielle, moins le luxe extérieur devient nécessaire à nos temples. Simplicité, propreté, décence dans les objets qui servent au culte, c'est tout ce que le curé doit demander à sa fabrique. Souvent même l'indigence de l'autel a quelque chose de vénérable, de touchant et de poétique, qui frappe et attendrit le cœur par le contraste, plus que les ornements de soie et les candélabres d'or. Qu'est-ce que nos dorures et nos grains de sable étincelants, devant Celui qui a tendu le ciel et semé les étoiles ? Le calice d'étain fait courber autant de fronts que les vases d'argent ou de vermeil. Le luxe du christianisme est dans ses œuvres ; et la véritable parure de l'autel, ce sont les cheveux du prêtre blanchis dans la prière et dans la vertu, et la foi et la piété des fidèles agenouillés devant le Dieu de leurs pères.

XII

Pour se nourrir et se vêtir, pour payer et nourrir l'humble femme qui le sert, pour tenir sa porte ouverte à toutes les indigences et des allants et des venants, le curé a deux rétributions : l'une de l'État, 750 francs, l'autre autorisée par l'usage et qu'on appelle le casuel. Ce casuel, assez élevé dans certaines villes où il sert à payer les vicaires, dans la plupart des villages produit peu ou rien au curé. A peine donc a-t-il l'étroit nécessaire, le *res angusta domi ;* et cependant nous lui dirons encore, dans l'inté-rêt de la religion, comme dans celui de sa considération locale :
« Oubliez ce casuel ; recevez-le du riche qui insiste pour vous le

« faire accepter ; refusez-le du pauvre qui rougit de ne pas vous
« l'offrir, ou chez qui se mêle à la joie du mariage, au bonheur
« de la paternité, au deuil des funérailles, la pensée importune
« de chercher au fond de sa bourse quelques rares pièces de
« monnaie pour payer vos bénédictions, vos larmes ou vos
« prières ; souvenez-vous que si nous nous devons gratis les
« uns aux autres le pain de la vie matérielle, à plus forte raison
« nous devons-nous gratis le pain céleste ; et rejetez loin de vous
« le reproche de faire payer aux enfants les grâces sans prix du
« Père commun, et de mettre un tarif à la prière ! » Mais nous
disons aux fidèles : « Le salaire de l'autel est insuffisant. »

XIII

Comme homme, le curé a encore quelques devoirs purement
humains, qui lui sont imposés seulement par le soin de sa bonne
renommée, par cette grâce de la vie civile et domestique qui est
comme la bonne odeur de la vertu. Retiré dans son humble
presbytère, à l'ombre de son église, il doit en sortir rarement. Il
lui est permis d'avoir une vigne, un jardin, un verger, quelquefois
un petit champ, et de les cultiver de ses propres mains ; d'y nourrir quelques animaux domestiques de plaisir ou d'utilité, la vache,
la chèvre, des brebis, le pigeon, des oiseaux chantants, le chien
surtout, ce meuble vivant du foyer, cet ami de ceux qui sont
oubliés du monde, et qui pourtant ont besoin d'être aimés par
quelqu'un. De cet asile de travail, de silence et de paix, le curé
doit peu s'éloigner pour se mêler aux sociétés bruyantes du voisinage ; il ne doit que dans quelques occasions solennelles trem-
per ses lèvres avec les heureux du siècle dans la coupe d'une
hospitalité somptueuse. Le pauvre est ombrageux et jaloux ; il
accuse promptement d'adulation ou de sensualité l'homme qu'il
voit souvent à la porte du riche à l'heure où la fumée du toit
s'élève et lui annonce une table mieux servie que la sienne. Plus
souvent, au retour de ses courses pieuses, ou quand la noce ou
le baptême ont réuni les amis du pauvre, le curé peut-il s'asseoir

un moment à la table du laboureur et manger le pain noir avec lui. Le reste de sa vie doit se passer à l'autel, au milieu des enfants auxquels il apprend à balbutier le catéchisme, ce code vulgaire de la plus haute philosophie, cet alphabet d'une sagesse divine ; dans les études sérieuses parmi les livres, société morte du solitaire. Le soir, quand le marguillier a pris les clefs de l'église, quand l'*Angelus* a tinté dans le clocher du hameau, on peut voir le curé, son bréviaire à la main, soit sous les pommiers de son verger, soit dans les sentiers élevés de la montagne, respirer l'air suave et religieux des champs et le repos acheté du jour ; tantôt s'arrêter pour lire un verset des poésies sacrées, tantôt regarder le ciel ou l'horizon de sa vallée, et redescendre à pas lents dans la sainte et délicieuse contemplation de la nature et de son auteur.

XIV

Voilà sa vie et ses plaisirs ; ses cheveux blanchissent, ses mains tremblent en élevant le calice, sa voix cassée ne remplit plus le sanctuaire, mais retentit encore dans le cœur de son troupeau ; il meurt ; une pierre sans nom marque sa place au cimetière, près de la porte de son église. Voilà une vie écoulée, voilà un homme oublié à jamais. Mais cet homme est allé se reposer dans l'éternité où son âme vivait d'avance, et il a fait ici-bas ce qu'il avait de mieux à y faire : il a continué un dogme immortel, il a servi d'anneau à une chaîne immense de foi et de vertu, et laissé aux générations qui vont naître une croyance, une loi, un Dieu.

A. DE LAMARTINE.

TABLE DES MATIÈRES

Lightning Source UK Ltd.
Milton Keynes UK
UKHW012233110219
337137UK00006B/1143/P